U0153386

創造力
理論、教育與技法
Creativity: Theories, Education & Skills

張世彗　著

五南圖書出版公司 印行

三版序

創造力（creativity）具無中生有或原創的涵義，這是一個多麼令人炫目的字眼，有多少人渴望擁有它或是想把它充分發揮出來。事實上，創造力是人人所需要的，不是任一個人、學門或領域的專利。每天我們只要睜開眼睛環視周遭所面臨的情境，就會有多樣化的問題需要解決。在任何領域中，如果我們不能超越舊有的方法來看待事情或問題，我們的前途可能就值得憂慮了。誠然，有關運用創造力、創新或創意在各領域上獲得成功的例子實在是不勝枚舉。例如：2017 年諾貝爾生理醫學獎桂冠由美國學者傑弗里・霍爾（Jeffrey C. Hall）、麥可・羅斯巴什（Michael Rosbash）和麥可・揚（Michael W. Young）獲得。獲獎原因為「發現控制晝夜節律的分子機制」。他們用果蠅進行實驗，成功分離出「period gene」，由此基因所轉譯出的蛋白質 PER，在夜晚累積，在白天減少，最終發現了控制生理時鐘的基因與其蛋白質。

另外，距今約一百年前，愛因斯坦就預測有重力波存在，但直到現今，它們仍難以偵測到。如今麻省理工學院教授魏斯（Rainer Weiss），還有加州理工學院（California Institute of Technology）的巴瑞許（Barry C. Barish）和索恩（Kip S. Thorne）因為發現愛因斯坦所預言的時空重力波，而獲得 2017年物理學界最崇高的諾貝爾獎項。

雖然創造力是重要的，不過，在現實上創造力卻又未受到應有的重視。當然，創造力的定義、概念及開發仍存在若干課題，惟並未稍減人們對它的期望，尤其是現今處於知識經濟時代，更是有識之士大聲呼籲和強調的焦點。近年來，與創造力、創新或創意有關的活動或行政作為時有所聞。例如：各種文創園區的設置，以及政府或民間機構所舉辦的創造力（創新或創意）的獎助等。顯然，社會若能驅使它的成員邁向未來，且給予他們足夠的自由和贊助，就會享受其成員創造力的成果。

全書共分為三大篇六章。其中第一大篇為理論基礎，旨在探究創造力基本概念、不同取向的創造力理論，以及創造力發展的影響因素。第二大

篇為教育與評量，述及評量創造力的方法及其課題，與發展創造力的教育模式及方法。第三大篇為思考技法，旨在描述一些用以提升創造力與問題解決的思考技法，例如：腦力激盪術、曼陀羅思考法等。

在運用方面，使用者可以本書架構為基礎，再依照各章節的內涵補充相關資料，以擴展該章節所探討的範圍，同時激發學習者的動機。例如：「創新引擎論」（Innovative Engine）部分則可加入齊若蘭譯（2012）之《學創意，現在就該懂的事》。

最後本書得以順利付梓，首先要特別感謝五南圖書出版有限公司的大力支持。雖然筆者已勉力撰寫本書，惟因才智侷限，謬誤之處，恐難以免，尚祈方家不吝指教。

張世彗 謹誌

2018/01/30

臺北市立大學特殊教育學系

email：hwi@utaipei.edu.tw

目　錄

評量與教育篇

思考技法篇

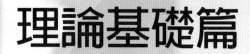

理論基礎篇

第一章

緒論

創造力（creativity）到底是什麼？它跟創新、發明等名詞有何不同呢？它真的那麼重要嗎？創造力乃是某個領域或某些個人所特別需要的嗎？這種能力有層次上的區分嗎？這一連串的問號乃是本章企圖探究的焦點。

第一節 創造力的涵義及其相關術語

一、創造力的涵義

「創造」（creative）的字源來自拉丁文的「*creatus*」，原意為「製造或製作」或按字面解釋為「生長」。《韋氏大字典》（*Merriam Webster Collegiate Dictionary*）則將「創造」解釋為有「**賦予存在**」（to bring into existence），具「**無中生有**」（make out of nothing）或「**首創**」（for the first time）的意思（Gove, 1973）。

高健（1998）認為創造力是「**激發、形成創意，並將之轉化為實際價值的整個過程**」。《張氏心理學辭典》（張春興，2007）則將「創造力」解釋為「**在問題情境中超越既有經驗，突破習慣限制，形成嶄新觀念的心理歷程；以及不受成規限制而能靈活運用經驗以解決問題的超常能力**」。

由於創造力是一個很複雜的假設性概念，專家學者們往往因取向不同而對創造力提出許多不同的見解，使得創造力的涵義眾說紛紜，莫衷一是。以下將從單向度與多元互動的觀點來進一步闡釋創造力，並綜合歸納。

㈠ 單向度的觀點

早期的學者不外乎從「歷程」（process）、「個人特質」（persons）、「產品」（product）及「壓力／環境」（press/place）等單向度的「P」來界定和探究創造力，如圖1-1。

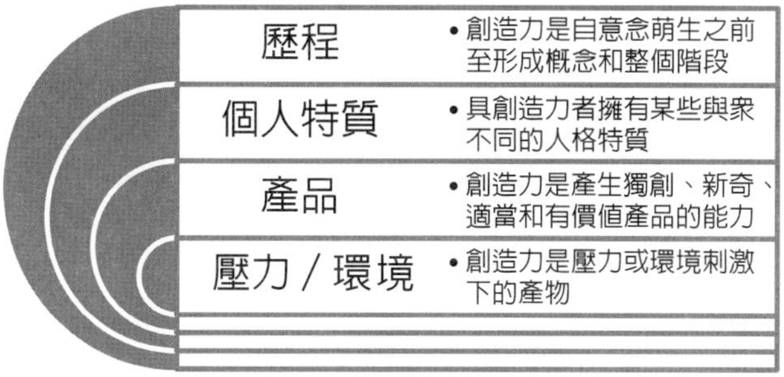

圖1-1 單向度的創造力涵義

「歷程」論者著重於探究產生創造力的過程與階段。Gallagher
（1994）曾根據Wallas（1926）所提出的「創造歷程四階段論」（準備期、
醞釀期、豁朗期、驗證期），同時界定每一個階段所應該具備的思考運作
和要素，如表1-1：

表1-1 Wallas創造歷程四階段之思考運作和要素

創造歷程階段	思考運作	思考要素
準備期	認知記憶	好學、維持注意力
醞釀期	個人思考	智能的自由
豁朗期	擴散思考	冒險、容忍失敗及曖昧
驗證期	聚斂思考、評鑑思考	智能訓練、邏輯推論

「個人特質」論者在於探究高創造力者具備怎樣的人格特質，或高創
造力者與低創造力者的人格特質有何不同；有關這方面的研究相當多，不
過由於研究對象及工具和技術上的差異，迄今對於高創造力者的人格特質
仍然未能獲得一致性的看法。

「產品」論者主要在於界定產品或作品具有創造力的標準。例如：
Perkins（1988）指出創造力應包含下列兩層意義：（1）創造力的結果應
是獨創與適當的；（2）具有創造力者是不斷產生創造力結果的人。Stern-
berg和Lubart（1995）也指出創造力是產生新穎（新奇）、適當與有品質產
品的能力。

詹秀美（1990）則曾歸納多位研究者的定義指出，創造力的產品須具

備下列特性，如圖1-2：

新奇性或獨特性
- 必須是創造者所屬的團體中未曾有人產生過相似性質的產品，該產品是創造者以獨特見解而非承襲既有方法所產生的

適當性或實際性
- 該產品必須能夠為多數人所了解或可用以解決實際生活中的問題

圖1-2 創造力產品應具備的特性

至於「壓力／環境」論者乃著重在探討了解壓力或環境對於創造力表現的影響。例如：研究發現處於複雜性及挑戰性的工作情境，以及主管抱支持態度的員工，最能產生富有創造力的產品（Oldham & Cummings, 1996）。

(二) **多元互動的觀點**

近二十多年來，學者專家們都由傳統的「單向度4P」觀點，轉變成從「多元互動」的觀點來闡述或深究創造力本質。以下是若干學者充分反映這項觀點的看法：

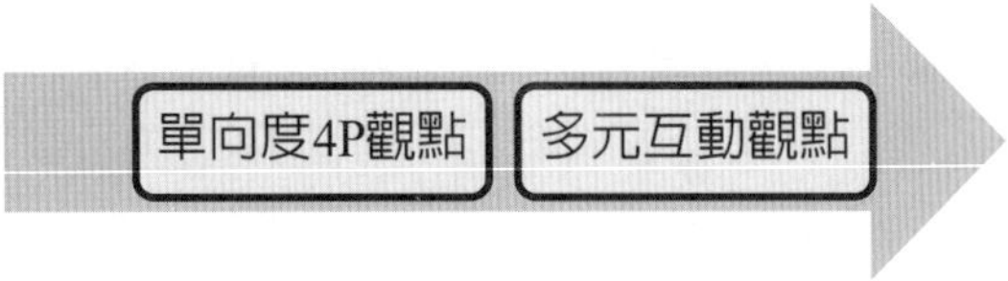

單向度4P觀點 **多元互動觀點**

Amabile（1983）指出創造力的表現是經過專家評定為有創意反應或工作產出，而這種產出是下列三者互動的結果，如圖1-3。

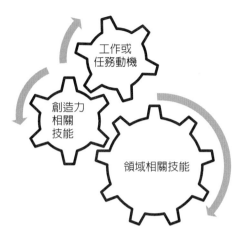

圖1-3　創造力的表現

　　郭有遹（1989）認為創造力是個體或群體生生不息的轉變過程，以及智、情、意三者前所未有的表現。其表現結果使自己、團體或該創造的領域進入更為高層的轉變時代。

　　Csikszentmihalyi（1990b）指出創造力是「個人」、「領域」和「學門」互動的結果。

　　葉玉珠（2006）則認為創造力是個人在特定領域中，產生一個在所處的社會文化脈絡中，具有「原創性」與「價值性」產品的歷程；也就是說，創造性產品為「個人的知識」（含經驗）、「意向」（含態度、傾向、動機、承諾）、「技巧／策略」與「環境」互動的結果。

　　Treffinger、Schoonover和Selby（2012）等學者則指出，創造力實為個體之「個人特質」加上「運作」在其獨特的「情境脈絡」下所產生的成果。

（三）結語

　　綜上所述，隨著創造力觀點和本質的演變，要澈底解決目前創造力涵義紛歧的現象顯然並不容易。基於對創造力的體認，筆者認為「創造力」**是個人心智運作與其動機、人格特質、知識、社會和文化環境等因素互動，形成具獨創性（新穎、新奇）和有用性（有價值、恰當、重要、有品質）構想，以解決問題的歷程或能力。**

二、相關術語

　　「創造力」（creativity）與「擴散思考能力」（divergent thinking abil-ity）、「創新」（innovation）、「發明」（invention）、「發現」（discov-ery）、「問題解決」（problem solving）及「創意」等術語經常被交替使用，而產生混淆的現象，如圖1-4。筆者在此將試著分析和比較這些術語，期能了解它們之間的異同關係。

圖1-4　與創造力常混淆的術語

㈠創造力和擴散思考能力

　　「創造力」與「擴散思考能力」是不同的（唐偉成、江新合，1999）。Guilford（1968）認為有相當多研究都支持「擴散思考能力」的因素及測驗與「創造力」有密切關係，但是「創造力」十分複雜，有時需要「擴散思考能力」以外的能力，運用不同的方式來加以呈現。

㈡創造力、發明和發現

　　曾志朗（1999）曾指出「發現」、「發明」和「創造」在科學上的層次是不同的。哥倫布（Columbus）發現新大陸是「**發現**」，因為新大陸

早就在那裡了，他不發現總有一天也會被人發現；發明大王愛迪生（Edison）發明電燈泡是「**發明**」，因為當時各種條件都已具備，也有其他人在進行相同的研究，不是愛迪生必然也有別人會發明電燈泡。只有「**創造**」是不同的，創造是無中生有，它的個人性很強，每個人創造的作品不一樣，因為別人不是你。

三創造力和問題解決

在許多研究者的心靈上，「創造力」與「問題解決」之間的關係是非常接近的。Guilford（1986）認為基本上這兩個術語是指相同的心理現象。有些研究者則明確指出「創造力」是一種特殊的問題解決形式（Mumford et al., 1997; Newell, Shaw, & Simon, 1962）。他們將「創造力」活動描述為一特殊種類的問題解決活動，其特性是新奇的、非傳統的、持續的，以及在問題形成上是困難的；他們同時指出創造思考（力）所涉及的歷程與非創造思考所涉及的歷程間，並沒有特別的差異。Feldhusen和Treffinger（1986）則將「創造力」和「問題解決」組合成單一的複雜概念，並認為實際上創造力，如流暢力、變通力和獨創力等，是真正與複雜問題解決行為所無法避免的。

有些研究者則提出所謂問題解決的概念模式，明確的如創造性問題解決，具有階段的或逐步歷程的特性（Noller, 1977）。通常，這些模式有四至六個歷程階段，先是處理發現、界定或精煉問題，經過一些歷程尋求可能的解決方案或朝向解決方案的進展，最後為評鑑各種解決方案，決定出最佳的一種解決方案。

另外，有的研究者強調「問題發現」和「問題界定或明確陳述」（與問題解決有所區分）的重要性，認為這是一種重要的創造力範圍。有些事實顯示藝術作品的優劣可以由藝術家在做創意性作品之前，所從事的探究行為來預測；也有事實顯示教導學生探究不同界定問題的方法，可以讓學生投入更多時間從事創造性問題解決（Baer, J., 1993）。

「問題發現」和「問題解決」之間有密切關聯的是，在於假設形成和考驗，以及觀念形成和探究之間的區別。在科學方面，假設形成與考驗之間的區別是很重要的，研究人員比較注意假設考驗（包括檢核假設的依賴

與其他興趣變項間的關係），而且基本原則是考驗的程序是公開且可複製的。假設形成則涉及較多私人事件，目前尚未完全被了解。在創造力研究上，假設從何而來與如何將其引發出來，仍是一種充滿挑戰性的問題。

　　Fink、Ward和Smith（1992）所提出Geneplore創造力模式主要是植基於觀念形成和探究之間的區別。在循環的形成階段上，有一種結構的心理表徵稱為「前發明結構」（pre-inventive structures），具有提高創造力發現的各種特質。然後，在探究階段會運用到這些特質。這些前發明結構可以視為是最後的、外在創意產品的內在預兆，而且會經由創意探究來形成、再形成和修正。他們指出，這個創造力模式認為個人可以在不同方面有創意的可能性。

　　至於「創造力」和「問題解決」之間的關係，主要取決於吾人構思問題解決的方法。如果某人的問題解決概念夠廣泛，足以包含解決問題、應用知名或記憶的程序，就可以看到有些問題解決例子是有創意的，但並非全部。如果我們認知到真正問題解決的例子僅是需要某些原創性思考，那麼就定義上言，所有的問題解決是有創意的。根據後者的觀點，當專家經由運用「步驟漸進法」技術解決問題時，由於他們熟悉本身的專長，所以創造力是不需要的，但是當同樣的專家企圖解決專長以外的問題，他們並不熟悉技術的運用時，就可能會需要創造力。

　　我們可以說，「問題發現」包括有關思考的內容。借用來自Sternberg和Lubart（1991）的隱喻，它意味著決定何處投資某人的「認知資本」（cognitive capital）。無疑地，發現問題時所投入的時間可以增進產生創意結果的機會。不過，發現問題並不是教育的焦點；事實上，我們提供學生問題解決，而很少讓他們自己去尋找問題。

四 創造力、創新和創意

　　至於「創造力」、「創新」和「創意」這三個術語，它們經常會被交互使用，不容易加以清晰區別。通常，工商界較偏愛運用「創新」和「創意」（施振榮，2000）。惟就英文字義來看，「創造」含有促成某些事物出來，以及使某些事物新穎或原創；而創新則是改變與導入新的事物。亦即將原有的東西加以改變或是加入新的東西。

第二節 創造力的重要性與忽視

聰明與創造力

有兩位小男孩，一位被老師認為是智商高、成績佳的好學生，另一位在校則表現平平，但有人覺得他不落俗套、不尋常。

在森林中突然遇到一隻兇猛的灰熊，正朝著他們的方向衝過來。當灰熊衝過來時，前一位男孩計算了灰熊的奔跑速度及他們之間的距離。顯然這位男孩真是聰明極了。不過，他回頭看到另一位同伴，他驚訝地發現他的同伴正脫下登山鞋，換上了跑步鞋。前一位男孩說：「你實在有夠笨，我們不可能跑得贏灰熊的。」後一位男孩說：「你講得對極了，不過我只要跑得贏你就行了。」

結果前一位男孩被灰熊吃了，後一位男孩則跑到安全的地方，躲過一劫。顯然，前一位男孩很聰明，但是後一位男孩有創意（創造力）。

一、創造力的重要性

毛連塭等人（2000）曾在其《創造力研究》一書中明示發展創造力的必要性有下列四項：

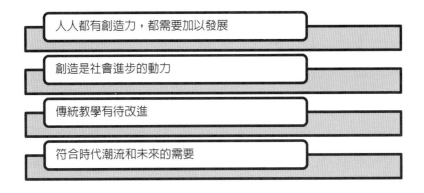

人人都有創造力，都需要加以發展

創造是社會進步的動力

傳統教學有待改進

符合時代潮流和未來的需要

　　然而，美國紐約州立大學的「國際創造力研究中心」（http://creativity.buffalostate.edu/）則詳細指出創造力研究的重要理由有下列幾項：

㈠ 發展人類超乎智力層次的潛能

　　學者過去多以智商（IQ）來統括人類的能力，但是後續學者發現，創造力和智商並不一樣。對於創造性的表現來說，多數學者也相信一定程度的智力是必要條件，而非充分條件。因此，為進一步了解並擴展人類的潛能，更見創造力研究的重要。

㈡ 工商業的快速成長

　　二十一世紀隨著運輸、網際網路及傳播等科技的快速發展，全球性的競爭愈來愈激烈。企業組織為提高自身的競爭力以求生存，就必須提高自己的創意與革新。誠如Van Gundy（1987）所說：「組織的成長與生存，關鍵在於新服務、新產品、新製程的構想或適應能力。」唯有逐漸注入創造力的組織，方能繼續生存下去。

㈢ 人力資源的有效利用

　　提升組織的創造性與革新性較為有效的方法之一，就是對組織內的創造力加以確認、培育及利用。正因人力是組織內最重要的資源，因而必須培育組織內人力資源的創造潛能，以確保組織得以適應外在環境變化，永續發展。

㈣ 提升有效的領導

　　Bennis和Nanus（1985）指出管理者以正確方法做事，而領導者則做正確的事。一般的管理者只負責引導大家朝既定的目標前進，而具有創意的領導者則能夠擴展其影響力，遠超過一般管理者。具有創意的領導者能夠發現新的問題，以新穎的方法解決問題，更能鼓舞士氣，使組織呈現嶄新的面貌。

㈤ 發現更新更好的問題解決方法

　　隨著變遷加速化，前所未有的新問題不斷出現，既無舊有經驗得以依循，人們必須透過創造力來產生更多嶄新且有效的解決方法，例如：全球

性汙染、饑荒、恐怖主義、核武危機、環境保護、就業問題、經濟成長、能源運用、種族衝突等問題。

(六) 促進社會的發展

隨著社會環境的變遷，唯有創造力才能維持社會生存、延續與發展；缺乏創造力的國家，也將為其他國家所超越。

(七) 對所有領域都有貢獻

創造力可以呈現、應用在許多的領域，並不限於某一特定的學科。

(八) 對知識本質的貢獻

透過創造力的了解，會使個人對其他領域知識，作更有效、更富想像力的應用，也有助於個人強化其所學知識。

(九) 人類的自然現象

正如其他能力一樣，雖有層次或程度上的差異，創造力是每個人都具有的（Guilford, 1986; Sternberg, 1999）。既然創造力不是少數天才所特有，因此學者便致力於研究、推展創造力的知識，使大眾的生活更具有創造性和生產性。

(十) 有助於精神與健康的提升

創造性行為是健康精神生活的要件。如果個人能將創造力應用在生活中，則他就可以享受在發現、發展、利用本身天賦才能中的愉悅。

(十一) 強化學習過程

學習過程需運用到創造力相關的能力，尤其是在提升創造力的教學中，學生將對知識內容更具彈性思考能力及學習的主動性，而這種效果也較能夠延續到畢業之後。

二、創造力的忽視

(一) 學術研究與發展方面

Guilford（1950）在其美國心理學會的主席專題演講上，挑戰心理學者

注意其所發現但受到忽視卻又極端重要的屬性——創造力。他指出在心理學摘要上（至1950年）不到0.2%是針對創造力。在1950年代以後，對「創造力」的研究興趣就開始滋長，同時也有一些關心創造力的研究機構成立。不過，至少直到2000年為止，有幾個指標顯示「創造力」仍然是心理學上相當邊緣的主題，如表1-2。

表1-2　創造力是心理學上相當邊緣主題的指標

指標	內涵
心理學摘要	1975-1994年心理學摘要上的「創造力」文獻數目，結果顯示大約有0.5%的文章是關心創造力的。
心理學導論的教科書	創造力很少被涵蓋在內。譬如，智力有一章或一章中的一大部分，創造力則介紹不多。
心理學系	雖然此類課程有時在教育心理學方案上提供，不過主要的心理學系則很少提供創造力課程。依學術立場，心理學系上並未列出創造力研究的位置。基本上，心理學系部門並不會組織成立創造力研究部門（不像認知、社會或臨床心理學研究部門）。
研究性刊物	最著名的刊物名單上，並沒有創造力刊物（不像知覺、學習和記憶、人際關係或人格），有兩種流通性較低的心理學刊物是針對創造力的。1967年建立的《創意行為期刊》（*Journal of Creative Behavior, JCB*），興趣在教導人們更具有創意，這種期刊內容非實徵性文章較多，而創造力提升和教育是最常見的主題。至於著重研究取向的《創造力研究期刊》（*Creativity Research Journal, CRJ*）則在1988年出現。

整理自Sternberg & Lubart（1999）

2000年以後迄今，世界先進國家在創造力的重視都有進展，如重視「**創意經濟**」（Creative Economy；Creative Industry），又稱為「**創意產業**」、「**創意工業**」、「**創造性產業**」，這個名詞是指那些從個人的創造力、技能和天分中獲取發展動力的企業，以及那些透過對知識產權的開發而創造潛在財富和就業機會的活動。它通常包括廣告、建築藝術、藝術和古董市場、手工藝品、時尚設計、電影與錄像、互動式互動軟體、音樂、表演藝術、出版業、軟體及電腦服務、電視和廣播等等。另外，還包括旅遊、博物館和美術館、遺產和體育等。

　　自從英國政府1998年正式提出「創意經濟」的概念以來，發達國家和地區提出了創意立國或以創意爲基礎的經濟發展模式，發展創意產業已被視爲發達國家或地區發展的戰略層面。與此同時，西方理論界也率先掀起了一股研究創意經濟的熱潮。從研究創意本身，逐漸延伸到以創意爲核心的產業組織和生產活動，即創意產業（creative industry）、**創意資本**（creative capital），又擴展到以創意爲基本動力的經濟形態和社會組織，逐漸聚焦在具有創意的人力資本，即**創意階層**（creative class）（http://wiki.mbalib.com）。

　　又如臺灣教育部曾在2002-2005年度大力推動爲期五年的「創造力中程發展計畫」，以及在2010-2012年推動高級中等學校「未來想像與創意人才培育計畫」；而臺北市立大學亦自2009年迄今在政府的支持下，持續推動「全國學校經營與教學創新KDP國際認證獎」，鼓勵學校和教師發展創意教學，激發行政人員、教師和學生的創造力（http://cee.utaipei.edu.tw）。

　　創造力對人類社會是重要的，不過傳統上它卻是心理學上的孤兒。原因何在呢？Sternberg和Lubart（1999）認爲創造力的學術研究和發展至少要面對六種主要的障礙，如圖1-5。這並不表示創造力沒有吸引研究興趣的能力，而是創造力是個較主觀、抽象、難以取得共識及不易測量的東西。

(二)一般實務方面

　　處在目前講求競爭或革新的時代，幾乎在每項活動或會議上，都經常會聽到強調創意、創新或創造力的重要性。不過，若仔細觀察其落實面，似乎又是另外一番面貌。顯然，創造力的重要性一直受到社會一般大眾所忽視，尤其是學校常低估了創造力。歸結其原因主要有幾項，如圖1-6並分述如下（許士軍，2003；Sternberg & Lubart, 1995）：

■ **只說不做**。許多人（包括企業經營者、學校主管、學者等）都在談創造力的必要性與創新的需求，但是你會覺得還是只停留在「說」的層次，眞正去做（行動）比較少。

■ **低估創造力**。或許最爲明顯低估創造力例子是未民營化的公家機關（如臺電、臺鐵等）或學校。當然我們不可能找到任何一位未

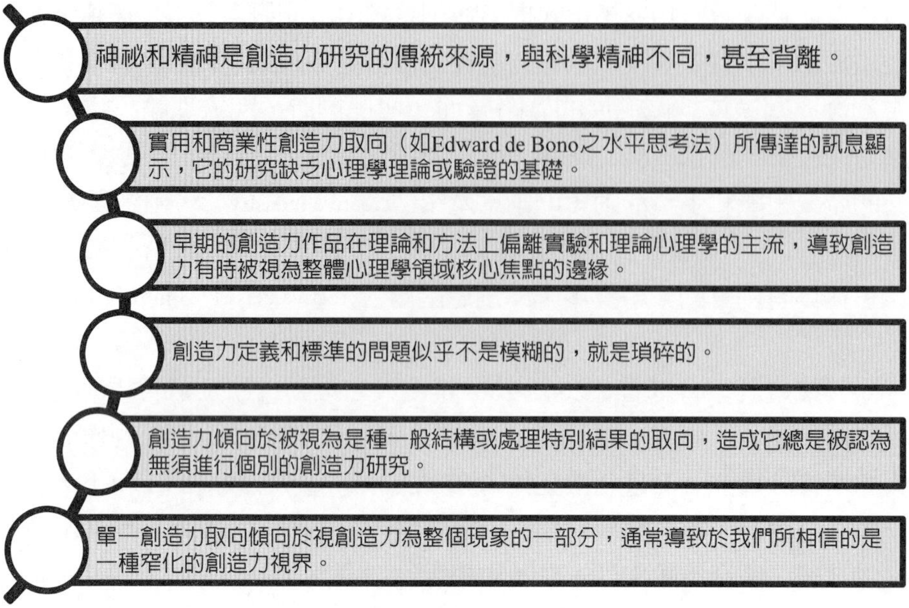

神祕和精神是創造力研究的傳統來源，與科學精神不同，甚至背離。
實用和商業性創造力取向（如Edward de Bono之水平思考法）所傳達的訊息顯示，它的研究缺乏心理學理論或驗證的基礎。
早期的創造力作品在理論和方法上偏離實驗和理論心理學的主流，導致創造力有時被視為整體心理學領域核心焦點的邊緣。
創造力定義和標準的問題似乎不是模糊的，就是瑣碎的。
創造力傾向於被視為是種一般結構或處理特別結果的取向，造成它總是被認為無須進行個別的創造力研究。
單一創造力取向傾向於視創造力為整個現象的一部分，通常導致於我們所相信的是一種窄化的創造力視界。

圖1-5　創造力的學術研究和發展的主要障礙

只說不做
低估創造力
人們害怕改變
外界環境和結構因素的限制

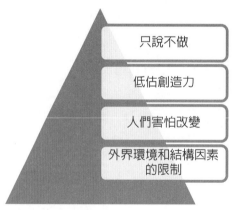

圖1-6　創造力在實務上受到忽視的原因

民營化的公家機關員工或教師，會明白表示創造力不重要、沒有價值，但是我們還是會看到認知失調或知行不一的現象。

■ **人們害怕改變。**心理學上有所謂的「單因接觸效果」（mere-exposure effect），即人們喜歡熟悉的事物，一個本來沒有興趣的事物，愈接觸就愈覺得自在，也就愈喜歡它。雖然人們認為創造力會帶來革新和進步，但他們還是對改變覺得不自在，所以在一開始通常不會喜歡有創意的想法（Sternberg & Lubart, 1995）。

■ **外界環境和結構因素的限制。**在組織中，一件事情往往牽涉到許多相關的人或單位。如果沒有後者跟著配合改變，獨自變動難免會造成許多問題和混亂。這種狀況在分工愈精細、結構愈是嚴謹的組織中愈嚴重。由於牽一髮動全身，即使有人存心改變，最後大家還是動彈不得。

另外，任何創意和創新都可能會涉及到權責調整和資源分配的問題。通常，人在面臨變動時會先思考到它可能帶給自己的影響是正面或是負面的，其次才想到對整個組織的影響。凡是感到會對自己不利的單位或一群人，往往很自然地傾向於找理由反對。

第三節 誰需要創造力？

你只要打開報紙，或留意環視周遭所面臨的情境，就會有各式各樣的問題需要解決或處理。在任何領域中（科學、寫作、藝術、工商業、教育、飲食、醫學、農業等），假如我們不能超越以前的舊有方法來看事情的話，我們的前途就堪憂了。這充分顯示創造力不是任一領域、學門或個人的專利，而是具有普遍性的。以下是一些發生在各領域的實際例子，如圖1-7（http://www.udngroup.com）：

<table>
<tr><td>創造力是</td><td>具有普遍性的</td></tr>
<tr><td>☐ 舞蹈方面</td><td>☐ 建築方面</td></tr>
<tr><td>☐ 陶藝方面</td><td>☐ 航運方面</td></tr>
<tr><td>☐ 氣球藝術方面</td><td>☐ 學生方面</td></tr>
<tr><td>☐ 益智玩具方面</td><td>☐ 行政方面</td></tr>
<tr><td>☐ 教育方面</td><td>☐ 汽車工業方面</td></tr>
<tr><td>☐ 農業方面</td><td>☐ 商業方面</td></tr>
<tr><td>☐ 飲食方面</td><td>☐ 設計方面</td></tr>
<tr><td>☐ 醫學方面</td><td>☐ 電腦科技方面</td></tr>
</table>

圖1-7　創造力會發生在各領域

㈠舞蹈方面

標榜挑戰身體極限的美國史翠柏舞團節目以**充滿震撼的撞擊動作**爲主，帶給國內觀眾全新感受，大家看的不是優雅、沉靜或歡愉的舞蹈，卻從頭驚呼至結束。例如：節目之一：「黑牆」，臺上舞者拼命撞牆；節目之二：有舞者以肉身穿透玻璃的驚險場面。這場不一樣的演出，吸引許多年輕人前往觀賞，女性觀眾尖叫多，男性也被臺上表演者的勇敢給嚇倒。

㈡陶藝方面

住在板橋的劉再興，首次接觸陶藝後，自此迷上陶壺的創作，捏陶生涯不到十年的他，**獨創出十多種有色透明釉的用法**，先後獲得多種獎項。

㈢氣球藝術方面

有對夫妻因為興趣同時在美國取得氣球專業證照，可以在幾秒鐘內就能將長長短短、各種顏色的普通氣球，扭轉成一隻100公分左右高的金龜蟲，成立了一家「**氣球先生國際公司**」專攻婚禮、派對、公司尾牙等會場

布置。他們指出氣球藝術價值不在單品，而在創意，也因此夫妻倆接單、承包會場布置時，是採取一次購足整體流程服務的概念，從最先企畫方案到設計創意，再動手執行。夫妻倆就靠這些氣球，擁有相當驚人的利潤。

㈣ 益智玩具方面

國內益智樂實業公司為了突破傳統積木只能拼成特定造型的限制，花了六年時間研發創新性的**「榫接兒童積木」**（藉由X狀榫接作為結構基礎的積木），可以水平和垂直延伸，成品密合度高，不易崩散，產品行銷國內外七個國家。

㈤ 教育方面

曾有一篇報導「她的排卡教學，學生不想下課」。這是輔大有位麥鳳秋講師的教學利器，透過**排卡教學**，學生玩得不想下課。到目前為止，她共有英文、中國藝術史、青銅器皿、玉器及書法等排卡十萬多張。這種教學法是把課程內容設計成一張張如撲克牌大小的卡片，每種課程至少有一千多張排卡，她會先用幻燈片和大排卡，把上課資料告訴學生，然後學生分組，開始玩起撲克牌遊戲（至少有14種玩法）。

臺南市國小有位張老師，興趣廣泛，經常親自上山下海尋找奇石怪木，加上平日對地球科學、天文星象的喜好，蒐藏了許多古代化石、標本模型。後來他利用學校儲放雜物的倉庫，獨力完成了一座獨一無二的**「時光隧道走廊」**。因為他的努力成果顯著，學校同事和家長義工逐漸加入，校長也主動詢問需要和贊助經費，成為現在這個有著**「史前文物化石館」**和**「星空傳奇天文館」**的學習空間，這裡是學生們最喜愛的天文星象與地球科學教室，也是張老師享受教學樂趣的地方，同時也因而獲得師鐸獎的表揚。

國立清華大學工業與工程管理學系有位桑教授，會運用**唱黃梅調、跳國標倫巴舞**，來教導學生輕鬆學習統計方法和概念。因為桑教授的教學法生動活潑，引發了學生對於機率和統計學習的高度興趣，由於迴響不斷，經常受邀演講，還獲母校邀請到美國擔任客座教授半年。

㈥ 農業方面

頭份有位農民原本是位外銷陶瓷玻璃廠的廠長，因厭倦一成不變的上班族生涯，加上認為傳統農業缺乏創新，前景可慮。因此，從國外引進許多觀賞用南瓜品種，也不斷摸索技術，只要發現南瓜形狀或顏色較特別的品種，便立即動手改良，多年來已經**創造出上千種的南瓜，各具造形，顏色亦繁複多變**，為觀賞用南瓜開創出一片天空。又如桃園縣有20年生產有機蔬菜經驗的詹朱金先生，他突發奇想，花了三年的時間研發了一套替蔬果沐浴、運動的設備（即**在豌豆苗培育場架設整排電風扇**，精心調控適當微風，風力恰好，能讓稚嫩的豌豆苗彎腰擺動，有運動卻不致折斷），不僅已獲得經濟部智慧財產局十年專利，而且稱得上是全世界獨一無二的蔬菜培育設備，而且芽菜身價多六倍。

有位日本中央農業總合研究中心機械作業研究員在面臨農業人口愈來愈少的情況下，熱衷於將尖端科技應用在農業上，發明了「**衛星定位自動插秧機**」。在農事工作前，先把田地大小輸入電腦，再連結上衛星，發動引擎將機器送進田裡，自動插秧機就開始插秧。寬50公尺、長10公尺的稻田，如果依賴人力插秧，每人需要花費一天的時間才能插完，機器卻只要花十分鐘就完成了。

㈦ 飲食方面

高雄市民余政隆先生早年在左營賣了兩年多的糯米飯糰，生意不好只好收攤。他愈想愈不服氣，決心把臺灣米食發揚光大。相繼花了15年研發「**科技飯糰**」（即洗米時加入酵素、臭氧，去除糯米的黏度、雜質和細菌）。到目前為止，共有美國有機米、臺灣本土的黑白糯米、加拿大冰湖野米等多種用米及超過一百多種的配料，創造了六百多個工作機會及每月三、四千萬的營業額。他更希望「傳香」飯糰有朝一日名揚國際。

㈧ 醫學方面

臺北榮總神經再生研究團隊經過四年來投入頸神經根損傷治療技術的研究，終於有了治療上的新突破，即**以顯微神經外科移植術，加上特殊雞尾酒藥物療法**，修復斷裂的頸神經根，使癱瘓的手臂得以恢復部分功能，不僅動物實驗成果刊載於知名國際學期刊，也開啟了這類病患的希望（聯

合報，2003.8.5）。

加拿大有位學者最近研發出「**骨骼印表機**」，利用類似噴墨印表機的技術，將人造骨粉轉變成精密的骨骼組織。目前骨骼移植手術大都使用人體其他部分的骨骼或是類似陶瓷的替代材料。但是「**骨骼印表機**」產生的人造骨骼，除了精確模擬破損的骨骼區塊，植入人體以後還能幫助受損的骨骼修補癒合。一般認為新科技會為骨骼移植手術帶來重大的革新。

有位牙醫師和中醫師，在閒暇之餘，喜歡看F1賽車和研究運動傷害。他察覺到賽車手經常需高速行駛，但是發生車禍時卻可以毫髮無傷，祕訣就在於賽車手在比賽前都會在頭頸後方擺置一塊U型海綿防護裝置。同時他也了解到一般汽車安全氣囊大都隱藏在方向盤、窗簾邊或坐墊側邊，而忽略了頭頸部位。因此他研發出「**頭頸U型和背部氣囊**」，可以廣泛應用於飛機、賽車、房車、雲霄飛車上。若順利量產，一年商機將有數十億美元。

(九) 建築方面

畢業於私立東海大學建築系的年輕建築師林友寒，花費了四個月時間全心全意參與萊比錫大學教堂與博物館新建案的比圖，最後在750件參賽中，經兩階段設計篩選，獲得評審青睞而獲得設計權。這是臺灣五十餘年來臺灣建築人才在全球獲勝首件作品。他採取一個抽象的意義來詮釋這座教堂，宛如一張紙被撕過兩次，被撕過的痕跡就是再回復也是歷史的一部分；所以他用空間連結的意涵，在虛空中回復歷史的記憶，亦即將原有被拆毀的哥德建築，以原有量體安置在新建築中，但新建築卻設計成當代所需求的模式。所以萊比錫大學哥德教堂便如影隨形地融入新建築中。

(十) 航運方面

長榮海運曾率先開闢有別於傳統貨櫃船固定行駛定期航線（即一條定期航線靠泊很多港口，如同一列鐵路列車沿線停靠多站一樣）的**快捷航線**（母港對母港）。這種一港對一港或二港對二港的快捷航線，類似鐵公路的直達車（如臺北與高雄對開或新竹與臺南對開），其優點是可以大幅節省營運成本和縮短航程，可使航次更密集。因而快捷航線已成為目前貨櫃船運輸服務的主流。

㈠ 學生方面

電影《關鍵報告》裡男主角湯姆‧克魯斯經常帶著特製手套，不用按鍵，就能隔空搬動多媒體視訊。這些超炫的未來畫面，是由美國麻省理工學院媒體實驗室指導合成的特效，卻在成功大學博士研究生的手裡真正實現。他把發光二極體（LED）嵌在手套上，搭配視覺感測裝置，電腦畫面就可跟著手套左右移動，好像用手抓取視訊；而且腳上踩著的特製感應地毯，還可營造出畫面前後移動的3D效果，對方為之驚艷，並因而獲得MIT全額留學獎學金。

㈡ 行政方面

臺南市安南區鹽田里，日據時代是臺灣第一個製鹽工業區，近年來由於臺南科技工業區、四草野生動物園保護區的設置，又有淹水之虞，使得近九十年的製鹽歲月走入歷史，六代製鹽子民只能無奈遷村。但是在文建會和臺南市政府規劃下，為呈現製鹽創意產業，使得這些鹽田子民回來了，並將合力打造一個世界級的「**鹽田文化生態村**」。

㈢ 汽車工業方面

為了加強對顧客的服務，福特六和汽車公司成立了Quality Care網站，該網站是以輕柔的音樂營造「五官互動、五感滿足」的創新服務境界，將實體服務廠的新空間具體呈現給網友。在有心耕耘下，Quality Care服務品牌在臺上市僅僅一年半期間，便已為車主推出不少差異化服務，像是Quality Care Café旗艦店、新人車4S運動、新服務產品、FORD Collection及Lady's Care等超越車主期待的活動。強而有力的新車營銷團隊，加上售後服務端的推陳出新，乃是福特六和獲利持續走俏的主因。

㈣ 商業方面

美國大型的零售業者沃爾瑪（WalMart）在零售業者仍致力於縮短結帳時間之際，近年積極投入「**無線辨識系統**」（Radio Frequency Identification, RFID）創新應用之研發，透過無線條碼與電子錢包結合，未來零售賣場可能連結帳櫃檯都不需要了，就在消費者走出賣場瞬間，即透過無線網路完成結帳手續。

　　另外，中友百貨在百貨市場競爭激烈的情況下，不惜成本精心打造**百萬廁所，海底樂園、籃球場、可口可樂、海尼根啤酒等都成了廁所主題**，而形成新廁所文化，讓消費者在購物之餘，還多了一項「逛廁所」的樂趣，同時也引起中部百貨市場的注目，計畫跟進重新改造廁所。

　　在網路創業方面，國內有兩位20多歲的年輕男士，原本熱衷在辦公室團購的他們買出了心得、興趣，最後放棄了知名電腦IBM公司的百萬年薪，在2007年3月中旬合創了**專業合購網站「ihergo」**，網站開設不久就吸引了兩千多人上網註冊成為會員，未來希望隨著會員人數或是瀏覽的網友增加，能夠爭取到商家願意花錢刊登廣告，可謂錢景看好。

㈤ 設計方面

　　高職畢業的林先生經營一間「我家品牌設計有限公司」，**專賣點子和創意**。從此，他靠著點子和創意，事業版圖愈來愈大。他為了讓客戶覺得物超所值，常提供「百選一」的服務，一個商品可以想出一百個點子，讓客戶從中選擇最喜歡的一個。

　　另外，有位紐約布魯克林普列特藝術學院工業設計系華裔研究生，因為老婆抱怨在蘇活區逛街買不到適合高度的高跟鞋，希望他發明一雙能夠依照各種場合調整高度的鞋子。不久，這位華裔研究生就設計出一雙輕輕按鈕，就**可以選擇六種不同高度的奇妙高跟鞋**。這個奇想又實用的發明，立刻受到美國各媒體的注意和報導，以及廠商的接洽。

㈥ 電腦科技方面

　　建準電機洪董事長了解到科技產品愈來愈輕薄短小的趨勢，以及有效散熱的關鍵要務。雖然他沒有顯赫的學歷，卻能大膽推翻以前所有的觀念，用新的原理原則不斷追求創新發明出散熱效果一流的「**毫米型的科技風扇**」，並獲得美國太空總署採用，同時也因其發明創新及事業上的成就，榮膺國立中山大學「名譽管理學博士」學位。

　　綜上所述，事實上有關上述諸如此類的例子實在是不勝枚舉。這充分印證了創造力、創意或創新是不限領域、學門或特定個人的。

(第四節) 創造力的層次

創造力的層次有不同的看法，茲分述如下：

一、卓越超群與日常的創造力

Cropley（2001）在其《創造力教育與學習》（*Creativity in education and learning*）一書中將創造力分為兩個層次：「卓越超群的創造力」（sublime creativity）和「日常創造力」（everyday creativity），分別描述如下：

㈠卓越超群的創造力

有些產品或作品達到專業的或藝術的喝采或商業成功而受到廣泛認識。在這些產品或作品中，很少可以更進一步獲得舉世或至少相關部門（如藝評家、文學評論家或其他專業人士）的推崇。此類產品或作品贏得或接近贏得諸如諾貝爾獎、普立茲獎等。它們擴大了人類的經驗和能力，而可以被視為「卓越超群的創造力」或是大創造力（Big C）。因而，即使是值得喝采的創意產品或作品可能也有不同程度的創造力。

㈡日常創造力

Nichols（1972）曾針對從未產生新奇性事物的人導入重要的創造力觀念，來延伸日常創造力這個觀點。基本上，這種取向視創造力像個人特性一樣，存在於不管是否產生任何事物的人們身上。這種創造力如同常態分配的特質一樣，雖然不同的人有不同的程度，不過可以在每個人的身上發現它。有些人較高，有些人較少。就像智力不可能是0一般，完全沒有創造力是不可能的。凡是未產生任何值得喝采事物的創造力稱作「日常創造力」（Milgram, 1990）或小創造力（Small C）。

二、創造貢獻的類型

Sternberg（2006）曾提出「創造貢獻推進理論」（Propulsion Theory of Creative Contribution），指出創造者企圖將某一領域從目前所在位置，推進至他認為此領域應該達到的目的地。這項理論主張依據推進的方式，將創造貢

獻分成下列三大類型,如圖1-8並分述如下:

擴展現有接受的典範　　取代現有的典範　　綜合各種現有的典範

圖1-8　創造貢獻推進理論

㈠ 擴展現有接受的典範

擴展現有接受的典範(paradigms)包含1-4小類型:

1. **複製**(replication)。「複製」主要是支持現有領域是在正確的位置上。
2. **重新界定**(redefinition)。「重新界定」主要是從不同的觀點來界定現有領域。
3. **向前推進**(forward incrementation)。「向前推進」主要是讓某一領域在所移動的方向中前進。
4. **前衛進展**(advance forward incrementation)。「前衛進展」主要與前面的「向前推進」有重疊,但強調大幅度地加快速度,以至於超越大眾所預期的。

㈡ 取代現有的典範

取代現有的典範包含下列5-7小類型:

5. **重新引導**(redirection)。「重新引導」主要是將某一領域從現有的位置引導到新方向。
6. **重新建構**(reconstruction)。「重新建構」主要是先將某一領域推回到過去某一點,再從該點引導至新方向。
7. **重新啓動**(reinitiation)。「重新啓動」主要是將某領域推到另一個從未到達過的新起點,再從該點引導進新方向。

㈢ **綜合各種現有的典範**

創造貢獻的第三大類型僅包含第8小類型：

8. **整合**（integration）。「整合」主要是將各式各樣的思考模式融合爲一。

結語

綜上所述，學者們因取向不同而對創造力提出不同見解，使得創造力的涵義衆說紛紜。近期學者們都由傳統的單向度4P觀點，轉從多元互動的觀點來深究創造力的本質，提出了許多模式或理論。創造力與擴散思考、創新等術語有關，經常互用而產生混淆。創造力是重要的，卻常常遭到忽視。許多實例顯示創造力是不限領域、學門或特定的個人的。另外，創造力有其層次與類型之分的。

本章重點

1. 《韋氏大字典》將「創造」解釋爲有「賦予存在」，具「無中生有」或「首創」的意思。
2. 學者們因取向不同而對創造力提出不同見解，使得創造力的涵義莫衷一是。
3. 近期學者們都由傳統的單向度4P觀點，轉變成從多元互動觀點來闡述創造力的本質。
4. 創造力與擴散思考能力、創新、發明、發現、問題解決及創意等術語常被交替使用，而產生混淆的現象。
5. 創造力是重要的，卻常常遭到忽視。在學術研究／發展方面，指標顯示創造仍是心理學上相當邊緣的主題，包括：心理學摘要、心理學導論的教科書、心理學系及研究性刊物。另外，創造力的學術研究和發展至少要面對六種主要障礙，例如：實用和商業性創造力取向（如水平思考法）顯示缺乏心理學理論或驗證的基礎。在一般實務上，創造力受到忽

視的原因，包含只說不做、低估創造力、人們害怕改變，以及外界環境和結構因素的限制。

6. 在任何領域中（如科學、飲食、醫學等），如果我們不能超越舊有方法來看事情，前途就堪憂了。這充分顯示創造力不是任一領域、學門或個人的專利，而是具普遍性的。

7. 創造力分為兩個層次：卓越超群的創造力和日常創造力。就創造貢獻推進理論來看，可分成下列三大類型：擴展現有接受的典範、取代現有的典範及綜合各種現有的典範。

不同取向的創造力理論

　　多年來，就像任一學門或領域一樣，學者們一直致力於提出一套理論，企圖周延地闡釋創造力，惟由於創造力是個相當複雜的心理構念，而且運作時會涉及到其他層面，因而就衍生出許多見解不盡相同的創造力觀點、模式或理論。

　　本章將從心理動力、行為主義、認知心理學、人本心理學，以及匯合取向創造論等方面，來闡述學者們所提出的不同創造力觀點。

第一節　心理動力取向創造論

　　「心理動力論」（psychodynamic theory）是二十世紀研究創造力的主要理論之一。這項理論認為創造力是來自於「**意識實體**」（conscious reality）和「**潛意識驅力**」（unconscious drives）之間的緊張狀態。Freud（1959）就指出作家和藝術家是產生創意作品，以公眾可以接受的方式來表達自己的潛在欲望。這些潛在欲望可能包括權力、名利、榮譽或愛（Vernon, 1970）。

一、Kris的創造力內涵說

　　Kris（1952）指出創造力包括「**靈感階段**」（inspirational phase）和「**精緻階段**」（elaborative phase），如圖2-1。其中，Kris更為強調靈感階段，他認為在此一階段「自我」（ego）會暫時性地放鬆思考歷程的控制，讓思考回歸到前意識水準（前意識處於意識與潛意識之間的意識境界，與潛意識最大的區別在於後者是累積中的經驗，個人無法記憶；而前意識中的經驗是可以記憶的）。在這種情況下，自我更能接收與驅力有關的衝動和觀念，這種「**原級思考歷程**」（primary process thinking）可以促進與問題有關及不相干觀念之間的關聯性。

這種思考形式所發生的能量釋放是令人喜悅的，而且這種「功能性樂趣」（functional pleasure）形成了創造力的主要動機力量。也就是說，Kris相信在創造思考上暫時性地放棄邏輯的、理性的思考是必要的，因為這種思維方式會限制思考與妨礙解決方法的形成，個人必須要讓白日夢和幻想進入思考中。

至於「精緻階段」，又稱為「次級思考歷程」（secondary process thinking），是指經由眞實、自我控制思考來重新運作和轉換「原級思考歷程」，此時觀念會受到嚴格的邏輯思考的評鑑。近來，有些學者則了解到「原級思考歷程」和「次級思考歷程」的重要性（Suler, 1980; Rothenberg, 1979）。

圖2-1 Kris的創造力階段論

二、Kubie的前意識說

就像Kris一樣，另一位心理動力論者Kubie（1958）則相信「**前意識**」（preconscious）是創造思考的源泉。「前意識」歷程對於創造力的價值就在於「觀念的自由蒐集、比較和轉換」。尤其，Kubie強調前意識思考期間所發生的意義濃縮，他認為在前意識時，運用想像和譬喻可以將許多經驗濃縮成為圖畫文字，而一項符號的表達會遠遠超過個人在完全意識時逐字精確且緩慢的說明。

相較於Freud，Kubie特別關心「神經系統行為」（neurotic behavior）對

於創造力的抑制作用，他主張潛意識的衝突對於創造力具有負面作用，因為它會造成固定形式和重複性思考（Sternberg & Lubart, 1992）。雖然心理動力創造論有其洞見，不過並未形成科學心理學研究創造力的核心。

第二節　行為主義取向創造論

行為主義者認為人類的行為是受到環境中的刺激所控制的，個人一切複雜的行為都是學習來的（張世彗，2017）。也就是說，創造力是一種複雜的行為，因此創造力也是學習來的。當然，有學者對此一論點會有爭議。這裡將簡要地就創造力的定義、個體與環境交互控制過程、創造環境、問題解決及創造動機等方面，來闡釋行為主義的創造論。

一、行為主義觀的創造力定義

就創造力的定義來講，若指的是「結果」，那麼學習他人的創造結果便沒有創新可言。不過，創造力一詞如果指的是「產生新穎獨特的反應或創造過程和方法」，則此兩者就有學習的可能性，學習者可以從方法及環境交互關係的過程中產生新的產品。如果就個體與環境之間交互控制過程言，學者曾運用Skinner的「**正規刺激控制**」（formal stimulus control）與「**非正規刺激控制**」（informal stimulus control）概念來解釋創造的行為（Sloane, Endo, & Della-Piana, 1980）。

一般所謂的「反應」是指受到單一刺激所控制的，見到貓熊說是貓熊，見到鯨豚說是鯨豚，這種正確的反應受到社會所獎賞，至於反應適當與否也受社會所決定。但是有些反應是受到多項刺激所控制的，這就是「非正規刺激控制」；而「非正規刺激控制」就會產生非正規的行為，也就是所謂的「創新的行為」。例如，Sloane、Endo和Della-Piana（1980）等人曾觀察一班學生學習現代舞來分析創造行為，結果發現舞蹈者的舞藝與集中精神、自動自發及警覺敏感等因素無關，而與教室中有些因素有關（如音樂等，控制了舞蹈的時機及特別的舞步），然而這些因素的組合並不是固定的，因此可視為「非正規刺激控制」。

此外，他們又進一步採用「非正規刺激控制」的概念來說明創造環

境的促進，指出有些環境具有很多且嚴密的正規控制，有些環境則比較少正規控制。正規控制比較少的環境就會有比較多的非正規控制，繼而有利創造行為的誘發。因此，舉凡個人的身心狀況及與即時創作有關的情境和訊息刺激（尤指他人的反應），都是屬於「非正規刺激控制」。郭有遹（1993）認為這些「非正規刺激控制」是Skinner（1975）在其《語言行為》一書中所謂的「**複合因素**」（multiple causation）。

二、行為主義觀的問題解決及創造動機

另從問題解決過程來看，行為學派的心理學家認為問題有難易之分，範圍有大有小。就小而易的問題來說，Skinner（1974）曾指出：「當某條件產生誘惑力，而個體無法就條件形成反應時，個體就有問題了。如果他能夠就條件產生反應，問題便解決了。……惟解決一個問題並不只限於釋放正確的反應，還包括採取各種步驟以促進那個反應產生，而那些步驟往往改變環境使得反應更容易發生。」

這裡所稱的環境可大可小，但主要是指所需處理環境中的刺激而言。例如：我們想要比較兩種物品的異同，就必須將兩種物品（刺激）排在一起（改變環境）以便區別。據此，創造就是一種改變刺激的過程如下：

從創造的動機來說，行為主義心理學家認為趨樂避苦之滿足與否取決於環境，而不是個人。不過，心理學家可以利用人類與動物的這種基本需求來達到制約行為的目的（郭有遹，1993）。以Skinner為首的新行為主義就是根據「個體是反應的主體，會經常表現出各種各樣的反應。獲得好結果的反應會一再出現，而得到強化；反之，則會消弱。」

因此，心理學家便可選擇酬賞與特定目標有關的一連串反應，以達到行為塑造的目的，以及「一個中性刺激若與原來的酬賞並行出現幾次後，該刺激也會具有酬賞作用」，這兩種制約原理來解釋複雜的創造行為。例如：學者就曾運用增強方法來強化三位接受學前教育兒童產生新的積木行

爲。這三位學前兒童都是女生，對於積木遊戲都很生疏。在實驗前，她們在每一節遊戲所產生的新花樣都少於十個。在實驗期間，每位兒童每做出與前不同的花樣就會獲得老師的社會性獎勵（例如：好棒！那是不同的花樣喔！）。一段時間之後，她們產生不同花樣的次數便明顯增加。爲了證實這種情形，實驗者就將目標改爲獎勵相同花樣的積木行爲。結果發現，沒多久這三位女生就舊習復燃，經常產生相同的花樣。最後，實驗者又改變目標，再獎勵兒童做出與前不同的花樣，一段時間之後，兒童產生不同花樣的次數又開始增加了（Goetz & Baer, 1973）。

總之，從上述行爲主義的創造論可知，在新環境中一組新的刺激會產生一組新的反應，而新的反應就是創新的行爲。經由積少成多，化無爲有，創造就會產生。惟郭有遹（1993）也指出要由簡單創新到傑出創作，還需要下列八項條件配合（見圖2-2），同時認爲如果能夠以這八項條件爲基準來研究創造者的創造過程，就可以驗證行爲學派的創造論：

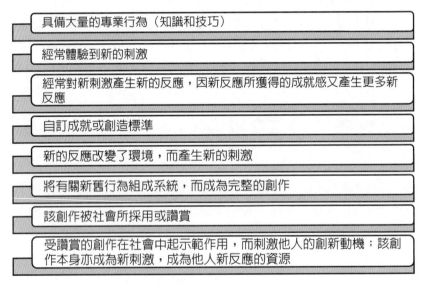

具備大量的專業行爲（知識和技巧）

經常體驗到新的刺激

經常對新刺激產生新的反應，因新反應所獲得的成就感又產生更多新反應

自訂成就或創造標準

新的反應改變了環境，而產生新的刺激

將有關新舊行爲組成系統，而成爲完整的創作

該創作被社會所採用或讚賞

受讚賞的創作在社會中起示範作用，而刺激他人的創新動機；該創作本身亦成爲新刺激，成爲他人新反應的資源

圖2-2　由簡單創新到傑出創作的其他配合條件

第三節 認知心理取向創造論

　　由認知心理學演變的探究中可知，認知心理學理念歷經三次階段性的演變，如圖2-3。第一階段是以馮德（Wundt）的「結構主義」為主流；第二階段則是以研究知覺組織、思維、解決問題等為主的「完形心理學」（Gestalt psychology）與皮亞傑（Piaget）認知發展研究的興起，為以後「認知心理學」的復甦，注入新的生命力；第三階段則是「訊息處理心理學」在認知心理學中異軍突起，走出一條新路，而且發展相當迅速，目前已分化朝向「實驗認知心理學」、「認知科學」、「認知神經心理學」及「應用認知心理學」等方面發展（張春興，1997）。

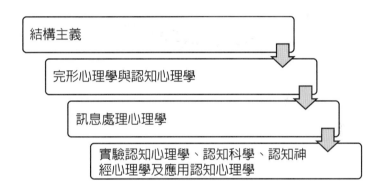

圖2-3　認知心理學之演變

　　如前所述，有相當多學者的創造力論點是屬於認知心理學的範疇。以下將就「完形心理學」、「智力結構理論」及「生產與探究創造性認知模式」等三方面做一闡述：

一、完形心理學

　　認知心理取向創造論主要的觀點在於強調「**創造思考底蘊下的心理表徵和歷程**」。例如：完形心理學主要就是從下列三方面來說明創造力的產生：

他們認爲在人類成長過程中，爲了更有效地滿足生活需求，就需要重整舊有經驗或改進原有事物，這就是創造力的現象。就「頓悟」來說，完形心理學者將創造思考過程中常有的頓悟現象，解釋爲可能是因素接近或情境相似的結果。

　　從知覺趨合的觀點來看，「完形心理學」者強調視覺（如對於一個有缺口的正方形，我們會自然加以趨合而認知爲正方形）和聽覺趨合，同時認爲這種以「局部代替整體」的趨合現象，就是一種重要的創造思考過程（毛連塭、郭有遹、陳龍安、林幸台，2000；Busse & Mansfield, 1980）。

二、智力結構理論

　　Guilford（1967）曾在其《人類智力的本質》（*The nature of human intelligence*）一書中提到「**智力結構理論**」，並在其運作功能中述及「**擴散思考能力**」。他認爲擴散思考與問題解決很相似，因而提出一種資訊心理過程的「智力結構模式」，如圖2-4。

　　這項問題解決的過程從環境和個體對於溝通系統的「**輸入**」開始，進入大門的訊息會引起「**認知**」的運作，這個步驟包括兩個重要的內容──知道問題的存在及了解問題的本質。當你發現這些狀況一切良好時，你的下一個行動就是尋求專業性的幫助。若你現在處於醞釀解決方法的狀態，你會一個接一個想出可能的幫助來源，這用的就是「**擴散思考**」。在這項步驟中，你是在記憶儲存庫中尋找資料。如果你沒有經過多方思索就立即想到結果的話，你就是繞過擴散性思考直接用到「**聚斂思考**」了。

　　另外，你可能會在過程中的任何部分抱持反對的觀點，這就顯示出「評鑑」運作的效用，如模式中各箭頭所示，大部分取出的資料都需要作不同方向的兩度評鑑。但是在擴散思考情況下，有些資訊就要避免繞經評鑑的運作，Osborn（1963）認為這種「不批判」是創造思考中非常重要的策略。雖然在模式中發生創造思考最明顯的地方，是在產生可能解決方法的時刻，但是我們可以說構成問題的本身就是一種問題，這就是問題中的問題。此外，在發生轉換時，也富有創造性。例如：我們常常需要尋找適用於某種不尋常用途的物品，而對很多東西重新加以界定。最後就是將結果經由溝通加以「**輸出**」。

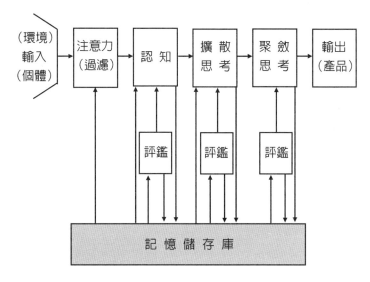

圖2-4　問題解決的資訊心理過程

三、生產與探究創造性認知模式

　　「生產與探究創造性認知模式」（Geneplore Creative Cognition Model）的核心主張是指，許多創造性活動可以依據初期形成的「候選觀念」（candidate ideas），或是經由廣泛性探究這些觀念而獲得的解決方法來描述（Finke, Ward, & Smith, 1992）。

　　這種初期觀念有時稱為「**前發明的**」（pre-inventive），它們是一些計畫尚未完成的新產品、測試令人苦惱問題的解決方案或是難題的正確答案。雖然它們可能是一種尚未經過實證測試的主張或萌芽的觀念，但是卻具有一些產生結果的創造力關鍵性指標：「獨創性」和「適當性」。

　　「生產與探究創造性認知模式」假定：「在多數狀況上，個人會將『**生產的**』（generative）和『**探究的**』（exploratory）歷程交替運用」，根據特定任務的限制與要求來巧妙運用結構。

　　形成點子或構想的生產過程中有些共通形式（Holyoak & Thagard, 1995; Smith, 1995），包括：

■ 現有記憶結構的檢索；
■ 這些結構間關聯的形成；
■ 新結構的心理組合；
■ 現有結構心理轉換成新形式；
■ 領域間訊息的類推遷移；等等

探究歷程包括（Finke, 1990）：

■ 在心理結構上尋求新奇的屬性；
■ 尋求結構的隱喻涵義；
■ 尋求結構的潛在功能；
■ 從不同角度評鑑結構；
■ 解譯結構作為可能的問題解決方案；等等

　　因此，創造思考可以界定為「**依據這些不同歷程運作或組合的方法**」。例如：作家可能透過心理組合熟悉和異國風味的概念，形成新的情節，然後在整個故事全部細節上來探究情節的分支。同樣地，發明家可能透過心理組合不同物體的各部分，然後探究如何解譯結構以作為一種新發明或概念（Ward et al., 1995）。另外，這個模式也區別了創造性認知所使用的認知歷程與其心理運作形式。例如：Finke、Ward和Smith（1992）曾提出「**前發明結構**」（pre-inventive structure），並認為它在創造性探究和發現上扮演著重要的角色。

　　這些結構可視為最終創意產品的內在前兆，它可以依照心中的特定目標，來形成開放性發現的工具。這些結構到底是概念複雜、簡單或模稜兩

可，往往依據任務需求或情境來決定。至於「前發明結構」的例子（Murphy, 1988; Ward, 1995），包括：

■ 象徵性的視覺形式和圖形；
■ 基本概念的心理混合；
■ 新奇或假設性類別的實例；
■ 語文組合以形成新連結和頓悟；等等

至於哪一種「前發明結構」的形式是最適當的，則取決於任務或問題的本質。圖2-5乃是「生產歷程」、「探究歷程」、「前發明結構」及「產品限制」之間的關係。「生產與探究創造性認知模式」假定在多數創造性認知的實例上，會運用到兩個獨立歷程的階段：「**生產和探究**」。在生產階段，心理組合、心理轉換或檢索實例等歷程引起前發明結構，然後在探究階段透過檢視其未料想到的特性，以及考量它們的蘊含來運用或解譯。

如上所述，這些「前發明結構」可能包括「三向度的想像形式」（imagined three-dimensional forms）、心理模式和設計，以及新奇或假設性類別的實例。完成探究階段後，就可巧妙運用或重新形成「前發明結構」，點燃可能已經發生的頓悟或發現。這個部分可以一再重複，直到「前發明結構」形成最後的、創造性的想法或產品為止。

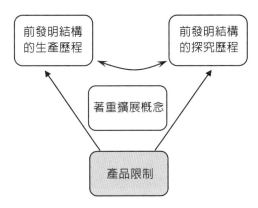

圖2-5　生產與探究創造性認知模式

第四節　人本心理取向創造論

　　人本心理取向創造論主張個體應該超越低層次的匱乏動機，而邁向充分成長、主動創造與自我實現的存在頂峰（Rogers, 1959; Maslow, 1967）。Rogers（1961）相信個體內某些條件與創造力有關：「經驗開放、內控的評鑑及操弄元素和概念的能力」。不像其他理論學者一樣，他特別關心創意作品的適當性和有用性。

一、自我實現者的創造性本質

　　Maslow和Fromm曾研究眞正健康、高度發展和成熟、自我實現的人，並認爲區分「特殊天才的創造性」與「自我實現的創造性」是有必要的。而後者更多是由人格特質所造成的，且在日常生活中廣泛顯露出來。他們發現，自我實現者的創造性本質是無抑制地和不怕嘲笑地表達自己的想法和衝動能力（引自孫大川譯，1990）。

　　自我實現者是虛懷若谷的體驗人生，很像完全快樂、無憂無慮、兒童般的創造性，是自發的、不費力的、天眞的、自如的；是一種擺脫陳規和陋習的自由，而且看來是由天眞的自由感知與無抑制的自發性與表現性所組成（Rogers, 1961）。

　　另外，他們認爲自我實現者的人格特質比較不怕未知的、神祕的、令人困惑的東西，而且通常主動進攻，從中挑選難題，全神投入思考。他們可能安於無秩序的、粗線條的、混沌的、不確定的狀態。對多數人來說，這是苦惱，但是對他們來講，卻是愉快的激勵性挑戰（Maslow, 1967; Rogers, 1959）。

　　Maslow同時也發現當人們處於高峰經驗時，最能展露個性，最趨近於眞實的自我。這種內部整合的經驗承認我們深邃的自我及其價值，更有助於創造力獲得充分的發揮（引自莊耀嘉譯，1990）。

二、創造力的形式

　　Maslow和Fromm在其《人的潛能和價值》一書中，曾提出原初、二

級和整合創造力的概念（引自孫大川譯，1990）。「**原初創造力**」是指出自於原初過程並應用原初過程，多於二級過程的創造力。

而「**二級創造力**」乃是思維過程多半以二級為基礎的創造力來說，這種類型的創造力包括世界上生產成果的一大部分，如橋梁、房屋、新的機動車，甚至許多科學實驗與文學作品等。本質上，所有這一切都是精煉和發展他人的想法。「原初創造力」和「二級創造力」之間的差異，類似於拓荒者和移居者之間的差異。

至於「**整合創造力**」則是那種能夠以良好融合或交替方式，自如而完美地運用這兩種過程的創造力者。偉大的藝術、哲學、科學產品的出現，正是來自這種形式的創造力。

總之，Maslow認為創造性理論愈來愈強調整合作用（或自我一致、統一性及完整性）。就自我實現者的創造性來說，更多是直接來自原初和二級過程的融合，而不是來自於鎮壓和控制被禁止的衝動與希望（引自莊耀嘉譯，1990）。

簡言之，自我實現的創造性首先強調的是「人格特質」，而不是「成就」，並且認為這些成就是人格特質放射出來的副現象，如表2-1。這種人格特質上的品質，如大膽、勇敢、自由、自發性、自我接納，能夠造成個人實現其潛能。

表2-1　需求層次與人格功能

需求層次	匱乏狀況	實現狀況	實例
生理	飢餓、口渴、性挫折、緊張、疲倦、疾病、無安居之處	放鬆、解除緊張、感官享樂經驗、身體上的幸福感、舒適	飽餐一頓的滿足感
安全	不安全、失落感、恐懼、強迫觀念、強迫行為	安全、精神上的平衡、泰然自若、安靜的心	固定工作的安全感
愛與隸屬	羞怯、沒有人要的感覺、無價值感、空虛、孤獨、寂寞、不統整感	自由流露感情、統整感、溫馨感、一起成長感、注入新的生命和力量感	沉浸在被完全接納的愛的關係中
自尊	無法勝任感、消極悲觀、自卑感	信心、精幹、自尊自重、自我擴展	因表現優異而獲獎
自我實現	疏離、形而上疾病、生命缺乏意義、枯燥無味、千篇一律的生活、狹隘的生活範圍	高峰經驗、存在價值、實現潛能、獻身於愉快且有價值的職業工作、富創造力、對事物充滿好奇心、自發性	大徹大悟的體驗

註：莊耀嘉譯（1990），頁107-108

（第五節）匯合取向創造論

近二十多年來，學者大都假定：「創造力的產生取決於多重因素的匯合」（葉玉珠，2006；賴聲川，2006；Amabile, 1996；Csikszentmihalyi, 1988；Gruber & Davis, 1988；Seelig, 2011；Sternberg & Lubart, 1995；Treffinger, Schoonover, & Selby, 2012）。茲分述如下：

一、創造力成分模式

㈠創造力成分模式之要素

Amabile（1983）從產品的角度出發，提出了「創造力成分模式」（creativity componential model）。她認為創造力不能只視為人格傾向或普通能力，而是人格特質、認知能力和社會環境的綜合體。所以，創造力概念化的最佳方式不是經由人格特質或一般能力，而是經由來自個人特徵、認知能力與社會環境的連結後的行為來概念化，必須將「**工作或任務動機**」（task motivation）、「**領域相關技能**」（domain-relevant skills）和「**創造力相關技能**」（creativity-relevant skills）等統合運作才能有效解決問題。這三個要素的交集處，也就是「領域相關技能」與個人最強的內在興趣及創造思考過程重疊的部分，就可發揮最高的創造力。

她提出以下的架構來描述工作環境中影響創造力的構成要素，這三個要素之間不僅相互作用，而且每個要素都會受到許多內外在因素的相互影響，如圖2-6。

在「創造力相關技能」方面，包括了合適的認知風格、提供產生新穎點子的內隱和外顯知識。這種技能是指傳統上可以產生創造反應的認知與人格特徵，位於最基本的層次，對於任何內容領域都可能會產生影響。

在「領域相關技能」方面，則屬於中間的層次，包括了領域知識、所需技能及特殊領域相關才能；要產生創意之前，必須先熟知某一領域中具有的技能與天賦。

在「工作或任務動機」方面，則為最特殊的層次，包括對工作的態度、了解工作的動機知覺（即個人對完成任務的動機變項），不僅會隨著

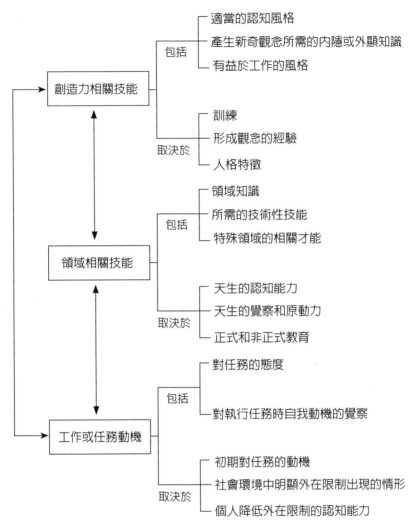

圖2-6 創造力成分模式之三要素

領域內特定任務而有不同,甚至對於某一特定任務也會因時間而有差異。

這三個成分或要素在創造歷程中扮演著不同角色。個體創造力的產生必須在「領域相關技能」、「創造相關技能」及「工作任務動機」這三者充分交互作用後才會產生。當三者的交集愈大時,個體的創造力也愈高。

㈡創造力成分模式之運作程序

此一模式運作時有下列幾項程序，如圖2-7。

在步驟1時受內外在動機的影響，個人若有較高的內在興趣，此內在動機較易啓動隨後的歷程。

步驟2是試圖找出解決方法的準備階段，深受領域相關技能的影響。此時個人會建立或是活化與此問題相關訊息的儲存，若領域相關的技能較弱時，則需要相對較長的時間去學習準備；若技能已經很豐富，足可立即探索各種可能的解決方法，則此步驟可視爲熱身階段。

步驟3是決定新奇創意解決方法產生階段，個人經由搜尋記憶與探索環境特性以產生反應的可能性，特別是經由認知途徑產生解答，此階段受創造力相關技能與內在動機影響。具有較佳的創造力技能或是內在動機較強，都有助於此階段的創意反應產生。

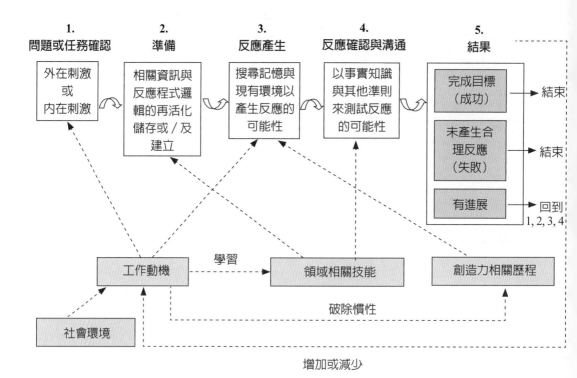

圖2-7　創造力成分模式之運作程序

　　步驟4是創意反應的篩選與確認，受領域相關技能所影響，在所有創意反應中要確認適當的解決方法，必須借重領域相關技能的一些評估標準。

　　步驟5是決策後行動的結果，行動的結果若是明確的成功或失敗，歷程則終止，若結果是有一些進展，則會回到步驟1重新啓動另一歷程。

二、發展性演化系統模式

　　Gruber和Davis（1988）曾提出「發展性演化系統模式」（developmental evolving-systems model）來了解創造力。他們認爲「個人的目的」（person's purpose）、「知識」（knowledge），以及「情感或心情系統」（affect）會一再成長，擴大個人所面對的偏異，進而導致創意的作品，如圖2-8。其中，有關知識系統上的發展性改變，已經從達爾文的進化論中獲得證實。

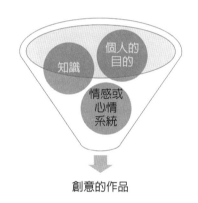

創意的作品

圖2-8　發展性演化系統模式之要素

　　至於「發展性演化系統模式」中的「目的」是指一組用來發展和導引個人行爲的相互關聯的目標；而「情感或心情系統」則包含喜悅或挫折對所實行計畫的影響。這個模式有下列三項特徵：

■ **發展與系統的**。這個模式視創造力爲隨著時間而不斷發展，而且會受到目的和機會的影響。

■ **複雜的**。這項模式試圖從高創意者的作品，找出其頓悟發展歷程。

■ **互動的**。此模式認爲創造力的活動是動態的，會受歷史脈絡、人際關係及專業合作的影響。

爾後，他們以個案研究的方式了解高創造力者的創造歷程，發現「創造力活動需要很長一段時間的醞釀」、「創造力的演化會受到個人專業知識、動機、情緒及環境的影響」，以及「高創造力者會尋求問題解決以外的成就感和挑戰性」。

三、創造力系統理論

Csikszentmihalyi（1988）則根據長年創造力領域研究的心得，提出了「創造力系統理論」（the systems of view of creativity）。他強調創造力的發生是「個人」（individual）、「領域」（domain）與「學門」（field）等三個次系統交互作用的結果，如圖2-9。創造力要發生，必得將一套規則與練習，由「領域」傳達給「個人」；而「個人」也必須在既有的「領域」內涵中，產生新奇的變異；最後再由「學門」決定是否要將該變異融入「領域」之中。

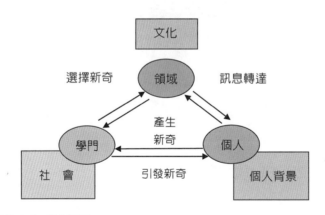

圖2-9　創造力的系統觀點

創造力系統理論中，「**個人**」提出領域上的資訊，然後透過認知歷程、人格特質，以及動機等因素來轉換或擴展它。「**學門**」則包含控制或影響領域的人（如藝評家和畫廊的老闆），他們會評鑑與選擇新觀念。至於「**領域**」是創造力的必要元素，如果缺乏現有形式的參照，是不可能導入變異的。因為「新」只有相對於「舊」才有意義。同時它也是一種

文化象徵的系統，會經由保存和傳達創意作品，給其他的個體及未來的下一代。

為了要在創造力系統中表現良好，人們應將領域規則、學門意見加以內化，才能以最具前景、最被同儕接受的想法來進行工作。許多創意者自陳，他們擁有的優點之一，是有信心能分辨哪些想法是不好的，並將它遺忘、忽略，以避免花太多精力於其中。

多產的發明家Jacob Rabinow就是一個能將系統內化的好例子。他在多種發明中，洋洋灑灑獲有超過兩百張專利權狀（Csikszentmihalyi, 1996）。由於他在專利局工作，因此不僅在學門中是名佼佼者，也決定其他人的發明是否值得肯定。他曾經提到一個具有原創思想家的條件，在領域中重要的部分在於：「要成為一名原創思考者。首先，你必須擁有大量資料庫。假如你是一名音樂家，你應要對音樂很了解。」換言之，你要聽過音樂、記得音樂；必要的話，甚至要能重複一首歌。然而，倘若你生於荒島、從未聽過音樂，那麼成為貝多芬的機會就可說是微乎其微，畢竟你可能會模仿鳥聲，但卻無法寫出像第五號交響曲這類大作。所以，在有大量資料的環境下生長，是很重要的條件。

對於你想做的事情，也必須要有相關而必要的記憶。如果你在擅長的事情上做得愈多，就會做得愈好；做得愈好，最後就有可能成為網球選手或某某發明家之類。這是因為當你愈想做時，自然而然會做更多，事情就變得較容易，無形中你也做得更好。最後，你就會專一心志，愈來愈精通此項、愈來愈不喜歡其他不擅長的事情。這就是工程中所謂的「正向回饋」。在生命初始個體之間的小小差異，會因四十、五十、八十年你我的不同作為而變成巨大差異。由此可見，豐富的資料庫對個體是相當重要的。

其次，Rabinow曾提出了「個體貢獻」的問題，主要著重於動機或喜悅感（在該領域中，因玩樂或工作而帶出的感覺）方面；然後，你的興致勃勃將帶出你許多想法。如今，有些人能專注地從事某項工作，並且對其他新點子感到興趣。所以假如你訪問他們，他們會說：「是啊，我的確能想到一些事情。但一定會有人像我一樣樂在其中，畢竟能從中想出好點子，真的是件有趣的事。」

最後，他則從學門的基準判斷方面，提出再製的重要性：「在思考過程中，你必須具備捨棄『垃圾』的能力。假如你能力夠好，即可無須思考便立刻進行去蕪存菁的動作；倘若你這方面訓練得不夠好，當你得到新點子時，就會無法判別孰好孰壞。」

四、創造力互動觀

Gardner（1993）曾依據Csikszentmihalyi的「創造力系統理論」，提出了「創造力互動觀」（creativity interactive perspective）。這項觀點強調下列三者之間互動的重要性，如圖2-10。

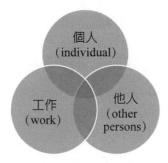

圖2-10　創造力互動觀之要素

「**工作**」指的是學科領域中的相關象徵系統；「**他人**」可能是家庭及同儕，也可能是競爭對手、支持者和評判者。他認為有創造力的「**個人**」是一個經常解決問題、產生產品或能在專業領域中定義新問題（起初被視為新奇，而最後被接受的）。

他同時也指出產生創造力的專業領域，往往受創造者的智能、個人特質、社會支持和領域中的機會所影響。

五、創造力本質說與投資理論

Sternberg（1988）曾提出「創造力三元說」（three-facet model of creativity）。他認為創造力的產生是「智力」（intelligence）、「認知思考風格」（cognitive intellectual styles）及「人格動機」（personality/motivation）等三個層

面交互作用的結果」。

後來，他更將創造力的發展擴充爲個人六項的資源：「智力」、「知識」、「思考形態」、「人格特質」、「動機」及「環境情境」（Sternberg, 1991），同時強調唯有這六項資源都用在恰當的程度上，創造力才會產生，如圖2-11。

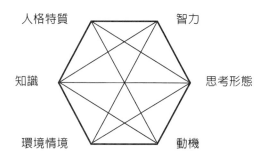

圖2-11 創造力本質說

爾後，Sternberg和Lubart（1999）更以投資的觀點來闡釋其創造力本質說。他們認爲個人要創造力有所表現和發展，這個人要像個好的金融投資者一樣：他必須是「買低賣高」（buy low sell high）；「**買低**」是指主動追求別人尚未知曉的想法或別人丟棄但是具有成長潛力的想法（如同在股票低迷時買進）；「**賣高**」則是指在這個想法或產品替你賺了很多錢變成很有價值時，就要放手賣掉去進行新的創造。因而這種說法又可稱爲「**創造力投資理論**」（investment theory of creativity）。

就投資策略來講，雖然投資策略有多種，但是有三種是特別明顯的（Sternberg, 1991）：

■ **技術面分析**。這是研究過去市場的表現，以預測未來行爲的表現；而要運用技術面分析，你需要知識和智力，有知識才能知道該看哪一個趨勢走向，需要智力方能了解該如何去解釋它。至於若要把技術面分析的方法運用到創意投資上時，我們可以透過對過去趨勢的研究，在這股流行的潮流還沒高漲前，把握機先，搶先登上頂峰，不要追著時尚跑。

■ **基本面分析**。這種分析是指我們應該集中全力在公司哪一個層面的方法；是公司盈餘、紅利、成長，還是經營。與技術面分析一樣，要用基本面分析也需要運用到知識和智力，個人一定要知道哪些變項是重要的預測未來因素，也一定要有智力來解釋這些變項所代表的訊息，以決定哪一個領域值得投入時間和精力。假如某個領域中某個特定問題還未充分發展的話，這就是一個可以「買」的訊號；反之，就是一個可以「賣」的訊號，如圖2-12。

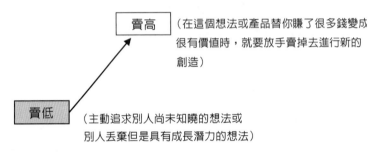

圖2-12　創造力投資理論
根據Sternberg & Lubart（1996）的資料繪製

■ **隨機漫步理論**。這項理論是說因為所有想投資的人都可以拿到該證券的資訊，所以證券的價值永遠會保持得相當合理。因此，對投資人來講，研究這些訊息沒有任何益處，此時最好的方法就是分散你的證券投資種類。把此種觀念應用到創意上時，「漫步」的意思就變成某個特定領域的未來是如何，繫於每個人自己的猜想。Sternberg（1995）認為個人應該綜合上述三項策略的看法，來選擇一個創意的領域並且投資時間和精力。

至於「買低」最大的問題在於「風險」，在任何一個領域買低都要承擔風險，因為你所投資的領域、產品、想法可能永遠都不會有賣高的機會。雖然每個人都知道應該買低和賣高，但是很少人實際有做到這點。

他認為要做到買低賣高，個人需要（Sternberg, 1995）：

■ 運用綜合、分析和實用的能力，來想出別人所未能想到的方法，並且知道自己的想法是一個不錯且可行的方法（**智力**）。

■ 知道別人在你想要做的領域裡曾經做過什麼，你才會知道還沒有做或還沒有被人想到要做的（**知識**）。

■ 能夠自己尋找制定規則，不願遵守既定規則，和質疑而不是接受大家所同意的規範的方式來思考和做事，從你自己的領域見樹也見林（**思考形態**）。

■ 願意冒風險、願意成長及克服困難，並能堅持這個理念終其一生不後悔（**人格特質**）。

■ 不但能想還要有驅力去落實想法（**動機**）。

■ 有外在條件讓你能做到上述這些事情（**環境情境**）。

綜括來說，上述這些資源要一起運用才會有創造力出現。高水準的資源可以彌補低水準的資源不足，但是那個低水準至少要達到最低標準才行。這些資源可以整合起來以互動方式來強化創造力，這種強化作用遠超過每項資源單獨運作的效果。同時他認為人並非生而有創造力的，創造力是可以發展的。個人可以選擇有創意地過一生（把買低和賣高當作一種習慣）。

六、創造力發展的生態系統模式

葉玉珠（2006）曾依據Bronfenbrenner（1979）的「生態系統理論」（Ecological Systems Theory）提出了匯合取向的「創造力發展的生態系統模式」（the ecological systems model of creativity development）。她認為創造力也是在一個多層面的複雜系統中所產生的，包含了下列系統，如圖2-13：

㈠ **小系統**（microsystem）

個體與生俱來及學習而得的特質，如知識、經驗、智能、意向、技巧／策略等，這些特質為產生創造性產品的必要條件。

㈡ **中系統**（mesosystem）

個體成長的家庭及學校環境（包含正式與非正式學校教育）環境，此系統會與小系統互動並影響小系統中個人特質的發展。

㈢ 外系統（exosystem）

所謂「外系統」是指與個體工作有關的組織環境（包含個體所處的組織環境與專業領域的社會組織中之人、事、物），此系統會與小系統產生互動而影響創造性產品的產生。

㈣ 大系統（macrosystem）

個體所在社會的文化、習俗、社會價值觀、社會期望等，此系統除了會影響前述三個子系統的發展外，更會影響創造性產品的評價。

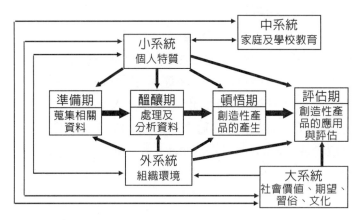

圖2-13　創造力發展的生態系統模式

七、創意金字塔理論

賴聲川（2006）經過多年的體驗與思考，提出了一個具有原創性的「創意金字塔理論」，如圖2-14。這個理論強調創意運作時，我們的內在就像是一座金字塔，在金字塔的上方汲取來自最底座的創意營養，向上提升並經過精煉歷程，最終提煉出創意的菁華，然後從金字塔頂端吐出創意作品。在該理論中，左右兩端是「**生活**」和「**藝術**」場域，各自進行兩種性質不同但功能相互關聯的學習，同時分別連結到最底部更大的神祕泉源（即創意的泉源）。以下是這個理論內涵的描述：

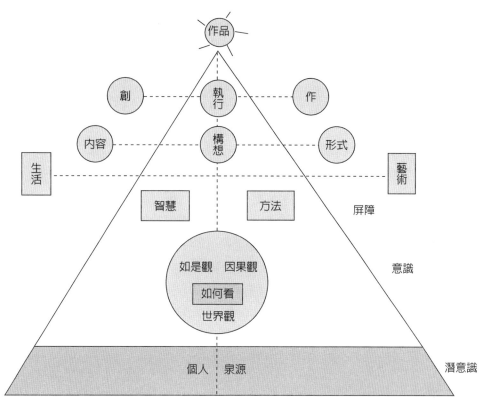

圖2-14 創意金字塔理論

根據賴聲川（2006）的資料繪製

㈠創意的泉源

該理論認為每個人內心深處似乎都具有一個個人創意泉源，同時存在一種更廣大、超越個人、屬於全人類的共同泉源，裡面儲存著各種原始、深奧的集體智慧。但大部分的人卻建立了一個厚實的屏障，扼殺了自己的創意泉源。這些屏障可分為：因知識堆積而對泉源造成遮蔽的知性屏障；以及因長年累積的習性而形成的感性屏障。而創意智慧的工作首先就是要打通通往神祕泉源的管道。

㈡創意的智慧

創意的智慧包含人生經驗、人生智慧、創意技巧和創意經驗。智慧

是一種覺知的能力，讓我們洞察人、事、物的眞面目，以及其間的所有關係；它包含太多知識、經驗，以及最重要的一種組合思考的機制。創意的智慧必須隨時在生活中累積，創作時備妥，才能順利運用。惟我們如果活在一種既定的格式中，這兩種能力都會受到限制，智慧沒有空間展開，創意就沒有機會施展。

㈢ 創意三毒

在創意金字塔中左邊的三大課題是「**經驗**」、「**習性**」和「**動機**」。若運作得當，這三個課題加起來就可以直接造成我們的創意；反之，則會成爲阻擋創意的屏障。「經驗」乃是一場無法停止的累積，可成爲創作的材料和創意的原動力。「習性」是創意三毒中最爲強大的敵人，它掌控著我們儲存檔案的邏輯，習性會引導自己用某種固定的方式來看待世界，這就抹殺了個人的創意。至於「動機」爲三毒中最不容易注意，但其實是最重要的，因爲改造動機，就能直接影響習性，而習性又能對經驗的累積發揮立即作用。個人若不檢視創作的動機，創意人會被一些不知名的力量推動著，如此創意的動機會變得與其他生活中任何習性一樣，設定在自動駕駛之上，就是一種毒。

㈣ 轉化創意三毒成爲創意三智慧

此項理論指出創意智慧取得的方法就是改變自己如何看世界、看人生、看事物的方式，進而改變如何看待經驗、習性、動機「三毒」的方式，建立一種新的模式來看這世界，才能和創意的神祕泉源直接溝通。至於培養新看法的預備動作就是先擴大自己內心創意可能發生的空間，允許新的可能性介入。

而學習「如何看」，首先要學習如何看標籤，去掉標籤。另外，必須放下自我，才能延長「純淨覺察」（看見事物的原貌）和「賦予覺察意義」之間的空間，讓我們自由看待世界，解放世界原貌。若能如此，心的空間就擴大了。而學習「如何看」的方法，包含下列三種「觀」：

■ **世界觀**。世界觀是我們的價值觀，也是我們的垃圾辨識系統。它的辨識能力，是由個人決定和培養。在建立世界觀的所有問題中，最重要就是對「死亡」的看法。對死亡有看法，對生命才可

能有看法，有了終極價值，創意才有意義。沒有世界觀，創意很容易就會淪為隨意的表達，無特別的意義。

■ **如是觀**。如是觀是建立在「放下」的功夫，就是要放下標籤、偏見、好惡、執著。如此才能直接穿透事物，看到原貌。

■ **因果觀**。此種觀點就是看到形成事物現況的「因」，以及這些因將對事物產生的「果」。創意需要了解因和果，創意作品本身是由因和果構成，創意人就在作品中創造因和果。

有了上述「如何看」的工具後，接著就可以運用到經驗、習性及動機上，將創意三毒轉為三智慧。事實上，就是以「世界觀」為基石，運用「如是觀」與「因果觀」重新認識自己的人生經驗、習性和動機。至於轉化經驗主要憑藉改造習性，而改造習性最快的方式就是轉化動機，就是不斷問：「為什麼？」

㈤ 方法的機器

在創意金字塔理論的左邊就是方法，即讓作品顯現的方式，把作品執行出來的方法，讓抽象構想得到具體形式的過程。將創意構想排列組合成為實際形式最為簡單的方式，就是要去決定「在哪裡放什麼？」若是缺乏方法，智慧將無法顯現成可體驗的形式。

在技巧的智慧方面，缺乏它，任何形式都不具有章法及細節。一般藝術學院和創意課程教的都是技巧。技巧經過不斷的訓練、練習和實際經驗，會熟能生巧且會產生驚人的蛻變。創意人必須學會一種「雙視線」的功夫，即在從事任何片段工作時，能夠同時看到細節和整體。此外，美感的培養也是很重要的，如果欠缺對美感的判斷，作品做出來總會有其受限的地方。

㈥ 重新設定自己內心的電腦成為創意模式

賴聲川（2006）認為所謂「**創意模式**」就是指活在一種狀態裡，讓人生中任何遭遇、經驗、情緒和感受，都成為創意的可能材料，而在世間任何事物的運行，都可能隱含創意的祕密。沒有這種全天候捕捉創意的心靈，也很難成為創意人。這種自己內心電腦的作業系統若能設定成功，世界自然就會變成創意樂園，供我們的想像力和組合力任意玩耍。

　　所有的人、事、物都不是一成不變的固定值，而是隨時可以連結到其他人、事、物的元素，而這樣的人生充滿著可能性、挑戰與成就。此外，該理論指出「**連結**」乃是創意思考的關鍵，如果要有能力創造「新穎和合適的作品」，個人就必須連結到各種可能性，此項目的是爲了轉化，轉化被連結的一切。因此，「創意模式」也就是「連結模式」，其另一種解釋爲「**開放**」，即正確地開放自己，擺脫格式，不放過任何機會，發掘潛在創意因子。而「開放」的另一種意義就是「交換」，交換立場和觀點。

八、創新引擎理論

　　Seelig根據其多年教學的經驗，在其所著《學創意，現在就該懂的事》（*inGenius：A Crash Course on Creativity*）（齊若蘭譯，2012）一書中提出了「創新引擎理論」（Innovative Engine），如圖2-15。

　　這項理論將創新引擎分爲內在和外在兩大因素，茲分述如下：

圖2-15　創新引擎理論

㈠ 內在因素

創新引擎的內在因素包含「知識」、「想像力」和「態度」等三要素：

■ **知識**。她認為任何領域的「知識」都是驅動想像力的燃料，個人對某一特定主題的了解愈多，就愈需要掌握更多的原始資料。雖然針對這個要素有持相反的觀點，不過她進一步指出在多數案例中，這些人大都仍擁有某個領域的專門知識或技能。

■ **想像力**。她認為想像力是將知識變成新構想的催化劑。想像力會協助我們將以往所知道的，轉變成新的想法。也就是說，缺乏想像力，就不可能產生新的創意。至於激發想像力的技巧和方法，包括：（1）連結和組織不同的概念；（2）重新架構問題；（3）挑戰假設。

■ **態度**。態度是快速啟動創新引擎的火花。如果抱持著不相信自己可以想出突破性構想的心態，個人的創新引擎就會停止不動。她透過探討研究發現我們的心態是可以改變的，且是完全掌握在自己手中的。

㈡ 外在因素

她認為個人無論如何努力改進自己的知識、想像力和態度，仍然會深深受到周遭環境的影響。這些環境因素可能會激發或扼殺我們的創造力。因而，她提出創新引擎的外在因素，包括「資源」、「環境」和「文化」等三要素：

■ **資源**。資源是環境中一切有價值的東西，其位置正好在知識的外面，具有各種不同的形式。例如：可能是資金、自然資源（如礦產、魚類等）、擁有特定知識和專門技術的人、能促進創新的組織（如當地的大學或企業）。個人擁有愈多知識，就能發動愈多資源；反之亦然。因此，Seelig認為環境中的資源會影響個人的知識，個人的知識又容許個人接觸到更多的資源。重要的是，環境中有些資源很容易找到；有些資源則需要實際去挖掘或花費心力深入探索。

■ **環境**。環境指的是當地的環境，包括個人的家、學校或辦公室。

環境正好位於想像力的外面，這是因為我們塑造的環境基本上是想像力的外在展現。也就是說，我們創造的實體空間（環境）反映了我們的想像力，而這些空間也會影響我們的想像力。因此，我們必須深思熟慮環境中的空間設計、實施規定、施予的限制、擬定的獎勵措施或挑選與我們共事的人等，因為都會影響到我們產生創意的能力，所以設法塑造出能夠激發想像力的環境是很重要的。

■ **文化**。文化是社會（或社區）中共同的信念、價值和行為，代表了一群人認知、詮釋和了解周遭世界的方式。不同地區的人所接觸到的文化截然不同，基本上任何社區的文化都反映當地居民的集體態度，而個人隨時都沉浸在影響我們思考與行為的文化中。即使只有一小群人改變態度，都會自然地改變環境的文化，因此如果想在當地社區塑造適當的文化，其實每個人都扮演著很重要的角色。

「創新引擎理論」中每個部分都彼此相連，相互影響。個人的「態度」會點燃個人的好奇心，想要獲得更多「知識」；而個人的「知識」會啟動「想像力」，激起個人更多創新構想；個人的「想像力」促使個人營造出啟發性的「環境」，並善用環境中的「資源」；「環境」加上「態度」影響了當地的「文化」。

九、COCO模式

Treffinger、Schoonover和Selby（2012）等學者在其所著《創造力與創新教育》（*Education for Creativity and Innovation: A Comprehensive Guide for Research-Based Practice*）（潘裕豐等譯，2014）一書中提出了「COCO模式」，如圖2-16。

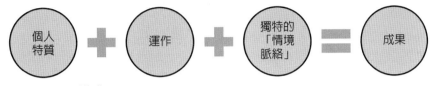

圖2-16　COCO模式

這個模式包含四項基本要素，茲分述如下：

㈠個人特質

COCO模式中的第一個「C」代表的是「**個人特質**」（Characteristics, C），意指創造力會受到個體的人格特質、能力和興趣、技巧等的影響。包括：

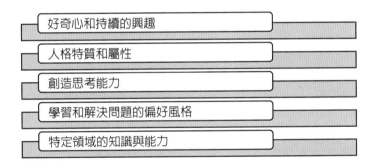

㈡運作

COCO模式中的第一個「O」代表的是「**運作**」（Operations, O），意指個體運用所學到的特定方法、工具和策略，以進行創造思考工作或表現。包括：

■ 生產選項的思考工具，如腦力激盪、強迫連結
■ 聚焦選項的思考工具，如配對比較分析法、認知矩陣
■ 界定則解決問題的結構性方法，如創造性問題解決
■ 後設認知策略

(三) 情境脈絡

COCO模式中的第二個「C」代表的是特定「**情境脈絡**」（Context, C），意指個體在進行創造思考或問題解決時所形成的個人和內在情況，以及個體行為發生之外在處境與環境。這種要素對於創造力具有激勵或阻礙作用，如圖2-17。

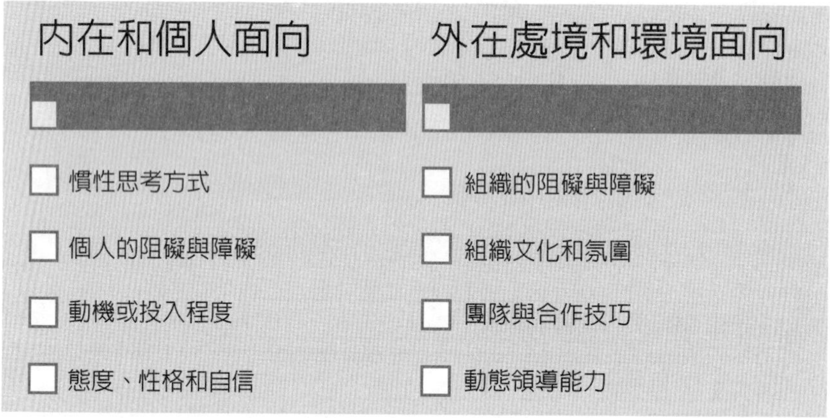

內在和個人面向

- ☐ 慣性思考方式
- ☐ 個人的阻礙與障礙
- ☐ 動機或投入程度
- ☐ 態度、性格和自信

外在處境和環境面向

- ☐ 組織的阻礙與障礙
- ☐ 組織文化和氛圍
- ☐ 團隊與合作技巧
- ☐ 動態領導能力

圖2-17　情境脈絡

(四) 成果

COCO模式中的第二個「O」代表的是產出「**成果**」（Outcomes, O）。意指如何評估產品則成果，如圖2-18。

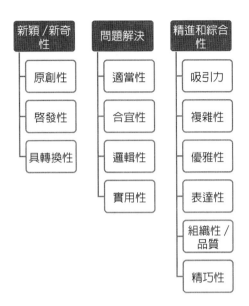

圖2-18　評估成果之創意及其程度

結語

　　心理學是一門研究個體行為的科學，當然對於人類複雜的創造行為也會感到興趣。在心理學門中有許多派別和分支，不同學派都有其各自獨立的核心主張。以上乃依照心理學幾大派別的觀點，來闡釋創造力的發展。

　　其中，心理動力論者強調創造力源自於意識和潛意識之間的緊張關係；行為主義論者則側重於創造行為是學習來的；而認知心理論者乃主張創造思考底蘊下的心理表徵和歷程；至於人本心理論者則認為創造取決人格特質，具有自我實現特性的人，能夠造成個人充分實現其潛能。最後匯合取向創造論者則是跳脫各大派別之藩籬，假定創造力的產生或發展是繫於多重因素匯合交互作用的結果，單一取向的心理學觀點顯然無法周延解釋創造力的形成。

本章重點

1. 心理動力論認為，創造力是來自意識實體和潛意識驅力之間的緊張狀態。

2. Kris的創造力內涵說指出，創造力包括靈感和精緻階段，尤其是靈感階段。

3. Kubie的前意識說相信「前意識」是創造思考的源泉。而前意識歷程對創造力的價值在於觀念自由蒐集、比較和轉換。

4. 行為主義者認為個人一切複雜行為都是學習來的。因此，創造力也是學習的。在新環境中一組新的刺激會產生一組新反應，而新反應就是創新行為。經由積少成多，化無為有，創造就會產生。

5. 認知心理取向創造論中，「完形心理學」主要從經驗重整或事物改進、知覺趨合和頓悟等方面來說明創造力的產生。「智力結構理論」在其運作功能中強調擴散思考能力。而「生產與探究創造性認知模式」則假定多數創造性認知的實例上，會運用到生產和探究階段：在生產階段，會引起前發明結構，然後在探究階段透過檢視其未料想到的特性。完成探究階段後，就可巧妙運用前發明結構，點燃可能已發生的發現，可重複直到前發明結構形成最後的、創造性的想法或產品為止。

6. 人本心理取向創造論主張個體應該超越低層次的匱乏動機，而邁向充分成長、主動創造與自我實現的存在頂峰。自我實現的創造性首先強調的是人格特質，如大膽、勇敢、自由、自發性、自我接納，能造成個人實現潛能。

7. 創造力成分模式指出個體創造力的產生必須在「領域相關技能」、「創造相關技能」及「工作任務動機」這三者充分交互作用後才會產生。三者的交集愈大時，個體創造力也愈高。

8. 「發展性演化系統模式」認為「個人的目的」、「知識」，以及「情感或心情系統」會一再成長，擴大個人所面對的偏異，進而導致創意的作品。

9. 「創造力系統理論」強調創造力的發生是「個人」、「領域」、「學門」等次系統互動結果。創造力要發生，必得將一套規則與練習，由「領域」傳達給「個人」；而「個人」也必須在既有的「領域」內涵

中，產生新奇的變異；最後再由「學門」決定是否要將該變異融入「領域」中。

10. 「創造力互動觀」強調個人、他人、工作等三者之間互動的重要性。

11. 「創造力本質說」認為「智力」、「知識」、「思考形態」、「人格特質」、「動機」及「環境情境」等資源都用在恰當程度上，創造力才會產生。同時指出人並非生而有創造力的，創造力是可發展的。個人可選擇創意過一生（把買低和賣高當作一種習慣）。

12. 「創造力發展的生態系統模式」認為創造力是在多層面的複雜系統中產生的，包括小系統、中系統、外系統及大系統。

13. 「創意金字塔理論」強調創意運作時，內在就像是座金字塔，金字塔上方汲取來自最底座的創意營養，向上提升並經過精煉歷程，最終提煉出創意菁華，然後從金字塔頂端吐出創意作品。該理論中，左右兩端是「生活」和「藝術」場域，各自進行性質不同但功能相連的學習，並同時連結到最底部的創意泉源。

14. 「創新引擎理論」指出個人的「態度」會點燃好奇心，想獲得更多「知識」；而個人的「知識」會啟動「想像力」，激起更多創新構想；個人的「想像力」促使個人營造出啟發性的「環境」，並善用環境中的「資源」；「環境」加上「態度」影響了當地的「文化」。

15. COCO模式認為創造力實為個體之「個人特質」加上「運作」，在其獨特的「情境脈絡」下所產生的成果。

第三章

創造力發展的
影響因素

　　影響創造力發展的因素有很多，根據創造力發展相關文獻的分析大都指向下列因素，如圖3-1。本章將分別探究這幾個部分與創造力的關係。

圖3-1　影響創造力發展的因素

第一節　智力和創造力

一、智力與創造力的關係

　　創造力常被界定為「讓某種事物具有新奇性和有用性（價值性）的歷程」；而智力是「有目的適應、塑造和選擇環境的能力」。雖然創造力和智力的定義眾多紛紜，不過這些定義至少有些共同的元素存在。

　　創造力和智力之間的關係到底是什麼？如果智力意味著選擇和塑造環境，它就是創造力（Ochse, 1990）。為了選擇或塑造環境來適合自己，個人需要想像力來創造環境應該是什麼，以及如何將這個理想環境變成為事實。另外，適應環境的能力基本上很少涉及或沒有創造力，甚至可能需要個人壓抑創造力。

　　有些學者認為創造力和智力可能代表不同的歷程。例如：成為一位具

有創意的藝術家可能不需要太高的智力，不過贏得諾貝爾獎的物理學家會被視為有高智力（Getzels & Csikszentmihalyi, 1972）。換句話說，在不同領域上的智力行為需要不同程度的創造力。

創造力等同於智力嗎？如果不是，那麼它們之間又有怎樣的關係呢？下列五種可能都有學者提及過：

■ 創造力是智力的一部分
■ 智力是創造力的一部分
■ 創造力和智力之間是有所重疊的
■ 創造力和智力是相同的
■ 創造力和智力是互為獨立的

心理學家到目前為止仍然尚未對於創造力和智力間關係的本質有一致的共識，也還沒有完全了解這些心理構念。以下將特別著重在智力對於創造力發展影響的探討。

二、智力對創造力的影響

Sternberg和Lubart（1995）曾提出「創造力本質說和投資理論」。根據這些理論，創意者就像良好的投資者一樣，能夠買低賣高。他們產生觀念類似於買入低價的股票，並企圖使其他人相信這些觀念（股票）的價值性。然後，他們賣高意味著他們在移動到下一個不流行的觀念時，讓其他的人追求他們現存的觀念。

他們認為有六個資源匯合來形成創造力：「智力、知識、思考形態、人格特質、動機和環境」。因此，智力是六個資源之一。依據此一理論，智力的三個範圍：「綜合、分析和實用能力」是創造力的關鍵。它們是互動的，在創造力上是共同運作的。

智力的綜合部分主要是負責「引發想法或想出點子」，而有兩項能力與創造力密切相關：

重新界定問題的能力，即從一個完全不同的角度來看同樣的問題

頓悟能力，包含選擇性登錄、選擇性比較和選擇性合併等三種頓悟形式，如表3-1

表3-1 不同頓悟能力的形式

形式	內涵	實例
選擇性登錄	即某個人在解決問題時看到了某項資訊對於解決這個問題的相關性	有棟房子的屋頂兩邊的斜度不同，左邊的屋頂斜度是75度，右邊的屋頂斜度是35度。假設有一隻公雞站在屋脊上升蛋，蛋會從哪一邊的屋頂滑下來？
選擇性比較	它是用來了解過去的資訊應用到現在問題上的方法（與類推思考有關）	前提：壞人是可愛的；而英雄對崇拜好比壞人對_____（輕蔑、喜愛、殘忍、仁慈）。
選擇性合併	即一個人可以把各個關係不明顯的資訊結合在一起	除了二隻之外全部都是蜥蜴，除了二隻之外全部都是小狗，除了二隻之外全部都是蛇，請問我有多少隻寵物？

而智力的分析部分則包括問題的認識和界定、決定在心中呈現一個問題資訊的方法、解決問題時策略的形成和資源的調度，以及監控與評估問題解決等能力。也就是說，要做出最有創造力的工作，必須好好分析我們的問題與解決問題的努力夠不夠。

智力的實用部分則由於創造力是不可能脫離社會情境存在的，所以我們需要知道如何宣揚和精進我們的想法，讓創造力得以展現（Sternberg & Lubart, 1995）。

Seelig根據其多年教學的經驗，提出「創新引擎理論」來闡釋創新的啟動。在這項理論中，她認為「想像力」是將知識變成新構想（創新）的催化劑。想像力會協助我們將以往所知道的，轉變成新的想法。也就是說，缺乏想像力，就不可能產生新的創意。另外，她也提出幾項激發想像力的技巧和方法，如圖3-2。

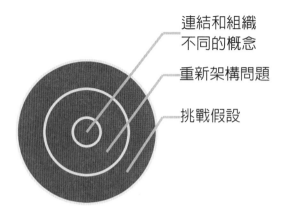

連結和組織
不同的概念

重新架構問題

挑戰假設

圖3-2　激發想像力的技巧和方法

第二節　知識和創造力

　　知識在創造力上到底扮演怎樣的角色呢？雖然心理學家有不同的看法，不過其中確實有一項關於知識和創造力之間的關係與決定性假設：

　　「知識可以提供基本的元素，作為建立創造力的骨架和大綱；但若是抱持著舊觀念、舊點子和固定框架，是無法做出創意、漂亮的一擊。」

　　從這個觀點看來，由於創造力超越了知識，個人必須先有某領域的知識，再來才是產生新奇性的事物。不過，這樣的情形也被廣泛認為：「經驗太多可能會陷個人於窠臼（框框）之中，而無法超越固定的反應。」因此，知識和創造力的關係被視為像個「逆U型（Ω）」，如圖3-3。

　　在心理學上，知識和創造力的關係充滿緊張已有一段歷史。實際上，廣泛利用在各個層面的一般思維和點子，若出現過於頻繁，就會像陳腔濫調一般不值一提（Frensch & Sternberg, 1989）。雖然「緊張」觀點（tension view）仍然是主流的現代理論看法，不過目前知識與創造力之間的關係已經浮現出另外一種觀點，也就是「知識與創造力是有正相關」。相較於藉由打破舊的來產生新的，這種觀點稱為「基礎觀」（foundation view）。以

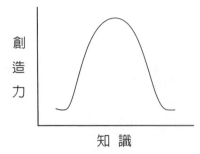

圖3-3　知識和創造力的逆U型（Ω）關係

下將探究這兩項觀點：

一、知識和創造力的緊張觀點

㈠正規教育和創造性成就表現間的逆U型關係

　　擴散思考在新觀念發展上的角色是很重要的，此種思考方法可以讓人們透過打破先前所建立的思考方式，來產生新觀念（Guilford, 1950）。而知名的工業創造力訓練顧問de Bono（1968）也提出了相同的看法：「太多領域上的經驗可能會限制創造力，因為你深知事情應該如何做，甚至可以預測難易程度，因而無法跳脫知識的限制，產生新奇性的觀念。」

　　由於習慣是第二個自然，我們從小養成的對事態度在日後會有一種自然傾向，所以創造力一定要跳脫知識設限（Koestler, 1964）。有位學者曾經為如何教育出富有創造力的孩子指出：

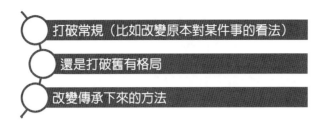

打破常規（比如改變原本對某件事的看法）

還是打破舊有格局

改變傳承下來的方法

　　由上述學者的看法，可以充分了解到知識和創造性成就表現間並不是直線的關係。換言之，要有創造力，我們必須要有一些知識，有的時候不需要非常多（Amabile, 1989）。

(二) 問題解決心向的實驗研究

　　以下將檢視研究來支持緊張觀點，證明教育和創造性的成就曲線關係，顯示過去的經驗確實會對新情境的調適產生干擾現象。也就是說，使用一個人過去的經驗會造成情境上的負向遷移，就像緊張觀點所假設的一樣。

　　有項知名的「水瓶」問題解決研究顯示，在個案面臨問題解決情境時，實驗參與者有時會盲目地運用先前成功的解決方法來解決後續的問題，陷入思考習慣而忽略更為便捷的方法（Luchins & Luchins, 1959）。一旦世界改變，使得先前成功的方案無法正常運作時，這些人反而可能會沒有能力調整。例如：橋牌專家比新手更不能適應遊戲規則的改變，充分顯示了知識在變動的時代會降低思考的彈性。

　　另外，有項個案對象都是伽利略、達文西、莫札特和貝多芬等早期天才的研究，也發現較高水準的知識會對創造力產生負面效果（Simonton, 1984）。

二、知識和創造力的基礎觀點

　　接下來我們要討論「知識」和「創造力」有更直接相關的問題。有關這個問題，主要是從下列兩個方向來進行了解：

個人有顯著貢獻前，的確需要大量的訓練時間（十年鐵則）。

熟練老手的成就表現要經過幾年的內化。

　　這些結果顯示在知識內化訓練上要花費很多時間，甚至說明了一個達到熟練老手的人會一直練習到極限，而中等水準的人往往會因「緊張理論」而成爲一般程度的專家。

　　上述結果在跨領域上也有其一致性，像是作曲、會話、作詩，即便是最有價值的特殊才能者，在有名望之前都需要多年的準備。Hayes（1989）曾經查閱76位作曲家的傳記，發現準備乃是創造性成就所必需的，他們都需要明顯獲得知識和能力的時間，來達到世界級的水準。十年原則並不代表各領域都需要這麼長時間的浸染知識，當然也得靠天資。

　　Gruber（1981）研究達爾文「物競天擇」的學說，亦發現沉浸在某領域對日後發展是必要的。Bloom及其夥伴（1985）曾研究20位以上達到高度成功的頂尖老手：「世界排名前十的網球員、游泳選手、各大音樂盛會比賽冠軍、雕刻家、提出高明理論的數學家、神經學家」，發現他們的潛心研究伴隨著個人網路（包括父母和教練）就是高成就的預兆。尤其，相對於體育活動（如網球、游泳和彈鋼琴），在那些較爲需要創造力的領域（如數學、科學、美術雕刻），先前和現在都需要長時間訓練。

　　Gardner（1993）針對愛因斯坦（Einstein）（邏輯的—數學的）、畫家畢卡索（Picasso）（視覺—空間的）、瑪莎・葛蘭姆（Martha Graham）（身體的—動覺的）等的研究也發現在尚未產出創造性作品的期間，很多人在這段沉潛時間充實成爲熟練老手的基礎。

　　這是爲什麼我們要在教練和老師指導下不停練習，不能因爲那些偶發作品而否定精熟的重要。精熟學習有兩種：「玩和工作」。前者缺少結構、無法有系統的進步，但是能夠透過得獎來肯定別人和自己的期待。每天的精熟練習必須定量，要有持續性的實行計畫（Ericsson, Krampe, & Tesch-Romer, 1993）。

　　至於創造力方面的問題上，最高級的獨奏者往往有種跟聽眾溝通的神奇魔力，這種情感上的溝通要比埋頭苦練更能達到觀眾要求的品質。有些學者對於鋼琴家的研究指出，這些學生都指出精熟的教師要求他們必須創造出自己演奏的風格，讓演出就像個創意的活動（Bloom, 1985）。而運動員頂尖的表現也是充滿創意的成分，網球、籃球、曲棍球，需要練習、有一定規則，但花招百出，每個選手有獨特的致勝妙方。不管任何領域，訓練上的浸染乃是創造性成就表現所必要的。

　　至於造成創造力大量釋放的因素是什麼呢？答案就是我們從莫札特和爵士音樂家發現的：練習再練習。以下列披頭四為例：

　　約翰・藍濃（John Lennon）由他母親教導他音樂基礎，在他17歲時，被一個叫做快利慢的音樂團體所發掘。保羅・麥克卡尼的父親是位音樂家。保羅對鼓與吉他有經驗。他遇見約翰後，兩個人就組成一個團體。約翰的第一首曲子在1962年錄製完成，發行後上了英國公信榜第17名。1958年3月，喬治・哈李森加入；瑞哥・史達爾在1962年加入，他是最後一位團員，已經有在眾人面前表演的經驗。經過數次改變團名，他們的音樂風格從早期搖滾、爵士，變化至熱門音樂、節奏藍調、鄉村音樂，到最後的重搖滾。他們就像莫札特及許多爵士音樂家一樣，能唱能寫。貓王是他們早期的偶像，後來他們又崇拜巴弟・何利、查克・貝利和小理查。從1957-1967年之間每月有職業演出。從1960年8月17日到11月30日，在德國漢堡就有106個晚上在表演，每晚五小時。另個紀錄是1962年4月1日至7月1日，多出48個晚上、172小時的演出。

引自Weisberg（1999），pp. 235-236

　　他們利用還沒成名之前的演出，來磨利他們的技巧和音樂。披頭四累積的表演在1960年中達到一年400次之多，接下來是一連串的成名紀錄。

　　上述這些個案都顯示為了達到一定水準，必須花好幾年沉浸在此領域。所以，長時間的浸染和練習是產生新奇性作品能力的先兆。

三、創造力與知識關係的重整

事實上，現在那些極端創造力（創意）的產物還是跟過去脫不了關係。如果沒有扎根在過去經驗，根本就沒有創造力（創意）可言。若是天馬行空做出不合用的東西，對人類來說根本沒有建樹。

Seelig在其「創新引擎理論」中（引自齊若蘭譯，2012），亦指出任何領域的「知識」都是驅動想像力的燃料，個人對某一特定主題的了解愈多，就愈需要掌握更多的原始資料。雖然針對這個要素有持相反的觀點，不過她進一步指出在多數案例中，這些人大都仍擁有某個領域的專門知識或技能。

Amabile（1996）在其「創造力成分模式」之「領域相關技能」（包括領域知識、所需技能及特殊領域相關才能），也認為個人要產生創意之前，須先熟知某領域中具有的技能。

也就是說，在進行創造思考前，我們應該先想想過去人類生活中已經發明過哪些東西、而且能夠改善人們的生活。由於世界正不斷地進步，如果沒有沉浸於理解這個領域，可能會做出相似度太高的產品（Bailin, 1988）。

自動化技巧對於發展新奇性產品是必要的，比如即興演奏者透過熟練的技巧和對作品豐富的閱覽、吸收而自動產生創新。在複雜的科學領域中鑽研，則更需要去熟悉一些規則，而且鑽研對啟發性思考也有幫助。所以，知識在創造思考上變成一個「環境」，我們要了解這個環境裡缺少什麼，然後用我們的專業知識來更新事物。

既然知識在創造力上扮演積極的角色，接著我們就來談談新點子如何藉由創意者的透視而形成。多年來，生理學家都不知道腎臟裡長圈狀細管的用途，但有天一位技師突然發現，它就像引擎裝置濾清器一樣，是用來過濾酒精的（Weisberg, 1999）。從別科的角度來審視難題，可能會出現料想不到的解答。因此，我們如果要解決棘手的問題就應該建立新的透視，利用非本科知識結合緊張理論。

對那個技師來說，雖然這不過是他憑著本身知識所聯想到的，但是卻提供我們利用集思廣益來解決問題的方向。一旦我們像走馬看花的人從外

部檢視某個假設，各自從不同領域為出發點，馬上就能夠了解創造思考與非創造思考的模式。

為了避免知識根深柢固的危險，我們可以採用下列方式來反抗它，如圖3-4：

圖3-4　反抗知識根深柢固的方法

另外，知識有正式（領域、職業專門）和非正式（在領域裡所聽到關於這個領域的知識，無法用對錯來看）之分，而且都對創造力（創意）非常重要，但重要性不同（Sternberg & Lubart, 1995）。

我們前述的大都與正式知識有關，不過他們認為要做出新奇、恰當、有創意的作品來，人們一定要仰賴工作環境中的非正式知識。但是非正式知識的研究顯示人們可能適應良好，卻很少做出有創意的事，因為人們學到教訓，就是創造力是不值得冒風險去贏來的。因此，人們必須要在學校和工作場所中學習這個制度對他們的期望是什麼，同時也應該學會如何超越這個期待，讓自己發揮創造力而能夠飛黃騰達。

第三節 社會環境和創造力

新想法或產品要經得起社會評價，才能說是具有創造力的。如果沒有經過社會評價的過程，我們就無法區別「異常」和「創意」之間的差別。多位學者都指出環境情境因素對於創造力的影響扮演重要的角色（葉玉

珠，2006；Csikszentmihalyi, 1999；Seelig, 2011；Sternberg & Lubart, 1995），惟觀點並不盡相同。茲分述如下：

一、創造力本質說之社會環境觀

Sternberg和Lubart（1995）在其「創造力本質說」中明確指出創造力發展需要「環境情境」這項資源。創造力是不可能真空存在的。個人或一件作品有沒有創造力是由別人來評論。被這個社會認為是有創造力的東西在另個社會中可能是很平凡，甚至很糟的。

他們發現有些環境鼓勵創意，有些環境會扼殺創意。創意是個人跟環境互動的產物。一個可以刺激創意的環境，在提出這些想法時鼓勵他們。獎勵各種想法與行為的環境，才可能造就出有原創性及不附和的想法。不過，他們認為創意可能也需要低迷的環境。也就是說，我們如果讓事情變得太容易，讓有創意的人覺得太舒服了，可能反而會阻礙了他的創造力。

因此，就環境情境因素來說，應該有個大致良好支持創意的環境，但是裡面有些挫折、障礙物散在過程上。另外，他們也探究了特殊的環境變項及其如何影響到創造力的發展：

㈠評量

當評量被看成是個威脅時，通常會傷害創造力。若受試者知道要評量創造力與評量標準，那麼對他們將更有利，他們會做出比較好的作品來。

㈡工作情境

線索豐富（視覺的、聽覺的或嗅覺的）的環境通常會比貧乏的環境更能鼓勵創意。一般來說，要選擇或設計適合個人從事創意工作時所需的線索，來布置工作環境。太多、太強或太過平凡（如電梯裡的音樂或普通的海報、廣告）的線索，並不見得有用，有時甚至會干擾創造力。

㈢角色模範

父母（老師）提供孩子（學生）最有用的東西就是良好身教。學習或發展創意最好的方式就是去觀看、去效法創意楷模。通常畢業多年後，我們所記得的老師都是那些當作角色模範的老師。所以，在這裡最重要的事

是提供角色模範給你想要影響的人。

四 競賽

研究結果一致。在前面我們提到當人們動機最高時最有創意，但是動機太高就反而不好了。換句話說，有些壓力（內在或外在）是好的，但是壓力超過某個程度後就會干擾創造力的創作。比賽很顯然會增加壓力，但它是幫助還是妨礙創造力，則要看這個人一開始時激發程度有多高。所以我們應該看個別差異而不是團體表現，來決定比賽到底是好還是壞。

若動機原本就很高，就不需要透過比賽來升高個人的創造力。比賽與作業難度有互動關係。一般來說，作業愈難，焦慮愈高。一個本來激發程度就很高的人（比較內向的人），可能不像激發程度低那麼需要比賽，才會做出有創意的作品來。

五 家庭氣氛

創意人所成長的家庭跟創造力的發展一樣重要。重要的是，父母應該讓孩子學習獨立（學業及其他方面的獨立），不要讓孩子擁有所有想要的東西，得到所有可能的幫助；提供孩子所有機會學習親自動手，並讓他們做他們自己的事。

六 學校氣氛

有項調查研究671位教授被提名為正面或負面影響創意的人，發現抑制創造力的老師不鼓勵學生有新的看法，強調記憶學習，本身沒有安全感，並且沒有彈性，不能變通；而促進創造力的教授的上課方式是輕鬆不拘形式的，歡迎學生非正統的看法，允許學生選擇研究的題目，對他們所作所為表示熱心，並與學生在課堂之外互動。

七 組織氣氛

對創造力來說，嚴謹階層組織的機構是負面的，非中央集權的管理方式則對創造力有利。也就是說，一個鬆散的階層組織，最基層的人有機會可以跟他頂頭上司以上的人交談，對創造力的想法發展是有助益的。

㈧ 社會環境

Arieti（1976）曾提出鼓勵其成員創作的社會特質：

■ 支持有創意的作品
■ 接受各種文化刺激
■ 社會尋求成長
■ 可以自由使用媒體
■ 自由
■ 接觸各種刺激（例如其他的文化）
■ 容忍不同的意見
■ 跟有創意的人互動

Sternberg和Lubart（1995）則指出找到一個欣賞你才能環境的重要性，然後在這個環境中把你的創造力發揮到極致。

二、創造力系統理論之社會環境觀

以下我們將從社會情境與創造力之間的關係、學門的角色及創意者個人背景等方面來探討：

㈠社會情境與創造力之間的關係

從Csikszentmihalyi（1999）的創造力系統理論來看，其要素之一就是「社會」。也就是在時間—空間架構下，所有相關學門中個人的集合。學門是由一些依照相同規則、在領域中運作、具有改變權力的人所共同組成的。例如：建築、法律、教育、會計學門便是由一群接受過相同訓練的人所組成，可以決定該領域的某種創新是否為富有創造力的進步表現。他曾提出下列社會情境影響創造力的假設，有助我們了解社會情境與創造力間的關係：

■ **社會若只求生存，就不可能鼓勵創新**。生計型社會僅能提供少量機會和獎賞來促進創新。
■ **從社會對創新重視的程度可知社會的差異**。社會本身就是一種過濾器，會過濾和接受那種行為和觀念，並持續監視，以便偵測偏異（Amabile, Goldfarb, & Brackfield, 1990）。它們會容忍規則打破至一

定範圍，至於打破規則的程度，往往因社會或時機不同而有差異。

■ **重商社會對改變態度較開放**。社會對創新的開放程度可能會受到社會組織的影響。例如：農業社會認為傳統大於創新；而威權國家傾向專制，也不鼓勵實驗精神的發揮（Therivel, 1995）。至於多數中產階級的商業社會則樂見和鼓勵創新。臺灣即是個中產階級商業社會典型的例子。值此知識經濟方興未艾之際，政府與民間都積極採取鼓勵措施，來激發創新和創意，提升經濟產值與人民生活品質和潛能。例如臺灣工業銀行的「創業大賽」；光寶科技公司連續多年（自2000年起）所舉辦的「光寶創新獎」。

■ **外在威脅、內鬥和社會變動可促進創新**。社會若位於不同文化合流之處，容易受到多元刺激，有助於創造歷程的發展。至於外在威脅有時也會促進社會關注創造力的發展。二次世界大戰後，每個國家都想要建立屬於自己的核子工廠，因而促使高能物理成為重要學門。

■ **社會分化和整合會影響到創新的關注**。社會太過分裂或統一，對創造力產生與接受都是不利的。促進創造力的理想社會系統應是能高度分化成專業學門，或是可結合成「團結一致」的結構系統。

(二)學門的角色

就像個人一樣，社會也是組成創造力的元素。這個層面衍生出新的問題：「『有創造力』是由誰決定的？」根據個人本位取向的說法認為，創造力存於個人之內，顯現在工作上，需由「專家」承認其存在方可。在創造力系統理論中，守門員就是學門的執行者，擁有增添想法或點子於領域中的權力。Csikszentmihalyi（1999）曾提出下列學門對產生與接受新穎可能性的假設：

■ **學門若不提供獎賞給實行者，創新就會逐漸停滯**。某些領域的創新事業，是不可能沒有資金輔助的。例如：製作電影等，對那些具有創造力的藝術家來說，人力和物力的募集，均屬必備。從歷史上可知，一個社會的藝術和科學創造力能蓬勃發展，必有充分資金來支持這些實驗工作。亦即，資源聚積於一處時，會有助創新。

■ **任何學門若過於依賴宗教、政治、經濟的評斷，不太可能選出最新的想法**。任一學門若能提供個人實驗機會和自由，或酬賞成功時，便可能吸引具有原創想法的人。另外，學門是否在社會評價中占中心位置，也會決定這個學門能否吸引創意人進入。例如：電腦科學因提供許多最新奇的智力挑戰內容，吸引不少年輕男女；金融貿易使人們有接近財政權力的機會。無論是哪個學門，只要愈能吸引聰明、年輕的學子，就愈可能在未來產生充滿創意的重大突破發現。

■ **給予學門過多或過少的自由都會對創造力發展不利**。雖然每一學門都需特定的自治，才能在領域中以卓越專業（而非其他相關考慮）來作純粹評判；但自治程度卻可能是瞬息萬變的。有時，學門會受政治權力影響，做出回應社會大眾、而非純粹領域的決定。

■ **學門需要組織，惟自我保護過多，會讓學門變得僵化**。學門自治是領域內的系統編纂作用。一旦領域以神祕且高系統方式編纂時（如分子生物學），想法是否會被接受，端視學門中一小群遵循傳統和領域規則的人所決定。至於流行音樂、電影等較接近大眾的領域，特定學門並不能做出「何者是有創意」的決定。因此，藝術創造力壽命要比科學來得短暫。

■ **接受新穎的標準若過寬或過嚴皆不利於創新**。為建立和保有標準，學門需擁有最小程度的組織。不過，許多學門成員卻花費太多精力於自身，將新點子複雜化，用以增色其價值，而非貢獻領域。比如工廠為避免大量投入的心力和財力付之一炬，便刻意忽略更棒的點子和產品改良。學門若過於開放、接受新奇性時，其內在組織可能會變得混亂而難以管理。

　　總之，創造力多寡並不只取決於有多少創意人投入創新領域，也要考慮學門對創新的接納程度。想增加創造力的頻率和執行度，運作於學門層次可能會優於個人層次。例如：某大型組織（如台積電、聯發科）便相當注重發明和創新，為讓研發工程師產出新創意，這些公司會在這方面投入大量資源。這種方法雖行之有年，但除非學門（及管理階層）能對新想法的優劣、充實方法、應用策略等有所了解，否則仍難導致創造力的增長。

㈢創意者的個人背景

有關創意者的個人背景方面，下列假設值得留意（Csikszentmihalyi, 1999）：

■ **家庭和社會若不確定，可能會抑制兒童表達好奇和興趣的機會。** 父母教養方式、親子關係及家庭環境都可能會影響到個人的創造力發展。就父母教養方式來看，父母的心胸開放，易溝通，能鼓勵子女的好奇心，讓他們有探索、實驗、想像、質疑、驗證的機會，都有助子女創造力的發展（Torrance & Goff, 1989）。若一個聰明人出身貧乏的環境，那麼他的潛力就很有可能因失去接近領域及認識基本工具的機會而逐漸失掉。

許多人產生新奇性往往被視為成功對抗社會的影響。此類成功會受到環境上的援助者所催化。亦即，「社會支持網絡」在個別創意者的生命上，是創造力必要的決定因子，這些包括父母、教師、配偶、典範良師及同事（Csikszentmihalyi & Getzels, 1988）。此類團體或網絡對於獲得高級技術能力與維持和發展內在動機都是重要的。

■ **種族和家庭傳統在引導兒童朝特定領域發展具重要影響。** 不同種族或家庭對於不同領域的著重不同。有些文化重視音樂才能，有些則強調工業及科技的重要性。這些傳統都有助兒童將興趣投注在特定領域，並對創新提供先決條件。

■ **文化資本是兒童在領域發展專門知識的要件。** 文化資產（如家庭學習、學校教育等）包含父母對教育的熱望、兒童在家中接收非學術知識，以及能在家中和社會中接收非正式的學習（林靜怡，2003）。

學校教育除提供兒童學習機會外，也可讓兒童有接近書籍、電腦、良師和博物館的機會。因此，即使是貧窮家庭，倘若父母對兒童的教育有所期望，不時念書給兒童聽，將有助他們日後追求知識、脫離窮困（Beattie & Csikszentmihalyi, 1981）。可見父母對養成教育的期待也是相當重要的因素。

■ **家教、良師、關係等條件有助提升兒童的想法受到認可。** 孕育創

造力的另一重要個人背景是「兒童接近學門的可能性」。在許多
領域中，接受領域專家的訓練是必要的（Bloom, 1985）。例如：物
理、化學及音樂。另外，家長也要能供得起家庭教師、時間、資
源等，來幫助兒童在不斷修業與競爭中獲得成長。許多創意人的
生涯，常因與入門「良師」的偶然邂逅才形成。

■ **處於社會、經濟邊緣者，似乎更想打破規範與常態**。許多創意人
是生長在非典型家庭及社會邊緣的。有些人早期是孤兒，需不斷
與現實的窮困和歧見對抗，並被同儕視為異類（Csikszentmihalyi &
Csikszentmihalyi, 1993）。Dabrowski（1972）曾研究多位著名作家，發
現創造力和潛能發展、情緒上創傷和環境的壓力都有很大的互動
關係。MacKinnon（1970）也發現許多非常有創意的人有不幸的經
歷和遭遇（童年挫折和親人死亡）。這似乎說明當個人身處於舒
適、安定環境時，就可能較不會想要去改變現狀。

三、創造力發展的生態系統模式之社會環境觀

葉玉珠（2006）在其「創造力發展的生態系統模式」中指出創造力是
在一個多層面的複雜系統中所產生的，包含小、中、外、大等系統。其中
個體成長的家庭及學校環境屬於中系統，會與小系統互動並影響小系統中
個人特質的發展；而與個體工作有關的組織環境屬於外系統，則會與小系
統產生互動而影響創造性產品的產生。

四、創新引擎理論之社會環境觀

Seelig在其「創新引擎理論」中（引自齊若蘭譯，2012），亦指出「環
境」指的是當地的環境，包括家庭、學校或辦公室。環境正好位於想像力
的外面，這是因為我們塑造的環境基本上是想像力的外在展現。亦即，我
們創造的實體空間（環境）反映了我們的想像力，而這些空間也會影響我
們的想像力。

因此，我們必須深思熟慮環境中的空間設計、實施規定、施予的限
制、擬定的獎勵措施或挑選與我們共事的人等，因為都會影響到我們產生
創意的能力，所以設法塑造出能夠激發想像力的環境是很重要的。細言

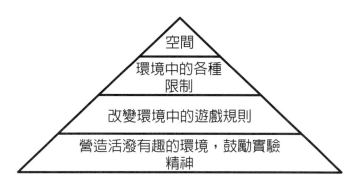

圖3-5　環境因素對創造力的影響

之，她認為環境因素會有下列方面對我們的創造力產生影響，如圖3-5。

(一)空間

因為空間顯然暗示了你應該做和不該做的事情。如果我們想要有豐富的創意，就需要打造一個刺激想像力的環境。下列空間都應納入考量：（1）私人空間；（2）團體空間，小組成員共同工作的空間；（3）發布的空間，它是為了發布近況而設計，可實體或虛擬；（4）表現的空間，在這裡可以分享想法或實現構想；（5）參與的空間，個人可以在這裡參與目前正在進行的事情；（6）儲存資料的空間；（7）觀察的空間，可讓我們被動地觀察周遭發生的事情。

(二)環境中的各種限制

Seelig認為在所有創造性活動中，各種型態的限制都扮演著重要的角色。她進一步指出每個環境都有它的限制，包括時間、金錢、空間、人和競爭等等，但是限制能激發想像力，促進創新。

(三)改變環境中的遊戲規則

改變規則和獎勵方式也可以激發更多的創造力。因此，我們需要營造適當的環境，讓獎勵的誘因能與目標一致；好好設計遊戲規則，多獎勵創意十足的解決方案。

四 營造活潑有趣的環境，鼓勵實驗精神

由於許多創意工作都需要靠團隊來完成，所以我們應該努力培養學生成為團隊運作高手。Seeling就指出在團隊成員之間創造正面的互動精神，良方之一就是讓他們玩得開心，並提供正面的回饋，來提升團隊的創造力。

五、結語

顯然，社會情境脈絡與創造力的關係密切。一個社會若能驅使它的成員邁向未來，而且給予他們足夠的自由，就會享受其成員創造力（創意）的成果。學者指出像美國這樣強調自我依賴的價值觀、個人主義和願意冒險個性的社會，它對創造力的強化是很難壓抑住的（Sternberg & Lubart, 1995）。

第四節 思考形態和創造力

「思考形態」（thinking style）是指運用個人智慧／智力和知識到一個問題或作業的方式。它是一種使用我們原有智慧／智力的方法，並認為思考形態是創造力主要關鍵之一，而且與智力沒有高相關（Sternberg & Grigorenko, 1993）。另外，他們所建立所依據的「心智自我管理理論」（theory of mental self-government），從「功能」、「形式」、「層次」、「視野」及「趨向」等角度來闡明思考形態。茲分述如下：

一、思考形態的類型

一 功能方面

人的心智自我管理就像任何機構組織一樣，具有不同的功能。這些功能包括「立法」、「司法」和「行政」，如表3-2。

表3-2　心智自我管理的功能形態

功能形態	特性	論析
立法型	喜歡計畫做什麼、怎麼去做它。	最有效的創意思考形態，但有此形態並不保證就一定有創意。
	喜歡以自己的方式做事。	
	喜歡沒有結構或很少結構的問題或工作。	
司法型	喜歡分析別人行為。	這個形態對創造力非常重要；在做創意工作時，不但要能想出新點子，還要能評估它們好不好。
	喜歡評估別人的工作。	
	喜歡可以讓自己表達意見的工作。	
行政型	喜歡什麼都界定得非常清楚的情況，知道我該扮演什麼角色或我該怎麼做。	此種類型的人可能有創造能力，也有足夠知識，但就是不願意用這些能力到創造力這個方向。
	喜歡照著指示去解決問題。	
	喜歡那種步驟寫得很清楚的專案計畫，只要照著做就可以得到答案。	

根據Sternberg & Lubart（1995）的資料整理

(二)形式方面

個人也可以把自己組織成許多不同形式來做工作，這些形式包括「君主型」、「階層型」、「寡頭型」和「無政府型」等四種，如表3-3：

表3-3　心智自我管理的形式

形式	特性	論析
君主型	喜歡做完一件事再開始做第二件事。	富創意的人創作時通常就是這個樣子。君主型的兒童若是不能借力使力，利用他的興趣去達到你要他做的事，很可能會變成適應不良的。
	喜歡做一件事時全力以赴，把所有時間精力都投進去，不喜歡同時進行好幾個計畫。	
	工作時喜歡一直做到完成，不喜歡被打斷或有別的事來分心，可以從早到晚不休息。	
階層型	開始做工作之前，喜歡先把這件事所有要做的事一一列出來，然後安排優先次序，依序去做。	此類型的人喜歡四平八穩處理問題；大多數有創意的人是階層形態，知道什麼時候去投資他所有的資產，什麼時候不該。
	做一件事時，很清楚每個部分優先順序，知道哪一個應該先做。	
	寫作時，會強調重點，而不去注意不重要的地方。	

（續表3-3）

形式	特性	論析
寡頭型	總是想辦法同時處理好幾件都是很重要且需要馬上處理的工作。	由於無法決定哪一個決策是比較好的，因此也就成不了大器；此類型的人亦不適合創造力的工作。
	有時不能決定事情的優先順序，不知道應該先做哪一項。	
	通常把工作的每一部分看成是一樣重要。	
無政府型	通常是沒有先組織思想就開始動手做事。	此類型的人採取隨機方式解決問題。他們通常需要別人在旁引導，讓他們能駕馭其創造潛能，在適當情況下展示出來。
	在想有興趣的議題時，常讓思緒自由遊蕩，隨便飄浮。	
	談到有興趣的議題時，常想到什麼就說什麼，並未先組織好才說出來。	

根據Sternberg & Lubart（1995）的資料整理

(三) 層次方面

心智自我管理的層次形態可分為整體型和局部型兩種，如表3-4：

表3-4　心智自我管理的層次形態

層次形態	特性	論析
整體型	喜歡做不需要注意細節的工作。	此種類型的人喜歡大的題目，喜歡抽象思考，這種形態對於創造力來說非常重要。
	寫東西時，喜歡強調想法中宏大的視野和整個情境。	
	做決定時常不去考慮細節。	
局部型	喜歡做需要處理細節的問題。	這種類型的人喜歡細節，非常實際；也可以是有創意的，但是他們創意的局面很小。
	在所有細節都仔細完成後，才對這份作業覺得滿意。	
	寫文章時，喜歡集中注意在一件事上，反覆推敲，直到所有疑點都解決。	

根據Sternberg & Lubart（1995）的資料整理

(四) 視野方面

心智自我管理的視野形態有二，其一是內在型；另一為外在型，如表3-5：

表3-5　心智自我管理的視野形態

視野形態	特性	論析
內在型	處理問題時喜歡一個人獨處。	此類型的人通常是內向的，在社交上不敏感，人際關係表現也不好，最有創意的是他自己一個獨處時。
	儘量避免要跟別人一起工作的情境。	
	寧可念本好書來了解一個新題目，也不願參加團體討論。	
外在型	開始一個專案前，喜歡先跟朋友或同學談對於這個專案的想法。	此類型的人喜歡跟人在一起，人際關係良好，在跟別人一起時最有創意。
	喜歡跟別人一起工作，不喜歡自己獨做。	
	喜歡跟別人談主意，並聽他們對新的想法的看法。	

根據Sternberg & Lubart（1995）的資料整理

五 趨向方面

心智自我管理的趨向形態包含自由型與保守型兩種。其特性和論析，如表3-6：

表3-6　心智自我管理的趨向形態

趨向形態	特性	論析
自由型	喜歡用新方式做事情，即使不確定這會是最好的方式，也喜歡嘗試新的。	此類型的人可以有創意，只要他能把他的新奇愛好轉成高品質的新穎。此外它與立法型不必然有相關。
	儘量避免按照傳統方式來做事。	
	喜歡嘗試非傳統做法的工作。	
保守型	喜歡依照過去正確的方式來做事。	此類型的人不喜歡改變和模稜兩可的情境。
	喜歡根據以前用過的程序來執行事情。	
	喜歡參加會讓其以傳統方式來工作的團體。	

根據Sternberg & Lubart（1995）的資料整理

二、思考形態的實徵發現

學者曾針對來自不同學校的教師進行研究，發現（Sternberg & Grigorenko, 1993）：

■ **教師在思考形態上有不同，而且有一定趨勢。** 即低年級的教師比較多立法型，比較少行政型。

■ **年紀大的教師比較屬於行政型、局部型和保守型，而年輕教師比較容忍和鼓勵創造力。** 他們將這三者形態混合起來稱為「權威三角」，就是一個僵硬、不知變通且缺乏創意的生活態度。

■ **教授科學的教師比教其他科目的教師更局部性，而教人文的教師則比較傾向自由型。**

■ **教師的思考形態會跟學校形態一致。** 也就是說，在找工作或學校時一定要牢記大環境是很重要的，要仔細選擇，因為終究你會受到環境的影響而變得跟它一樣。

三、結語

如上所述，創造力的主要關鍵之一就是每個人的思考形態。也就是說，只瞧能力和知識是不足的，我們還要了解每個人運用其能力和知識的方法。如果想要成為創意人就需要有立法和自由的思考形態。

有整體思考形態的人可能會與群眾有比較大的衝突，就需要司法型的調節與平衡。至於君主型的人，如果能將精神投注於創意性的工作，很可能會有卓越的成就；階層型的人則會在生活中找到創意和其他東西的平衡點。

....

思考形態量表

請針對下列每一題按1（低）到9（高）的量表來衡量它有多麼適合你，這些題目並沒有絕對的對錯。

題　　　目	低 ←							→ 高	
	1	2	3	4	5	6	7	8	9
1.我喜歡做一件事時全力以赴，把所有時間、精力都投進去，不喜歡同時進行好幾個計畫，每個計畫分散一點	☐	☐	☐	☐	☐	☐	☐	☐	☐
2.我喜歡能讓我以自己的方式做事的工作	☐	☐	☐	☐	☐	☐	☐	☐	☐

題 目	低 ← → 高								
	1	2	3	4	5	6	7	8	9
3.我喜歡那種步驟寫得很清楚的專案計畫，只要照著做就可以得到答案	□	□	□	□	□	□	□	□	□
4.我喜歡沒有結構或很少結構的工作或問題	□	□	□	□	□	□	□	□	□
5.我工作時喜歡一直做到完成，不喜歡被打斷或有別的事務來分心，我可以從早到晚不休息	□	□	□	□	□	□	□	□	□
6.我喜歡分析別人的行為	□	□	□	□	□	□	□	□	□
7.進行一個主題計畫時，我喜歡計畫做什麼、怎麼去做它	□	□	□	□	□	□	□	□	□
8.我通常把工作的每一部分看成是一樣重要的	□	□	□	□	□	□	□	□	□
9.我喜歡做可以評估別人的工作	□	□	□	□	□	□	□	□	□
10.我喜歡什麼都界定得非常清楚的情況，知道我該扮演什麼角色或我該怎麼做	□	□	□	□	□	□	□	□	□
11.我喜歡做完一件事再開始做第二件	□	□	□	□	□	□	□	□	□
12.我有的時候不能決定事情的優先順序，不知道我應該先做哪一類	□	□	□	□	□	□	□	□	□
13.我喜歡照著指示去解決問題	□	□	□	□	□	□	□	□	□
14.在我寫作時，我會強調重點，而不去注意不重要的地方	□	□	□	□	□	□	□	□	□
15.當談到我有興趣的議題時，我常想到什麼就說什麼，並沒有等我把它們組織好了才說出來	□	□	□	□	□	□	□	□	□
16.我喜歡可以讓我表達自己意見的工作	□	□	□	□	□	□	□	□	□
17.當我開始做一件工作之前，我喜歡先把關於這件事所有要做的事一一列出來，然後安排優先順序，從第一件開始順序往下做	□	□	□	□	□	□	□	□	□
18.當我的工作中有好幾件事都是很重要需要我馬上去處理時，我總是想辦法同時處理它們	□	□	□	□	□	□	□	□	□
19.我通常是沒有先組織我的思想就開始動手做事	□	□	□	□	□	□	□	□	□
20.當我做第一件事時，我很清楚每一個部分的優先順序，知道哪一個應該先做	□	□	□	□	□	□	□	□	□
21.當我在想我有興趣的議題時，我常讓我的思緒自由遊蕩，隨便飄浮	□	□	□	□	□	□	□	□	□

題　　　目	低 ←→ 高								
	1	2	3	4	5	6	7	8	9
22.我喜歡根據以前用過的程序來執行事情	□	□	□	□	□	□	□	□	□
23.我喜歡用新的方式來做事情，即使我不確定這會是最好的方式，我也喜歡嘗試新的方法	□	□	□	□	□	□	□	□	□
24.我在處理問題時喜歡一個人獨處	□	□	□	□	□	□	□	□	□
25.我喜歡做不需要注意細節瑣事的工作	□	□	□	□	□	□	□	□	□
26.我喜歡做需要處理細節的問題	□	□	□	□	□	□	□	□	□
27.我只有在所有細節都仔細完成後，才對這份作業覺得滿意	□	□	□	□	□	□	□	□	□
28.我儘量避免按照傳統方式來做事的情境	□	□	□	□	□	□	□	□	□
29.我儘量避免要跟別人一起工作的情境	□	□	□	□	□	□	□	□	□
30.在我寫東西時候，我喜歡強調我想法中宏大的視野和整個情境，也就是說整體的情況	□	□	□	□	□	□	□	□	□
31.我在做決定時常不去考慮細節	□	□	□	□	□	□	□	□	□
32.我喜歡參加人家會讓我以傳統方式來工作的團體	□	□	□	□	□	□	□	□	□
33.我在開始一個專案之前，喜歡先跟朋友或同學談我對這個專案的想法	□	□	□	□	□	□	□	□	□
34.我喜歡依照過去正確的方式來做事	□	□	□	□	□	□	□	□	□
35.我喜歡跟別人一起工作，不喜歡自己獨做	□	□	□	□	□	□	□	□	□
36.我寧可去念一本好書來了解一個新的題目，也不願參加團體討論	□	□	□	□	□	□	□	□	□
37.我喜歡跟別人談我的主意，並且聽他們對我想法的看法	□	□	□	□	□	□	□	□	□
38.當我寫文章時，我喜歡集中注意在一件事上，反覆推敲，直到所有疑點都解決	□	□	□	□	□	□	□	□	□
39.我喜歡嘗試非傳統做法的工作	□	□	□	□	□	□	□	□	□

2、4、7（立法）；6、9、16（司法）；3、10、13（行政）；24、29、36（內在）
33、35、37（外在）；1、5、11（君主）；14、17、20（階層）；8、12、18（寡頭）
15、19、21（無政府）；23、28、39（自由）；26、27、38（局部）；22、32、34（保守）
25、30、31（整體）

第五節 動機和創造力

　　是什麼促使一個人探索環境或試圖得到成功？是什麼促使一位畫家因為經年跪著畫，背脊每節都長了骨刺還在研究新技法呢？我們在什麼事情中找到樂趣？什麼樣的刺激和情境是我們要追求的。有句話說：「行為之後必有原因」。這裡所謂的原因之一，就是本節所要探討的重點：「**動機**」（motivation）。

　　「動機」是什麼呢？「動機」是引起個體活動，維持該種活動，並導使該種活動朝向某一目標進行的一種內在歷程（張春興，2007）。由於動機是種內在歷程，因此我們只能透過可觀察到的個體行為，來推斷其動機的存在和性質。至於動機和創造力到底有何關係？一直是心理學家關心的焦點之一。

　　直至目前為止，學者們對於「動機」分類仍是眾說紛紜，莫衷一是。有些學者將其區分為「生理動機」（如飢餓、渴、性等）和「心理動機」（如好奇、恐懼、探索等）；有的學者則區分為「原始性動機」和「衍生性動機」（如支配、服從、社會讚許、成就等）（陳億貞譯，2002；張春興、楊國樞，1996）。

　　本文則從認知取向的觀點，將「動機」區分為「**內在動機**」和「**外在動機**」來了解它與創造力的關聯（Sternberg, 2000）。根據Rogers（1954）和Crutchfield（1962）等人所提出的建議，Amabile（1983）提出了兩個有關動機影響創造力的極端假設：

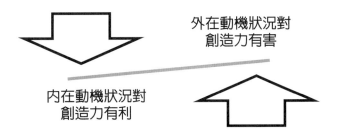

外在動機狀況對
創造力有害

內在動機狀況對
創造力有利

　　「內在動機」是指「基本上從事活動的動機是他本身的原因（來自內心），因為個體認為活動是有趣的、喜愛的、滿意的或對個人具有挑戰性的；它是著重於工作本身的享受和挑戰性」。例如：有些畫家是因為喜歡畫，希望自己實驗再實驗，創新作畫到百年，不管有沒有人買；有些老師教學，雖然可能永遠得不到實質的獎勵，但是他從不斷創新教學中得到樂趣和滿足。這些人從事某種行為是因為他喜歡做，是為了這個行為本身的樂趣和挑戰性而做的。

　　「外在動機」意指從事活動的動機基本上是為了迎合某些工作本身以外的目標，例如：獲得預期的酬賞、贏得競爭或符合某些要求；也就是說，它是著重於外在酬賞、外在認可（承認）與某人工作外在取向（Sternberg, 2000）。又如，大學生很用功是為了拿獎學金；銀行信用卡專員很賣力推銷是為了績效獎金。

　　以下就「內在動機與創造力」、「外在動機與創造力」、「外在動機的正面效果」、「外在動機和創造力的再修正」及「對於教室和企業上的實際建議」等方面作進一步闡釋：

一、內在動機與創造力

　　目前多數考量動機在創造力上角色的理論，都同意「內在動機」有利於創造力。例如：「創造力投資理論」就確定動機是創造力的一項關鍵要素，而且認為「內在動機」者更常產生此種行為（Sternberg & Lubart, 1999）。

　　近來考慮個體創造力如何在社會內發展的互動模式上，Csikszentmihalyi（1990a）和Gardner（1993）都包含有助創造力個人特性的內在動機，同時指出高度的內在動機，伴隨著相當低的外在動機，可以協助創造個體在其領域上更為獨立，因為它們較少感受到順服的壓力。

　　研究也支持「內在動機」有助於創造力。凡是從事所熱愛工作的人在其目標追求上會更具有創造力，以及高創造性者擁有強烈投注工作的動機；創意者會被具有挑戰性的任務所激發，而這正是一種高度的內在動機（Albert, 1990; Torrance, 1987）。

　　Csikszentmihalyi（1990b）在其「心流經驗」（flow experience）的研究上

亦指出，當人們從事挑戰性符合其能力水準的活動時，可以達到高度的內在動機狀態。這種心流狀態是一種活動參與經驗，一種高度樂趣享受與集中心力。一旦人們在領域上變得更有能力，他們將會尋找更具挑戰性的問題來測試其能力，以繼續體會心流經驗，而創造力更可能導致此種狀況。

　　由於內在動機的力量是如此強烈，以至於思考有關從事任務的內在理由，可能就足以推動那項活動的創造力，尤其是持續參與目標範圍的人（Amabile, 1996; Hennessey & Zbikowski, 1993）。

　　發明家Julian Henley就說：「有些人從打高爾夫球中得到樂趣……，當我開始做一個專題研究時，我會全心投入。這可以把一個想法實現出來，本身就是非常吸引人。整個過程簡直就像是一個嗜好。」（引自Sternberg & Lubart, 1999）

具體例子：許願自己實驗再創新，創新作畫到百年的畫家劉國松

　　畫家劉國松作畫像吃飯，不盡興不罷休，經常一畫到天明，也唯有作畫能讓他忘食。他一生革筆的命，卻也因此遭受到很多人的攻擊，不過並未讓他屈服。他認為畫家和科學家一樣，要一直做實驗才能創新。以前連草紙都拿來試畫，後來粗筋棉紙，製造出傳統中國畫所沒有的白線條，又創出水拓法、漬墨法。現在都70歲了，仍然在研究新技法。他總是不服老也忘了老，只有一個願，希望能夠繼續實驗，不斷創新。

參考自李宥樓，壹週刊，2002.11.14，頁48-51

二、外在動機與創造力

　　過去多數研究都發現「外在動機」降低了對任務的內在興趣，進而抹殺了創造力。這些研究主要包括下列方面：

㈠評鑑預期

凡是在評鑑期望下從事的活動（工作）會較不具有創造力。又在成就表現之前領受正面評鑑（外在動機物）者，對創造力會產生負面效果（Szymanski & Harkins, 1992）。

㈡做事方法

當個人做事的方法受到限制，會降低其自主性，也會降低創造力。凡是使用限制和控制方法提供指示者，要比提供更多資訊性的指示或教學，產生較不具有創造性的作品。在有限制的課題上，自主性較高或感受自由的人傾向有較高的內在動機和創造力（Greenberg, 1992）。

㈢為獎品而競爭

為獎品而競爭可以作為最佳產品的指標，也會逐漸損害到創造力。此外，任務參與的酬賞契約也會造成較低的創造力。即使在從事創造力活動之前先享受酬賞，也有同樣的效果（Amabile, 1987）。

「外在動機」為什麼會減低創造力的表現呢？最可能的原因是「**注意因素**」，由於「外在動機」會讓人們對於外在目標與手上任務之間的注意力分散。跟集中注意力和任務參與（高度內在動機的特性）相比較，這會減低對於任務本身的專注力，而轉移到外在酬賞或認可（Amabile, 1983）。例如：Sternberg（1999）曾指出有個出版社預付一筆酬勞請他寫一本書，剛開始時他非常高興，但是後來發現，他一直在想書寫到一半時又可以領一筆稿費，整個注意力都在錢上（外在動機），而不在書上。

在工作場所裡也可以看到這種情形。假如一個員工要逢迎主管喜好以得到某些利益，創造力就會很快消失。因為他會花愈來愈少的時間思考其工作內容，而花愈來愈多的時間讓主管對他的工作或個人有深刻且良好的印象。

事實上，創造力是要花時間的。假如我們要鼓勵人們做創造力的事，就必須給他們時間去做。通常我們要先決定哪些是重要且該做的事，然後再確定這件事是否做得很有好、很有創意。

具體例子：工研院祭出重金，留人才鼓勵創新

　　科技產業股票分紅制度成為大吸盤，吸走臺灣大批科技人才（每年人才流動率平均在15%至25%），連帶影響傳統產業及研發機構徵才。工研院為鼓勵創新，特修訂「人員獎勵辦法」，凡是研究專利獲得採用，除了工研院的創新獎金外，還可以領取權利金，每年最高400萬元，對流動率偏高的研究單位來說，不失為留住人才的方法。

具體例子：重賞之下，必有勇夫

　　台積電董事長張忠謀強調欲鼓勵更多的創新，必須具備二項要點：「重賞創新的成功；不在乎創新的失敗」。他表示「創新」是他思考二三十年的觀念，也是當今科技公司必要的競爭條件。他並斷言，沒有創新的企業，一定會被淘汰。以台積電數百家客戶為例，今年和去年及五年前的客戶大不相同。根據歷史的經驗，台積電今年的客戶，五年後仍存在的寥寥可數。

　　他進一步指出，「重賞」絕對是創新的祕訣，財富及股票上市是美國矽谷發展出來的文化。因為若無股票選擇權及健全冒風險的股票市場，美國絕不會有如此多的創新。不論大公司、學校及臺灣工業銀行的鼓勵創業，都適用重賞的因素。此外，唯有不在乎創新的失敗，才能大膽創新。

三、外在動機的正面效果

　　雖然先前談到「外在動機」會造成人們創造力降低，不過已有許多研究發現「外在動機」對於創造力不一定完全是有害的；外在動機對創造力也可能有正面效果（Amabile, 1996; Eisenberger & Cameron, 1995）。有關這方面可從「酬賞的正面效果」和「降低酬賞的負面效果」來說明：

㈠酬賞的正面效果

　　酬賞（外在動機物）在不同成就表現創造力上的正面效果。多數這些

研究會事先告知參與者在特定形式的任務上獲得成功或有創意的方法，同時酬賞這些行為（Eisenberger & Selbst, 1994; Amabile et al., 1996）。

(二) 降低酬賞的負面效果

透過讓兒童觀看和討論錄影帶（有兩位受注目的兒童在學校裡談論他們的內在興趣和享受，以及他們用以跳脫社會性外在限制或動機物的策略），可以降低酬賞對參與者的負面影響，達到消除酬賞對創造力的逐漸損害效果。另外，在職場上，評鑑回饋（訊息性的或解釋的）認可創造性成就表現也有助於創造力。

四、外在動機和創造力的再修正

前述的研究加上外在動機定義上的理論改進，已經造成外在動機對於創造力如何產生影響的解釋修正。首先，外在動機的概念已經被精煉為包含兩個層面（Deci & Ryan, 1985）：

在許多條件下，外在動機會被視為外在控制，不過當它真正被視為有用的訊息時卻是良機。也就是說，某種形式的外在動機在創意者身上可與內在動機並存。尤其，高創造性個人被視為有強烈的認可欲望，而與內在投注於工作共存（Rubenson & Runco, 1992）。

基於前述說法，外在動機的形式有兩種（Amabile, 1993）：

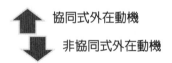

(一)協同式外在動機

「協同式外在動機」（synergistic extrinsic motivators）是提供訊息或讓個人更能夠完成任務，而且能夠與「內在動機」合作。雖然「內在動機」可能與某些「外在動機」形式有逆向關聯（非協同式），不過可以組合其他的協同式外在動機。這種「**動機協同合作**」（motivational synergy）的概念有助於修正內在動機的假設，目前稱爲**內在動機原理**（Intrinsic Motivation Hypothesis, IMH）：即「內在動機」有助於創造力；控制性的「外在動機」有害於創造力；但是訊息性的或使有能力的「外在動機」則有助於創造力，尤其「內在動機」剛開始時是很高的情況下。

Amabile（1993）認爲這種「協同式外在動機」可對創造力做出正面貢獻的兩種機制。首先，外在動機對內在動機有貢獻（協同式外在動機），支持個人能力或強化參與任務的感受，可以協助增進創造力的高度內在動機。「協同式外在動機」對於創造力正面影響的第二項可能機制，就是「**動機—工作循環配對**」（motivation-work cycle match）。

不同形式的動機在不同創意歷程上的角色。例如：指出高度內在動機特別重要（當其重點在新奇性時）。因而，當個體企圖確定問題或產生可能的解決方案時，內在參與任務和不被外在關心所扭曲，會有助於他們產生更多原創性的觀念（Amabile, 1993）。

在創造歷程的其他點上，由於重點在持續或評鑑上，「協同式外在動機」比內在興趣可能扮演著更爲重要的角色。當創造者必須獲得領域內解決問題的能力和資訊時，「協同式外在動機」可讓創造者一再涉入問題。惟一旦達到可能的解決方案，「協同式外在動機」可以協助創造者適當地確認和溝通領域上的解決方案。

(二)非協同式外在動機

「非協同式外在動機」（nonsynergistic extrinsic motivators）就是會導致個人感覺受到控制，而與內在動機無法相容。這是相對於「協同式外在動機」而言。

顯然，內在和外在動機是互動的，是種合作關係。很多有創造力的人會在內在動機（從事有興趣的工作）和外在動機（獲得酬賞）之間取得平

衡。也就是說，人們會儘量想辦法去塑造環境，使他既能發揮創造潛能又能從創意作品中，得到謀生或成功的方法。所以很多有創造力的科學家到大學或研究機構擔任研究工作，因為這種職位既可發揮他們的創造力又可以賺錢養家活口。

五、對於教育和企業上的建議

根據上述動機理論和研究，及其對創造力的關聯。我們可以提出下列幾項在學校和企業上的實際意涵（Amabile, 1996; Hennessey & Zbikowski, 1993）：

㈠ 學校方面

■ 鼓勵學生或教師從事喜愛（熱愛）的事。

■ 讓學生自由選擇所從事的內容，並引導學生尋找有高度內在動機追求的問題。

■ 父母或教師可讓學生討論內在興趣和學習的樂趣，來提高他們的動機和創造力。

■ 降低學校環境上外在限制的重要性（如評鑑、酬賞約定、任務限制、競爭等）。例如：教師可以減少在班上談論成績，來降低成績評鑑的重要性，必須強調這些評鑑在於引發能力的發展，而不在於控制。

■ 提供支持學生能力感受的酬賞、認可和肯定，以及如何增進能力上重要訊息的回饋。

■ 指定作業時，使創造力成為作業評量的一部分。

■ 對學生或教師有創造力的教學、作品或表現給予酬賞和肯定。

■ 鼓勵學生把他們的作品拿去參加外面的展覽或比賽。

■ 運用混合動機來鼓勵學生或教師。

㈡ 企業方面

■ 企業主管可讓員工自由地交換觀念和探究工作樂趣。

■ 降低或改變社會環境上外在限制的重要性（如評鑑、酬賞約定、任務限制、競爭等）。

■ 直接增加某人參與工作的外在動機和內在動機。例如：提供達成
　的計畫目標，更多追求現有觀念的時間、自由或資源。

■ 提供支持個人能力感受的酬賞、認可和肯定，以及如何增進能力
　上重要訊息的回饋。

■ 對員工有創造力的作品或表現給予酬賞和肯定（如考績加註、享
　有版權等）。

六、結語

　提高創造力不僅要考慮影響創造力的每個因素，例如：Amabile之
「內在任務動機」、「領域相關能力」與「創造力相關歷程」，以及「創
造力本質說」所提倡的「智力」、「動機」等六項資源的匯合。還需要考
量它們之間的互動。我們可以想像一下這些要素代表的部分且相互重疊的
圓圈。

　「創造力成分模式」和「創造力投資理論」指出每個分享彼此最大的
重疊領域，就是創造力最高的地方（Amabile, 1996; Sternberg & Lubart, 1999）。
確定此一互動本身就是提高創造力的一項重要步驟，對於在許多不同領域
擁有強烈能力，以及可能有高度創造力的資優個體來說尤其重要。

　教師應該協助和驅使這些個體，發現他們最感興趣的地方，因為在這
些最大熱情的領域，他們的創造力是可能出現的。

第六節　人格特質和創造力

　大部分心理研究認為創造力是種個人特質。比方說，在1986年時，凡
與心理學相關的博士論文，有60%著重於個人特質的研究，且完全沒有與
文化、社會影響相關的研究（Wehner, Csikszentmihalyi, & Magyari-Beck, 1991）。

　心理學家大都將「**人格**」定義為個別差異或是行為持續和一致。後
者有兩種形式：情境性和時間性。「**情境性**」著重人們在不同情境下的行
為持續性；而「**時間性**」則針對經過一段時間後人們行為持續的情形。以
「友好」這項特質來講，假如我們觀察個人一段時間或是不同情況下表現
出友好的行為舉止，而在該情況下其他人表現得不夠友好。我們就會將個

人標記為「友好」。

　　「為什麼有些人可以持續想出新穎和適當的解決方法，而大部分的人卻不能呢？」Csikszentmihalyi（1999）曾提出有關這方面的問題和假設：「此人是否擁有適切的個性特質？要能成功的創新，個人需有適宜的特性（視學門和時期而定），例如：堅持己見、對經驗採開放態度、能接納異己等。」

　　人格和創造力這兩個領域間引起最多爭論，就是潛在原因的連結。而更為普遍的問題是：

一、人格特質和創造力的動力關係

　　雖然理論可見創造力影響人格特質，不過研究者通常假定人格特質會影響到創造力。例如：產生新奇經驗好像可以增進自信、願意不平凡及對新觀念開放等特質。人們自然傾向符合其人格特質的特定領域（如音樂、繪畫、詩、文學、生物、新聞、建築、社會科學等）也是可能的。

　　凡是喜愛與高度情意表現有關的人會聚集在允許這樣的領域上，至於喜愛精確性與低度自我揭露的人則會選擇出現在不同的領域。因此，特定領域與某些人格特質有關，這並不是因為這種人格類型讓人具有創造性，而是因為創造性領域也可能激發、酬賞和擴充適當的人格特質。

　　Dellas和Gaier（1970）曾指出人格特質是創造行為的決定因子，而非創造行為是人格特質的決定因子。人格特質讓人具有創造性或是增進人格特質將來具有創造的可能性？本節將探討下列幾種可能性，如圖3-6。

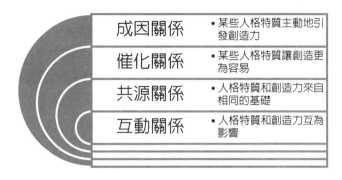

圖3-6　人格特質與創造可能關係

㈠成因關係

理論上，某些人格特質可能直接引發創造性行為。心理分析取向的作者（如Freud）就是強調此種連結。此類特性最明顯的例子就是負面特質，像缺乏衝動控制或拒絕社會規範。無疑地，這些特質會造成令人驚訝的行為，如反社會衝動。也就是說，它們可促成新奇性的產生。

不過，此類行為不應視為具有創造性，而是不受歡迎的、常對所關心的人產生負面的行為後果。也就是說，這些令人驚訝的行為充其量涉及到假性的創造力而已。

顯然，負面和正面特質都可以促使人們具有創造性。例如：強烈的公平感可以迫使個人轉到文學、戲劇或醫學研究，追求社會公平。

㈡催化關係

人格特質可能並不是一項充足的成因，一種壓力或刺激（激勵）物，驅使個人產生新奇性，它是一種協助者。這表示某些人格特質可能是必要的或至少有助於創造力，而不是促成創造力的成因。可能的相關人格特質，包括勇氣、喜好新奇、自信、生產或成長取向因素。

這種催化關係可以透過檢測負面人格特質（似乎是抑制有效新奇性的產出）來加以掌握。例如：個人在認知上準備去產生新奇性，甚至擁有高度動機，但是會受到人格特質的抑制，如害怕看起來愚蠢、過度穩定的需求或誇張的社會一致性。顯然，人格特質在此一例子上可視為創造力的障

礙，而弱化此類人格特性就可以促進創造潛能的實現。

三 共源關係

「心理狀況」（如得意洋洋）乃是創造力的要件，但非成因。興奮、不一致或冒險等特質可能是更多「基本特性」的表現，例如情緒不穩定或是對些微外在刺激的敏感性，這些也是構成產生新奇性的基礎。

結果顯示興奮、不一致、冒險和創造力之間有直接關係。例如：心情愉快可形成不順服的行為。同樣地，它也可以提高遠端關係，導致新奇性的產生。我們似乎邏輯推論不順服會造成新奇性的產生，實際上，兩者可能都是情緒不穩定所形成愉悅心情的結果（Jamisons, 1993）。

四 互動關係

我們可從「閾限效果」和「線性關係」兩方面，來看人格特質和創造力間的互動關係。根據前者，擁有某決定性的人格特質（超越最低的水準）乃是創造力發生所必要的；依照線性關係模式，某些特性會增進創造力的可能性。如果必要人格特質的強度增加，創造力的可能性也會提高（相互影響）。

對教師和父母來說，由於強化現有特質（或弱化負面的特性）似乎要比教誨所缺乏的特質來得更為容易。

二、創造力與人格特質

創造性人物的行為對於時間性和情境性都是持續的，這是他們與別人不一樣的地方。也就是說，創造性人格是存在的，人格氣質與藝術及科學的創造性成就有關（Feist, 1999）。

一 人格特質和藝術及科學創造力

學者曾分析「藝術家」和「非藝術家」的人格特質指出，創意藝術家具想像力、對新想法開放、有幹勁、神經官能失常、情感不穩，社交不足，有時甚至是反社會人格（Feist, 1999）。

有人可能會爭論科學比藝術有更多自由的創意表達。事實上，科學家絕大部分是相對世俗和「正常」的，只有少部分的人會生產真正的「科學

革命」（Kuhn, 1970）。具有創造性科學家的明顯特徵是：比較開放、融通性、較有野心、不善社交、帶有自大、自信及敵意（Feist, 1999）。

㈡ 具創造力藝術及科學家人格特質的獨特和共通性

就獨特性來看，創造性藝術家比創造性科學家憂慮、情緒不穩及易衝動」。大體說來，藝術創作者較有激烈的感情衝動（Ludwig, 1995; Richards, 1994）。這並不是說藝術家在創作過程中完全融入感情，而科學家完全把感情排除在外。研究顯示，科學創造的最初階段是充滿直覺及感情的，而精巧的藝術創作則是非常枯燥與技術性的（Feist, 1991）。

藝術家的第二項人格獨特性是「社會化低」與「不順從性」。雖然創造性的藝術家及科學家都有這兩種特徵，但是不順從狀態並不同（Ochse, 1990）。藝術家對於社會化、團體、耐心和責任感都偏低（Domino, 1974; Csikszentmihalyi & Getzels, 1973）。

我們往往會將社會化和責任感分數較低的人們，認為是有問題、值得懷疑及與社會規範對抗。或許是藝術家們比較積極表現出不順從及反社會化，而科學家們對不順從性表現沒那麼明顯。惟一般而言，科學家比非科學家來得正直及遵守秩序（Wilson & Jackson, 1994）。一旦人們認為正直涵蓋「組織化」、「有計畫性」、「不疏忽」及「不草率」；無疑地，科學家比藝術家來得較正直。

從共通性來談，如果藝術家和科學家的不同可由「情感不穩定性」、「衝動性」、「不順從性」及「叛逆性」等方面來可以區分，那麼創造性的藝術家和科學家在人格特質上到底有哪些共同特點呢？顯然，創造性人物（藝術家或科學家）具有較高的反社會特質，即內向、獨立、敵意及自大（Guastello & Shissler, 1994）；有些人甚至主張隔離、退縮和獨立是達到創造性成就的必要條件（Ochse, 1990）。

高度創造性科學家之間瀰漫著敵意，而且人格特質傑出的科學家們對研究和教學的看法截然不同，並抱有很深的成見。前者特別被視為擁有較多敵意與開拓性，而後者較合群又熱情（Feist, 1994）。

由於為了達成或反對社會規範，必須具有充沛精力，相信自己所作所為，並懷有野心去做，這很可能跟高度自信有很大關聯，在創造性人物身

上常看得到。至於社會如何看待及一些枝枝節節問題，就較為次要。很可能因而產生敵意、自大及工作第一，任何阻礙都會被他投以責備及敵意的眼光。

(三) 全面性的人格特質和創造力評論

過去幾十年來，幾個創造力和人格特質研究，雖然不同作者對特質的命名不同，或是對特殊的特質給予不同的權重，惟學者們都肯定有一組相當穩定的發現（Dacey, 1989; Eysenck, 1997; Sternberg & Lubart, 1995）。

創意者與較少創意者的區別在於擁有一組特別的特質形式（Dellas & Gaier, 1970），其中有九種被視為是正面的特質，包括：

九種　　正面特質

- ☐ 獨立
- ☐ 支配性
- ☐ 內向性
- ☐ 開放性
- ☐ 興趣廣泛

- ☐ 自我接受
- ☐ 直覺
- ☐ 變通性
- ☐ 社交平衡

有兩種是負面的特質，分別為：

缺乏關心社會規範

反社會態度

Sternberg和Lubart（1995）則指出下列六種構成創造力所需的人格特質：

■ 面對障礙時的堅持
■ 願意冒合理的風險
■ 願意成長
■ 對曖昧不明的容忍
■ 接受新經驗
■ 對自己有信心

另外，有學者認為：「創意人多擁有一種以上的特質，且有能力將此系列整合成一個人格系統。」他們可能不只是內向，有可能同時兼有內向與外向性格，端視所面臨的歷程與階段來做調整。

在蒐集想法時，富有創造力的科學家可能是喜愛群居且善於交際的，不過一旦開始工作可能又會變成孤僻的隱士，直至工作結束為止。創意人的性格可能是既敏銳又冷感、既自豪又謙卑、既陽剛又陰柔，端視情境不同而有所調整。指揮他們行動的並非僵化的內在結構，而是領域與其互動的結果（Csikszentmihalyi, 1999）。

個人想要將新奇性引入領域中，一開始必定是對現狀不滿。感受敏銳、赤子之心、自大、急進態度與高智商，均是有些人無法接受領域中傳統的智慧觀點，並深覺應該勇於突破。

此外，價值觀在創造力發展上也占有一席之地。如果個人比較重視財富與社會目標，就可能比較無法面對新穎產出時所衍生的風險，而更可能選擇普通的生涯；若個人喜愛解決抽象問題（理論價值）及秩序與美（美學價值）時，就比較能夠持續堅持下去（Csikszentmihalyi, Getzels, & Kahn, 1984）。

三、結語

很多有創造力的人很少或永遠沒有把他們的能力發揮出來，最主要的原因就是他們沒有必備的人格特質。從事創造力（創意）工作時，有很多時候會覺得自己是孤獨的，沒有人相信。因此，個人的自信心才變得更加重要，有時自信甚至會成為支撐我們永不氣餒的力量。如果我們有信心和

勇氣爲所堅持而戰，就會有機會爲我們的創造力（創意）打出一片天下。

第七節 文化脈絡與創造力

　　文化脈絡因素對個人創造力的產生或發展也是很重要的。創造力往往包含符號系統的轉變，以及影響文化成員思想、感情的變化等概念。如果一項變化無法影響到我們的所思、所想、所爲時，就不能算是有創意的。因此，創造力的先決條件，便是要有一群能夠分享所思所爲、相互學習與模仿的群體（Csikszentmihalyi, 1996）。

　　Seelig在其「創新引擎理論」中也指出文化是社會（或社區）中共同的信念、價值和行爲，代表一群人認知、詮釋和了解周遭世界的方式。不同地區的人所接觸到的文化截然不同，基本上任何社區文化都反映當地居民的集體態度，而個人隨時都沉浸在影響我們思考與行爲的文化中。

　　即使只有一小群人改變態度，都會自然地改變環境的文化，因此如果想在當地社區塑造適當的文化，其實每個人都扮演著很重要的角色（引自齊若蘭譯，2012）。

　　葉玉珠（2006）也認爲個體所在社會文化、習俗、社會價值觀、社會期望等大系統，除會影響個人、家庭和學校，以及與個體工作有關的組織環境等小、中、外子系統的發展外，更會影響創造性產品的評價。

　　Csikszentmihalyi（1996）則將創造力視爲含有「**祕因**」（memes）改變的概念是很有用的策略。「祕因」是一種模擬單位、文化的組成區塊（Dawkins, 1976）。就像人類基因一樣，它能夠傳達行動指示，如同樂譜教我們如何歌唱，烤雞食譜告訴我們做烤雞時應加入何種材料、烘焙多久等。

　　雖然基因指令可以將遺傳密碼傳遞下去，不過「祕因」中所含的指示則需要透過學習方式來傳導。總之，在學習及再製「祕因」時，並不會有多大改變；不過，當我們創作一首歌曲或發明一份烤雞食譜時，便具有創造力。

　　在人類歷史上，「祕因」的改變是緩慢的。最早的「祕因」始於祖先對其用以砍劈、切割、刮削、擊打石器形狀之描述，而且持續到舊石器時

代才有改變。而「工具祕因」本身即含有複製指令，一旦有人發現更有效的石片切割法時，新「祕因」就會出現，並在人們心裡不斷重複、再生，讓新發明的「子代」更優異於「母體」。語言、藝術、宗教等其他部分，也都含有一套與定則相關的「祕因」，且不斷在擴增中。今日，由於它的擴增程度已是瞬息萬變，人們絕無法預知下秒鐘會發生什麼事。

一、文化：一套相關領域的結合

在人類學中，文化的定義超過百種，至今仍無定論。從文化定義出發，下列假設有助於對創造力的了解（許士軍，2003；Csikszentmihalyi, 1999）：

■ **資料愈能永久貯存，愈能同化過去知識，較有利創新**。文化差異與祕因（如工業步驟、知識性質、藝術風格、信念系統）貯存的方式有關。當祕因是以口語、某人傳遞來做記錄時，為奉行傳統以免失傳，創造力就可能不受重視、不易形成。不過，新式貯存媒體的發展和傳送（書、電腦、光碟），對形成新奇性產品的比例和接受會有影響。

■ **資料愈易取得，個人參與創造歷程會更多**。祕因的可得性也與產生創造力有關，一旦知識侷限於少數圖書館、實驗室內，而學校和書籍數量又不多時，多數富創意潛力的個人便會因學藝不精，而難以將所學貢獻於知識領域上。

■ **領域愈分化，資料就愈特殊和專門，更易產生進步**。文化在領域數量及領域間階層關係的差異也有關係。例如西方文化中的哲學源自宗教，而其他學科都是由哲學中分出來的，故宗教長期是各學科的女王，指揮和決定何種祕因可以包含在不同領域中。現今，各領域已較以往自治獨立，會更有利於產生進步。

■ **文化愈整合，領域提升可促成整個文化的推進**。領域的增值和解離是人類歷史特徵之一。過去，每個文化思想和表述均可統稱為「宗教領域」，藝術、音樂、舞蹈等也被視為自然信仰的一部分。然而，現今每一領域都極力尋求獨立，想建立自己的規則，取得領域的權威。不同領域間發生關聯時，有時會出現抗拒創新

現象，但也可能造成整個文化的重整。

■ **任一文化接收其他文化的資訊愈多，愈可能引發創新**。創新的發生往往起於兩國文化在地理位置或經貿政策上有不同看法時，如文藝復興時期的佛羅倫斯與威尼斯，以國際貿易與手工藝聞名。即使現在資訊的普及是即時的，大部分的新想法還是要由不同文化背景的人們，在區域中心意見交換、思想交流後醞釀而成。

二、領域在創造歷程中所扮演的角色

文化是由許多領域所構成。創新並非直接發生在文化中，而是在某一領域中形成的。以下乃是領域影響創造力產生比例的假設（Csikszentmihalyi, 1999）：

■ **記錄系統愈精確，愈易同化過去知識，愈能促成創新**。領域會隨時間發展出特有的祕因和記錄系統。自然語言和數學可說是許多領域的基礎。除像音樂、舞蹈等具有正式記錄系統外，仍有一些非正式系統可作爲指導與評估多元化領域的工具。例如Piaget（1965）便在瑞士兒童的彈珠遊戲中，仔細觀察兒童如何在非正式領域中，將規則傳遞給他人。這領域持續好幾代，且不同形體、色澤、材質的彈珠，會有不同名字。更甚者，它也包含兒童在遊戲時互相學習的神祕規則。由此可見，即使沒有正式記錄系統，透過模仿和教導，領域仍可在世代間傳遞。

■ **資訊整合愈堅固或太鬆散，都難發生有價值的創新**。領域的發展階段也是一種明顯的要素。有時領域中的象徵符號系統整合得太堅固或鬆散時，會很難確定此種創新是否代表進步。例如：有些象徵符號系統由於組織太過緊密，致使新發展變得遙不可及。不過，一旦出現新典範，那些可行的貢獻會被視爲具有重大的創造力成就。

■ **某些領域在不同時期會居文化中上位，增加創新的可能**。在歷史上的某一時期，有些特定領域會比其他領域更能吸引具天賦的人加入，而增加創造力的可能性。這與下列幾點有關：「居文化中心位置、具遠景和機會、從領域本身增生出來的價值等」。例

如：物理學中量子理論的重大變革，吸引許多優秀人才聚集，甚至將其應用到在化學、生物、醫學、天文等相關領域。而今，在基因科學、晶圓半導體、觸控面板、智慧型手持裝置、太陽能光電、LED等方面，也具有同等的鼓舞作用。

■ **領域由精英來確定與計畫時，愈難創新**。領域差異亦與其易得性有關。有些規則和知識會被特權階級所把持，旁人不得其門而入。今日，人們已能輕易透過網際網絡取得大量資訊，這些都促使許多領域的創造力獲致很大的發揮。

■ **某領域若取得霸權，會讓次領域的變異產生困難**。有些領域比其他領域易受改變。這部分是由領域與其他文化或社會支持系統之間自治獨立的程度而定。比方十七世紀前歐洲，教會勢力的保護讓創造力難以伸展，伽利略就是個鮮明的例子。即至今日，仍有些社會學科研究會因政治考量而不受支持。

創造力是促成文化革新的發動器，但這不代表文化改變僅依循著單一方向，或創造力所帶來的改變一定會更好。也就是說，創造力並不總是支持文化發展的。新想法、技術及表達形式可能會暫時打破現有領域之間的和諧，而危及文化本身的複雜性，進而導致分化，並不利於整合。

■ **創新作為乃根值於創新的文化**。任何規章制度能否配合創新而做較大幅度的改變，與任一組織的文化價值有密切關係。例如：組織文化若是強調傳統價值和穩定，變革的主張就會受到忽略。也就是說，創新的文化是創新作為的基礎，缺乏創新文化條件的支持，只是高聲疾呼創新，也是無用的。

結語

綜上所述，本章探究了智力、知識、社會環境、思考形態、動機、人格特質及文化脈絡等七項創造力發展的影響因素。在智力因素方面，創造力與智力是有關的，無論其關聯性質為何，個人如果要發展其創造力，就必須重視智力中與創造力特別有關的範圍或成分。

在知識因素方面，雖然心理學家有「緊張觀」和「基礎觀」兩種不同的看法，惟創造力和知識間應該是「知識作為建立創造力的骨架和大綱；但若是抱持著舊觀念和固定框架，是無法做出創意的」。

在社會因素方面，新想法或產品要經得起社會評價，才算是具創造力的。因此，個人要找到一個欣賞你才華的環境，然後在這個環境把你的創造力充分發揮出來。

在思考形態因素方面，思考形態乃是個人運用其能力和知識的方法。個人應避免形塑行政型、局部型和保守型等三種形態的混合，而成為僵硬、不知變通且缺乏創意的生活態度。要了解並善用各種思考形態的優弱點，為運作創造力找到方法，同時要仔細選擇工作的大環境，因為你終究會受到影響而變得跟它一樣。

在動機因素方面，內在和外在動機是互動合作的。有創造力的人會在內在和外在動機間取得平衡，儘量想辦法去塑造環境，讓他既能發揮創造潛能又能從創意作品中，得到成功的方法。

至於人格特質因素方面，很多有創造力的人沒有把他們的能力發揮出來，就是因為沒有必備的人格特質。如果我們有信心和勇氣為所堅持而戰，就會有機會為我們的創造力打出一片天下。

在文化脈絡因素方面，創新的文化乃是創新作為的根基，缺乏創新文化條件的支持，只是大聲高呼創新、創造力、創意，也是於事無補的。

本章重點

1. 影響創造力發展的因素，包括智力知識、社會環境、思考形態、動機、人格特質、文化脈絡。
2. 心理學家到目前為止仍然尚未對於創造力和智力間關係的本質有一致的共識，也還未完全了解這些心理構念。
3. 從創造力本質說和投資理論來看，智力的綜合部分主要負責引發想法或想出點子，有兩項能力與創造力密切相關：重新界定問題的能力和頓悟能力；智力的分析部分則包括問題認識和界定、決定在心中呈現一個問

題資訊的方法、解決問題時策略形成和資源調度，以及監控與評估問題解決等能力；智力的實用部分需知道如何宣揚和精進我們的想法，讓創造力展現。從創新引擎理論來講，想像力會協助我們將以往所知轉變成新想法。

4. 知識和創造力的關係被視為像個「逆U型（Ω）」。有兩種觀點：緊張觀和基礎觀。

5. 創造力本質說之社會環境觀認為應該有個大致良好支持創意的環境，但是在過程上有些挫折存在。創造力系統理論之社會環境觀則從社會情境與創造力之間的關係、學門的角色及創意者個人背景等方面來探討。

6. 創造力發展的生態系統模式之社會環境觀指出，創造力是在一個多層面的複雜系統中所產生的，包含小、中、外、大等系統。創新引擎理論之社會環境觀認為環境因素會對創造力產生影響，包含空間、環境中的各種限制、改變環境中的遊戲規則，以及營造活潑有趣的環境、鼓勵實驗精神等方面。

7. 思考形態是創造力主要關鍵之一，且與智力沒有高相關。想成為創意人需有立法和自由的思考形態。有整體思考形態的人可能會與群眾有衝突，需要司法型的調節。君主型的人如果能投注創意工作，可能會有卓越成就；階層型的人會在生活中找到創意和其他東西的平衡。

8. 內在動機有利於創造力。外在動機會造成人們創造力降低，不過研究發現外在動機對創造力不一定完全是有害的，也可能有正面效果。協同式外在動機是提供訊息或讓個人更能完成任務，且能與內在動機合作；非協同式外在動機會導致個人感覺受到控制，而與內在動機無法相容。

9. 人格特質和創造力的動力關係，包含成因關係、催化關係、共源關係及互動關係。

10. 創意者與較少創意者的區別在於擁有一組特別的特質形式，包括九種正面特質：獨立、支配性、內向性、開放性、興趣廣泛、自我接受、直覺、變通性、社交平衡；兩種負面特質：缺乏關心社會規範和反社會態度。也有學者指出構成創造力所需的人格特質，包含面對障礙時的堅持、願意冒合理的風險、願意成長、對曖昧不明的容忍、接受新經驗及對自己有信心。

11. 文化是社會中共同的信念、價值和行為，代表一群人認知、詮釋和了解周遭世界的方式。基本上任何社區文化都反映當地居民的集體態度，而個人隨時都沉浸在影響我們思考與行為的文化中。即使只有一小群人改變態度，都會自然地改變環境的文化，如果想在當地社區塑造適當的文化，每個人都扮演著重要的角色。

評量與教育篇

第四章

創造力評量

　　自從1950年Guilford在擔任美國心理學會主席時，倡議重視創造力的研究之後，創造力才開始像人類智能一樣受到廣泛的迴響和注意，而逐漸有若干正式的測驗出現。

　　Guilford本身就曾依據自己所發展的「**智能結構說**」（Structure of Intellect），如圖4-1，編製與創造力有關的測驗工具來評量創造力。不過，真正有系統地發展創造力評量的工具中，應屬在1950年代編製「**明尼蘇達創造思考測驗**」（Minnesota Tests of Creative Thinking, MTCT）的Torrance最為有名。這份測驗工具後來更名為「**陶倫斯創造思考測驗**」（Torrance Tests of Creative Thinking, TTCT），一直是學術研究上用以評量創造力的主要方法。

　　惟近十幾年來，由於創造力理論愈趨多元且相當分歧，加上原有測驗工具的缺失，而使得不同形式的創造力評量方法或工具相繼出現。

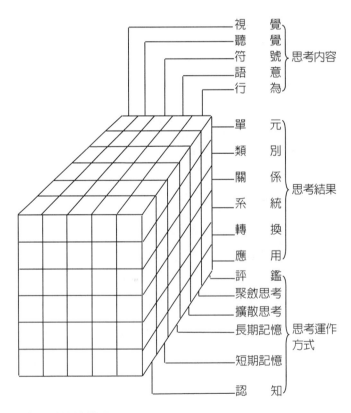

圖4-1　Guilford的智能結構說

根據Guilford（1988）資料繪製

第一節 創造力評量的方法及類型

　　除了少數無法有效歸類之外，學者曾將百種以上評量創造力的工具或方法，大致可分成八種類型，如圖4-2並分述如下（Hocevar, 1981; Hocevar & Bachelor, 1989）：

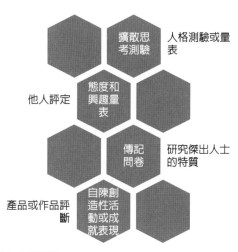

圖4-2　評量創造力的工具類型

一、擴散思考測驗

　　「擴散思考測驗」（tests of divergent thinking）是學術研究上最常用來評量創造力的方法。這種工具主要是依據前述Guilford「智能結構說」認知運作六個層面中的「擴散思考」（divergent thinking）理念而編製的。有關這方面的工具不少，國外目前使用最為廣泛者應為Torrance（1965）所發展出來的「陶倫斯創造思考測驗」（Torrance Tests of Creative Thinking, TTCT），之後歷經幾次修訂，目前國內有中文修訂版，可用來評量下列創造力的層面，如圖4-3：

流暢力（fluency）：即在一定時間內所有有關反應的總和，反應的數量愈多表示流暢性愈高。

變通力（flexibility）：即在一定時間內所有反應類別的總和，反應的類別愈多表示變通力愈高。

獨創力（originality）：即在一定時間內與眾不同或稀有反應的總和，分數愈高表示獨創力愈高。

精密力（elaboration）：即在一定時間內在反應基本條件外附加細節或精緻化的總和，分數愈高表示精密力愈高。

圖4-3　創造力的評量層面

　　這份評量創造力工具可分為「語文」（verbal）和「圖形」（figure）兩種版本，每種版本又有甲、乙兩種複本。它是一種標準化的個人或團體測驗，有嚴格的時間限制。其中「陶倫斯創造思考測驗」語文版的內容，包括「發問」、「猜測原因」、「猜測結果」、「產品改進」、「不平凡的用途」、「不平凡疑問」及「假想看看」等分測驗，如表4-1。這項測驗連同施測說明等步驟，約需花費一小時。

　　「陶倫斯創造思考測驗」圖形版則包括「圖形結構」、「圖畫完成」

表4-1　陶倫斯「語文創造思考測驗」的內容

分測驗名稱	測驗內涵
發問	這三個部分都是依據一張圖片，由受試者寫下所有疑問、列出各種可能引起圖片上動作的原因，以及盡可能列出圖片上動作所有可能產生的各種結果
猜測原因	
猜測結果	
產品改進	依據一張玩具圖片，讓受試者儘量想出一些改進玩具的構想，使之更有趣而好玩
不平凡的用途	讓受試者盡可能列出有關紙盒的所有不平凡用途
不平凡疑問	讓受試者盡可能列出有關紙盒的所有不平凡疑問
假想看看	讓受試者假想一個不可能的情況真的發生時，所有一些可能發生的事情

表4-2　陶倫斯「圖形創造思考測驗」的內容

分測驗名稱	測驗內涵
圖形結構	提供一張曲形圖，要受試者將這個曲形圖當作所畫出的一整幅畫中的一部分，並予以命名
圖畫完成	提供十幅尚未完成的畫，讓受試者在上面加上一些線條，使成為有趣的東西或圖畫，並為它們定一個有趣的題目
圓　圈	提供36個圓圈圖案，要受試者任意在圓圈內外加上線條，使成為一整幅畫，並為畫完的圓圈加上題目

及「圓圈」等分測驗，如表4-2。這項測驗連同施測說明等步驟，約需花費30分鐘。

　　以下將分別介紹幾種國內現有新編或修訂的「擴散思考測驗」，如圖4-4並述如下：

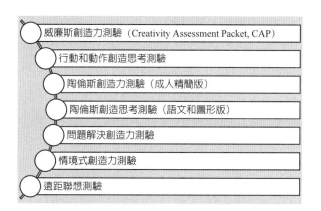

圖4-4　國內現有之「擴散思考測驗」

威廉斯創造力測驗

一、目的：在於測量受試者認知和情意方面的創造潛在能力、可作為評量一般兒童和學習障礙者的工具。

二、編製者：林幸台、王木榮

三、出版單位（日期）：心理出版社（1994年初版）

四、適用範圍：小四至高中（職）學生

五、實施時間限制：約60分鐘

六、量表內容：「威廉斯創造力測驗」為一組合式測驗，共有三個部分，包括創造性思考活動、創造性傾向量表及威廉斯創造性思考和傾向評定量表等。

七、量表的信度：「創造性思考活動」的評分者間信度為.867至1.0；重測信度方面，創造性思考活動國小.501至.678、國中.433至.608、高中.622至.711；折半信度方面，創造性思考活動為.41至.92、創造性傾向量表是.817至.859；內部一致性係數方面，創造性思考活動.41至.68、創造性傾向量表.809至.849。

八、量表的效度：同時效度（以陶倫思圖形創造思考測驗為效標）方面，國小部分之相關係數介於.261至.396，其中僅流暢力及標題之相關達顯著水準；國中部分之相關係數介於.311至.545，均達.05顯著水準。「修訂賓州創造傾向量表」與「威廉斯創造性傾向量表」的相關，國中部分為.682至.806，高中部分介於.590至.736之間，均達.05顯著水準。至於各分量表內部相關亦均達.001顯著水準。

九、量表的常模：建有臺灣地區國小四至高中（職）學生的「百分等級」常模。

行動和動作創造思考測驗

一、目的：在於評估幼兒和兒童的創造力，以提供教學和輔導之用。

二、修訂者：張世彗（編製者：E. P. Torrance）

三、出版單位（日期）：心理出版社（2006年3月初版）

四、適用範圍：4至8歲

五、實施時間：沒有時間限制，但是主試者應該保持時間的紀錄。

六、量表內容：「行動和動作創造思考測驗」包含四項活動，分別是「有多少種方法？」、「你可以像什麼一樣的做動作？」、「有其他的方法嗎？」、「你可以用紙杯做什麼？」。

七、量表的信度：本測驗間隔二週的重測信度為.75，各個活動的信度係
數分別是：活動1 = .72；活動2 = .76；活動3 = . 70；活動4 = .60。至
於評分者間信度各項活動分數之一致性係數介於.871至1.000之間，其
數值皆達到.01顯著水準。

八、量表的效度：本量表特別邀請專家學者以及數位資深國小和幼稚園教
師進行題目及形式審查的內容效度。同時亦有不同年齡組和性別兒童
之間的差異分析來描述其建構效度。

九、量表的常模：本量表建有臺灣地區幼兒園中班至國小二年級兒童（4
歲組至8歲組）的百分等級和標準分數常模。

陶倫斯創造力測驗（成人精簡版）

一、目的：在於評估成人的創造力，可作為選材及生涯規劃之用。

二、修訂者：陳長益（編製者：K. Goff & E. P. Torrance）

三、出版單位（日期）：心理出版社（2006年12月初版）

四、適用範圍：18歲以上成人

五、實施時間：約20分鐘

六、量表內容：「陶倫斯創造力測驗」（成人適用精簡版）包含三項活
動，分別是「假想你能在空中漫步或在空中翱翔，而不需藉助任何工
具（飛機或任何飛行器），你可能會碰到什麼樣的問題？請列舉越多
問題越好」、「下面有兩幅未完成的圖形，請你直接在這些圖形上作
畫，甚至畫出更多幅圖形，儘量使你的完成圖具獨特性、故事性及趣
味性，並為每幅圖畫加上標題」、「如上題一樣，試試看你能運用下
列的三角形畫出多少個物體或圖畫，並記得為每幅圖畫加上標題」。

七、量表的信度：本測驗間隔四週的重測信度介於.340至.682，皆達顯著
水準。至於流暢性、原創性、變通性和精密性之評分者間信度則介
於.311至.975之間。

八、量表的效度：本量表特別邀請專家學者及數位資深教師和校長，進行
題目形式和文字審查之內容效度。同時以朱錦鳳（2005）編製之「問
題解決創造力測驗」作為效標分析，其中語文部分的相關係數為.457

（P＜.01），圖形爲.368（P＜.05）。

九、量表的常模：本量表建有評量成人能力的級分、創造力指標評分與創意指數級分。

陶倫斯創造思考測驗（圖形版）

一、目的：在於評估國小、國中和高中生的圖形創造力，可作爲輔導和研究之用。

二、修訂者：李乙明（編製者：E. P. Torrance, O. E. Ball, & H. T. Safter）

三、出版單位（日期）：心理出版社（2006年12月初版）

四、適用範圍：國小一年級至高中三年級

五、實施時間：約50分鐘（含施測說明）

六、量表內容：「陶倫斯創造思考測驗」（圖形版）甲、乙式各包含三項圖形思考活動，甲式分別是「完整構圖」、「圖形接龍」、「平行線」；乙式則包括「完整構圖」、「圖形接龍」、「圓圈」。

七、量表的信度：本測驗間隔六週的重測信度介於.401至.724之間，皆達顯著水準。流暢、獨創、標題、精密、開放和全量表之評分者間信度則介於.911至.991之間。至於複本信度係數介於.598至.951之間，均達顯著水準。

八、量表的效度：本測驗以「威廉斯創造力測驗」內的「創造性思考活動」作爲效標分析，與甲式的相關方面，在兩測驗相同的評分向度：流暢、獨創、標題和開放上的相關係數介於.574至.842之間；與乙式的相關方面，其相關係數介於.591至.877之間，均達顯著水準。此外，以全體樣本學校班級教師的提名爲準，再區分爲高低兩組求得相關係數爲甲式.494（P＜.05）、乙式.441（P＜.05），可見測驗的得分和學生在實際生活的創造性表現具有一定程度的相關。

九、量表的常模：本量表建有國小一年級至高中三年級百分等級和標準分數常模。

陶倫斯創造思考測驗（語文版）

一、目的：在於評估國小、國中和高中生的語文創造力，可作為輔導和研
　　究之用。

二、修訂者：李乙明（編製者：E. P. Torrance）

三、出版單位（日期）：心理出版社（2006年12月初版）

四、適用範圍：國小一年級至高中三年級

五、實施時間：約60分鐘（含施測說明）

六、量表內容：「陶倫斯創造思考測驗」（語文版）甲、乙式各包含六項
　　語文思考活動，甲乙兩式的內容都是「問一問」、「原因猜一猜」、
　　「結果猜一猜」、「產品改良」、「不尋常的用途」及「假想一
　　下」。

七、量表的信度：本測驗間隔五至六週的重測信度介於.449至.768之間，
　　皆達顯著水準。流暢、獨創、標題、精密、開放和全量表之評分者間
　　信度則介於.911至.985之間。至於複本信度係數介於.567至.948之間，
　　均達顯著水準。

八、量表的效度：本測驗以「威廉斯創造力測驗」內的「創造性思考活
　　動」作為效標分析，與甲式的相關方面，在兩測驗相同的評分向度：
　　流暢、獨創和變通上的相關係數介於.615至.762之間；與乙式的相關
　　方面，其相關係數介於.611至.732之間，均達顯著水準。此外，以全
　　體樣本學校班級教師的提名為準，再區分為高低兩組求得相關係數為
　　甲式.501（P < .01）、乙式.498（P < .01），可見測驗的得分和學生在
　　實際生活的創造性表現具有一定程度的相關。

九、量表的常模：本量表建有國小一年級至高中三年級百分等級和標準分
　　數常模。

問題解決創造力測驗

一、目的：在於測量學生的問題解決創造能力。

二、編製者：朱錦鳳

三、出版單位（日期）：心理出版社（2005年1月初版）

四、適用範圍：大專學生

五、實施時間：30分鐘

六、量表內容：「問題解決創造力測驗」可分成「語文」與「圖形」兩大部分。前者包括「字詞聯想」、「成語替換」、「情境式問題解決」等三個分測驗；而後者包含「創意圖形」（又含點線思考、圖形創作及形狀思考等三個題目）及「不合理圖形覺察」。

七、量表的信度：本測驗間隔四週進行重測信度大都達到顯著水準，少部分不理想；評分者間信度介於.68至.99之間。

八、量表的效度：本測驗與「威廉斯創造力測驗」、「陶倫斯創造思考測驗」、「瑞文氏圖形推理測驗」、「推理思考測驗」等測驗爲效標行考驗，皆顯示有良好的效標關聯效度。至於因素分析與內部一致性相關分析探討本測驗的建構效度，皆顯示良好。

九、量表的常模：本量表有建立臺灣地區大專學生的標準化常模。

情境式創造力測驗（SCT）

一、目的：了解學生運用所學相關知識與經驗來解決問題之創造力，提供相關研究及教學成效的評估參考。

二、編製者：葉玉珠

三、出版單位（日期）：心理出版社（2009年4月初版）

四、適用範圍：小四至國三

五、實施時間：約需40分鐘

六、量表內容：「情境式創造力測驗（SCT）」以富趣味性的故事爲主軸，採繪本方式呈現情境式的創造性問題，從三個情境設計9個主要問題，以界定問題表現爲基礎，評估下列兩創造力指標：（1）價值性：評估解決方法之有效性與適當性；（2）獨創性：評估解決方法的稀有度。

七、量表的信度：再測信度介於.519至.815之間，施測者間信度介於.992至.999之間，顯示該量表爲一可信的工具。

八、量表的效度：測驗以生活問題解決測驗與自然與生活科技領域學期成績作爲效標，均顯示本量表具有良好的效標關聯效度。

九、量表的常模：本量表建有臺灣地區的小四至國三之百分等級和T分數常模。

遠距聯想測驗

一、目的：一般公司或學校，可透過此測驗來評估學生與成年人在創造歷程中所展現的遠距聯想能力，並以此預測個體的創意表現。提供研究單位一份有效、便利且客觀的創造力測量工具。可搭配使用其他創造力測驗（擴散思考測驗、頓悟性問題），以作爲個體創造表現的預測指標。

二、編著者：黃博聖、陳學志

三、出版單位（日期）：中國行爲科學社（2013年1月初版）

四、適用範圍：大學生與一般成年人

五、實施時間：10分鐘

六、內容：本測驗設計甲式與乙式兩套版本（互爲複本），每式題目各有30題。每題皆會提供三個刺激詞彙，請受測者聯想出與此三個詞彙皆有關聯的目標詞。

七、信度：內部一致性信度（α）：.808（甲式）；.801（乙式）；複本信度：.61。

八、效度：與頓悟性問題之相關：0.36至0.50；與測量擴散性思考能力的新編創造思考測驗各指標間之相關皆未達顯著，顯示具有良好的區辨效度。

九、常模：依性別及區域別，分別建立甲式及乙式的臺灣地區大學生之T分數、百分等級常模。

二、人格量表

有些學者認爲創造力的發展不只需要認知能力方面的特質，個人的

人格特質也扮演著重要的角色（Sternberg & Lubart, 1999; Eisenman, 1987）。因此，想要個人創造力的高低，評量與創造力有關的人格特質因素（如面對障礙時的堅持、願意冒合理的風險、接受新經驗的程度、願意成長、獨立性、抗拒權威、對曖昧不明的容忍、對自己有信心等），也常受到相當的關注與運用。

基於此，許多知名的國外人格量表（personality inventories）就常用來評量與創造力有關的人格特質。例如：加州心理量表、卡氏16人格因素問卷（通稱為16PF）等（林幸台，2000；Batey, Furnham, & Safiullina, 2010）。

三、興趣和態度量表

「興趣」是指個人全神貫注某一活動的內在傾向，為人格的一部分；而「態度」則是個人對某種事物、情境、觀念或其他人的積極或消極反應傾向（郭生玉，2007）。創造者常會表現出有利於創造力發展的興趣傾向和態度，如果想要評定其創造力的高下，也可從個人對與創造力有關之興趣傾向和態度著手。

依照此種想法所編擬的「興趣和態度量表」（Inventories of Interest & Attitude）不少，例如：

■ 修訂庫德普通興趣量表（路君約、陳李綢，1988）
■ 威廉斯創造力測驗（Creativity Assessment Packet, CAP）中之「創造性傾向量表
■ 團體發現興趣量表（Group Inventory for Finding Interests, GIFFI）（Davis & Rimm, 1982）

這裡只就國內現有修訂的若干量表作描述，例如：Williams之「創造性傾向量表」（林幸台、王木榮，1994）。這份測驗是一種擴散式情意測驗，有50題的陳述句，由受試者依照自己在冒險、好奇、想像、挑戰等四方面行為特質的程度進行勾選，如圖4-5。所得分數可用來解釋左腦語文分析和右腦情緒處理的交互結果，屬於Guilford「智能結構說」中的「擴散性語意單位」（Divergent Semantic Units, DSU）。

| 我喜歡做許多新鮮的事…………□完全符合　□部分符合　□完全不符合 |
| 我常想自己編一首新歌…………□完全符合　□部分符合　□完全不符合 |
| 我不太喜歡太多的規則限制……□完全符合　□部分符合　□完全不符合 |

圖4-5　Williams「創造性傾向量表」的示例

又如「修訂庫德普通興趣量表」共有504種不同活動，每三個活動一組共有168組，可計算戶外、機械、計算、科學、說服、美術、文學、音樂、社會服務及文書等十種興趣範圍。

例題：作答時，請你將每組的三種活動仔細讀一遍，看看哪一種是你「最喜歡」的，哪一種是你「最不喜歡」的，用鉛筆在答案紙上相對的位置塗黑它，如圖4-6。

	最喜歡	最不喜歡
P. 參觀博物館……………………………………………	○	○
Q. 到圖書館………………………………………………	○	○
R. 到國家音樂廳欣賞音樂………………………………	○	○

圖4-6　「修訂庫德普通興趣量表」的仿例

四、他人評定

顧名思義，此類評量創造力的方法或工具在於蒐集來自第三者的資料，都是由「他人」（主要是父母、教師、督導人員或同學等人）來進行評定的。上述這些「他人」依據其對於某人平時的行為觀察與了解，來評定其創造傾向或創造力。

運用這種方式來評量創造力的工具或量表也很常見的，如教師評定量表在於詢問學生是否有許多獨創性的觀念，或學生是否有自信，足以採取立場對抗群眾，抑或獨特性的產品，可以完成類似於自傳量表上的自我報告，只是這項的資料來自於外在觀察者。而「威廉斯創造力測驗」

（CAP）中之「創造性評定量表」、Renzulli等人（2002）所編擬之「資優生行為特質評定量表」（Scale for Rating the Behavior Characteristics of Superior Students, SRBCSS）中的「創造性量表」，以及Eason、Giannangelo和Franceschini（2009）所編擬之「學前兒童創造力評定量表」（Early Childhood Creativity Rating Scale）等皆是這種類型的評量工具。

以Williams之「創造性評定量表」（林幸台、王木榮，1994）為例，它是由家長和教師依據其觀察結果，來評定兒童流暢、變通、獨創、精進、冒險、好奇、想像、挑戰等八種創造行為。每種創造行為各有六個特徵，共有48道三選一（經常如此、有時如此、很少如此）的題目；另有4題為開放式題目提供教師或家長描述他們對於兒童的觀察結果，如圖4-7。所得分數即代表兒童在每個創造行為上所具有的程度，以及教師或家長對兒童創造力的態度。

例題：每題前面有三個方格，請在最能描述兒童行為之格子內打勾

☐經常如此　☐有時如此　☐很少如此　※工作迅速且作品很多

☐經常如此　☐有時如此　☐很少如此　※他（她）會想出許多可能解決問題的方法

☐經常如此　☐有時如此　☐很少如此　※他（她）對每一件事、每一個人都提出問題

圖4-7　Williams「創造性評定量表」的示例

五、傳記問卷

由於個人未來行為的最佳預測就是其過去的行為。因此，有些學者發展出傳記式問卷，用以了解個人過去經歷及家庭和學校環境因素等項目，來評定其創造潛能。此類量表或問卷探究了個人在過去是如何表現的，他從事創造性工作嗎？他的人格特質和生活形式類似於創造者嗎（例如是位冒險者）？

雖然這種問卷對於在過去很少有機會表現創造性的個人是價值不高的，不過此種量表或問卷已被證實可以用來評量創造力。Schaefer（1970）所發展的「傳記創造力問卷」（Biographical Inventory: Creativity）就是典型的例子。

　　賈馥茗、簡茂發（1982）曾依據國外的傳記問卷，修訂了一種適用於國中學生的「傳記問卷」。這份問卷共有110題，採五選一的方式作答，得分愈高，代表愈具創造傾向，如圖4-8。研究顯示高創造力組的傳記問卷得分顯著優於低創造力組學生，可作為了解學生創造力的篩選指標（林幸台，2000）。

```
1.你從哪裡得到的知識最多？
  □學校   □家庭   □課外自修   □自己觀察   □朋友
9.你的休閒活動受誰的影響最大？
  □老師或其他成人   □朋友   □兄弟姊妹   □父母   □祖父母
34.你的想像力比班上一般同學豐富嗎？
  □好得多   □好一些   □差不多   □差一些   □差得多
```

圖4-8　傳記問卷的範例

六、研究傑出人士的特質

　　探究具有創造力之傑出人士的特質，也可用來提供評量個人創造力的依據。「人格評量與研究學院」（Institute of Personality Assessement & Research, IPAR）在1970年代曾進行許多傑出人士（包括作家、建築師等）的研究。

　　Stariha和Walberg（1995）亦曾檢視21位傑出視覺藝術婦女的特質和一生經驗，發現這些藝術家在兒童時若具創造性、多才多藝、有活力、敏銳的及喜愛其工作，則早期成就可預測其日後的成就，以及早期專注某一領域與其高度成就表現有關。從中分析這些傑出人士的家庭社經地位背景或人格特質，其評量結果可作為衡鑑個人創造力高低的指標（林幸台，2000）。

七、自陳創造性活動或成就表現

　　依據個人自我陳述所從事的創造性活動或成就表現，也是一種評定其創造力高低的方法。這方面的陳述包括發明的產品、專利權的數量、參加科展的成績或相關科技、文學創作、藝術創作競賽的名次等。

八、產品或作品評斷

學者認爲評量個人創造力高低最爲直接的方法，就是個人表現或發展出來的作品或產品（Amabile, 1996; Kaufman, Cole, & Baer, 2009; Sternberg & Lubart, 1995）。由於所根據的創造力定義不一，因此評判者的標準並不相同。以下是若干學者用來評判產品或作品的創造力指標比較，如表4-3。

表4-3　產品或作品的創造力指標比較

研究者	產品或作品的創造力指標
Besemer & Treffinger (1981)	·新奇向度（啓發性、原創性、轉換性） ·問題解決向度（適合性、適切性、邏輯性、實用性、價值性） ·精進與綜合向度（吸引力、複雜性、雅緻性、表達性、系統、巧妙）
Torrance, Weiner, Presbury, & Hendeson (1987)	·創意想像 ·對社會文化建設性的影響 ·未來導向的成分 ·所涉入的情緒感覺
Amabile (1996)	使用他們自己主觀的創造力定義，依照創意的層次（非常具有創意、有創意、無法決定、相當沒有創意、非常沒有創意）來評定這些作品或產品
Besemer & O'Quin (1999)	·新奇向度（啓發性、原創性、驚奇） ·問題解決向度（邏輯性、實用性、價值性） ·精進及統合（吸引力、複雜性、雅緻性、易了解、系統、巧妙）
Treffinger, Schoonover, & Selby (2012)	·新穎／新奇性（原創性、啓發性、具轉換性） ·問題解決（適當性、合宜性、邏輯性、實用性） ·精進和綜合性（吸引力、複雜性、優雅性、表達性、組織性／品質、精巧性）

九、小結

就學術研究來看，目前還是以擴散思考測驗或／和產品的方式，來評量創造力較爲普遍。不過，從實務角度來看，幾乎很少使用擴散思考測驗，而大都是針對個人或團隊所展現的作品，來評量其創意、創新或創造力。例如：舞蹈競賽、美勞作品競賽。

臺灣的整體設計能力在這幾年有非常大的進步，光是2010年在德國

iF及Red Dot、美國IDEA、日本G-Mark等世界重大設計競賽就有亮麗的表現，總共獲得260項大獎。以德國iF來講，臺灣設計作品獲獎數居亞洲之冠，全世界排名第二，並因此奪得2011年世界設計大會主辦權。這項有關設計競賽的評分，皆是運用多位評審主觀評量個人或團隊所設計作品的創意或創新（聯合新聞網，2011），而非運用擴散思考測驗及其他評量創造力的方法。

第二節 創造力合意評量技巧

在前述八種評量創造力方法的類型中，以「擴散思考測驗」這一類運用最為廣泛，尤其是「陶倫斯創造思考測驗」（TTCT）。雖然這種測驗的使用最為普遍，也有學者持相當正向的看法（Treffinger, 1980）。不過，這種類型之擴散思考測驗的效度（能夠真正測量到創造力）也受到批評和質疑（Amabile, 1983; Baer, 1993）。連Torrance（1993）本人都認為除了擴散思考測驗的分數之外，還有更多人格或情意的特質會影響到個人真正的創造力表現。

有些學者甚至直言並不贊成傳統的擴散思考測驗，這種強調擴散思考，要求受試者在短暫的時間內，在固定規範的情境下，完成某作業或任務的測驗方式。他們認為找出迴紋針、玩具猴的不尋常用途太過瑣碎且不重要，進而強調以「**作品或產品為中心**」（product-based）的取向，來評量個人的創造力（Sternberg & Lubart, 1995）。因此，本節將以「**創造力合意評量**」（creativity consensual technique）為核心，介紹此種技巧的特定程序或要求。

一、特定程序或要求

「創造力合意評量」又可稱為「**創造力共識評量**」。這是基於對創造力評量本質的假定，以及適當創造力社會心理學方法的需求所發展出來的（Amabile, 1996）。Amabile、Phillips和Collins（1994）等人經過依賴受試者在真實世界經常出現領域所做出的真實作品進行實徵探究後，發現「創造力合意評量」技巧是一種有價值的方法。不過，運用此種方法來評量作品的創造力時，仍須遵行下列特定程序或要求。

㈠選擇適當評量內容的要求

選擇適當評量內容必須符合三項要求：

■ 評量內容必須能夠導致一些產品或清晰可以觀察的反應，適合用來做評判。

■ 評量內容應該是開放式的，能夠引發相當多變通性和新奇性反應。

■ 評量內容是令人滿意的，每個人在基準線的表現上並不會產生很大的個別差異，且評量內容不需過分依賴某特定技巧（如繪畫能力或語文流暢性），因為有些人無疑比其他人發展得更好。

不過，在下列三種情境件下是可以接受的（Amabile, 1996）：

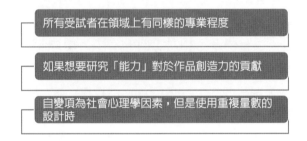

- 所有受試者在領域上有同樣的專業程度
- 如果想要研究「能力」對於作品創造力的貢獻
- 自變項為社會心理學因素，但是使用重複量數的設計時

㈡評量程序的要求

創造力合意評量技巧的程序也有許多要求，如圖4-9：

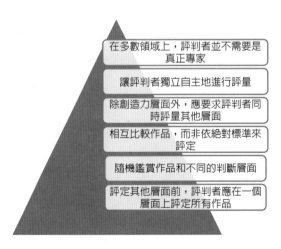

- 在多數領域上，評判者並不需要是真正專家
- 讓評判者獨立自主地進行評量
- 除創造力層面外，應要求評判者同時評量其他層面
- 相互比較作品，而非依絕對標準來評定
- 隨機鑑賞作品和不同的判斷層面
- 評定其他層面前，評判者應在一個層面上評定所有作品

圖4-9 創造力合意評量的程序要求

■ **在多數領域上,評判者並不需要是真正專家**。在多數領域的作品,評判者並不需要是眞正專家。不過,評判者至少應有些評量內容上的正式訓練或經驗。如果是多數人不很精通的評量內容,那麼這個要求就更重要了。

■ **讓評判者獨立自主地進行評量**。合意就是指某領域的專家在看到該領域的產品時,能夠認識是具有創造力的,而且在這項評量上評判者彼此能夠有一致的看法。評量技巧的眞實性取決於實驗者並沒有主張特別的標準,或評判者企圖彼此影響以求達到一致性。

因此,實驗者不應該訓練評判者取得彼此的一致性,評量時也不應有協議或商量的機會。不過在所提供的定義下,可能有特殊的狀況,如評估商品技術性發展的創造力(Amabile, 1996)。

■ **除創造力層面外,應要求評判者同時評量其他層面**。至少他們應該評定作品的技術性範圍。適當的話,也可以包括「美感評量」。然後,來決定主觀評量產品的創造力是否與這些層面有關。

■ **相互比較作品,而非依絕對標準來評定**。我們應指導評判者相互比較作品的各個層面,而不是依靠領域上作品可能有的一些絕對標準來評定它們。這是重要的,因爲一般對象所能產生的創造力水準,相對於該領域所曾經產生的偉大作品來看是較低的。

因爲這樣的做法可以簡化信度的計算,惟有時這是不可能做到的。在此種情況下,只能使用「組內相關」(intraclass correlation)計算評判者間信度。Amabile等人(1994)原先用來計算主觀創造力評量之評判者間信度的方法有下列二種:

· 由Winer(1971)所推薦的技術,包括評判者評定組間與組內的分析

· 使用基於評判者數目與評判者間平均的相關(r)之Spearman-Brown預測公式,就像SPSS/PC運用Cronbach's α係數計算信度的程序一樣:

$$信度 = \frac{nr}{1 + (n-1)r}$$

上述這兩種方法都可以產生非常類似的結果。不過，由於Cronbach's α係數相當簡易，因而大都採用SPSS/PC計算Cronbach's α係數，來評估評判者間信度。

最近，基於創造力合意評量的目的，他們認為將評判者考量為隨機效果可能較佳（原先假定評判者是固定效果），如果根據「**組內相關**」（intraclass correlation）（ICC, 2, k）的方法來評估評判者間的信度，就可以符合此項假定。惟實際上，這種方法常產生類似於Cronbach's α係數的結果。

■ **隨機鑑賞作品和不同的判斷層面**。每位評判者應以隨機方式鑑賞作品，且應以隨機順序來考量不同的層面。如果所有評判者都依相同順序進行評量，那麼評判者間的信度高，就可能反映了方法上的加工。

■ **評定其他層面前，評判者應在一個層面上評定所有作品**。這樣的做法是要讓評判者針對特定層面主觀標準上維持一致性的方法，避免與不同層面產生混淆。

不過，這種方法在某些情境上是不切實際。例如：有項研究100篇長篇散文且須評定三個層面，評判者的任務如果每篇散文必須讀三次將會顯得冗長。在此種情境下，只好要求評判者自己熟悉所評定的作品，不堅持要閱讀所有100篇散文，而是給他隨機的樣本作為初期的熟悉（20%），強調維持清晰性的重要，然後要求評判者閱讀每一篇散文，再移動到下一篇散文之前，他們評判每個層面的文章。

(三) 組內作品的評量

1983年以前，Amabile等人（1994）並未進行每位受試者超過一項作品的研究。後來他們曾使用「重複量數設計」研究專業藝術家作品與其自我創作之間創造力的差異。他們提供專家—藝術家（評判者）來自每位藝術家的10件藝術委製品與10件非藝術委製品（自己的作品），要求他們比較並評定特定藝術家的作品與其他19件作品。

對評判者來說，在創造力或技術品質上，任何一位藝術家本身的作品

不可能有很大不同。雖然評判者間的信度低於受試者間評定任務上所獲得的信度，不過創造力的信度評估仍是可接受的（.70）。因此，他們認爲「創造力合意評量」技巧也可用來進行組內的創造力評量。

二、創造力合意評量技巧之探究

爲充分了解合意評量技巧能否有效的評量創造力，學者們實施了幾項運用這種技巧來評量藝術、語文及其他內容創造力的方案（Amabile, Goldfarb, & Brackfield, 1990）。茲分述如下：

(一)藝術創造力的合意評量研究

■ **對象和評判者**。這項研究的對象是22位女生，年齡爲7至11歲。所有女生的邀請都是採隨機分派方式。有15位女生在一組；7位女生在另外一組。所有女生均來自於低社經地位的家庭。這項研究採用「心理學家」（12位美國史丹福大學心理系的教授和研究生）；「藝術科教師」（21位在美國史丹福大學教育學院接受藝術教育課程的成員，大都是小學和中學的藝術科教師）；「藝術家」（7位來自於美國史丹福大學研究所或大學部的藝術家，每位至少有5年藝術工作的經驗）。

■ **材料**。所有對象使用的材料是相同的：「有幾種不同大小、形狀和顏色的紙100張以上、膠水一罐、全開的白報紙一張」。

■ **研究結果**。表4-4所呈現的是藝術家（評判者）評定22個層面的評判者間信度。就評定而言，我們可以看到22個層面中有16個的信度在.70以上，22個層面中有10個的信度在.80以上。至於其他兩組也相當高。12位心理學家（評判者）所做的創造力等級信度爲.73；至於21位教師（評判者）所做的創造力評定信度爲.88。

由上述分析可見，雖然評判者的專業水準有所不同，惟不同組別之評判者在創造力評量之間有良好的一致性。

表4-4　判斷層面與七位藝術家的評判者間信度

層面	給評判者的描述性定義	信度
創造力	運用本身主觀的創造力定義，設計具創意性的程度	.77
材料的新奇運用	作品顯示材料新奇運用的程度	.84
新奇觀念	設計本身顯示新奇觀念的程度	.70
喜好	個人本身對設計的主觀反應；你喜歡的程度	.52
整體美感	設計吸引人的程度	.54
惹人喜歡的形狀配置	設計上形狀配置惹人喜歡的程度	.26
顏色惹人喜歡的運用	設計顯示顏色運用惹人喜歡的程度	.47
展示	可能的話，在家或辦公室展示這項設計的興趣	.40
技術優點	作品技術優越的程度	.72
組織	設計顯示組織完善的程度	.87
精巧性	作品顯示精巧的數量	.77
努力程度	產品上明顯的努力程度	.76
平衡	設計顯示良好平衡的程度	.91
形狀變異性	設計顯示良好形狀變異性的程度	.38
表徵程度	設計顯示努力呈現可識真實世界物體的程度	.88
均衡程度	作品整體均衡的程度	.96
表現性	設計對你所傳達出文字、象徵或情感意義的程度	.95
愚蠢性	設計傳達出一種愚蠢感受的程度	.82
細節	作品中細節的數量	.65
自發性	設計傳達的自發程度	.87
動作	設計上動作的數量	.75
複雜性	設計複雜的程度	.83

註：Amabile（1996）的部分資料整理

㈡ 語文創造力的合意評量研究

■ **對象和評判者**。此項研究是以48位美國Brandeis大學心理學導論的女生為對象。由十位住在麻州的詩人負責評量作品，這些人大

都是哈佛大學英文研究所學生，不過有些並未上過大學。他們所
作的詩都曾經在學術性或非學術性雜誌出版過（Amabile, Goldfarb, &
Brackfield, 1990）。

■ **程序**。給每位研究對象20分鐘時間獨自寫首美國五行詩。五行詩
是一種簡化形式的無押韻詩體，包括下列五行：

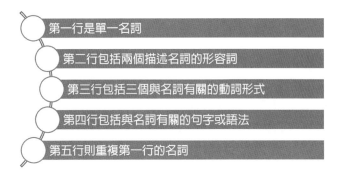

第一行是單一名詞

第二行包括兩個描述名詞的形容詞

第三行包括三個與名詞有關的動詞形式

第四行包括與名詞有關的句字或語法

第五行則重複第一行的名詞

初步指導後，提供受試者兩篇美國五行詩的例子。同時提供所有
受試者詩的第一行：「快樂」，以降低過程中的變異性，並讓評
判任務更爲容易。

由於評判內容包括閱讀，每位評判者可以獨自工作，但不可以討
論詩或評判任務，直到活動完成爲止。評判者先閱讀指示，然後
被告知對象有20分鐘的時間寫美國五行詩。

評判前，要求每位評判者讀完所有48篇詩的複本，然後依照他們
本身主觀的創造力定義來評定每首五行詩的創造力，並要求他們
透過相互比較的方式來評定，而不是依據某些絕對標準來評定。
評判者所採用的評定量表，非常類似先前評判美術拼貼所使用的
五點量表，其中有三個被標記爲低、中、高。

■ **結果**。所有評判者間的信度爲.90，相當高，如表4-5。14項信度係
數中有13項爲.70以上，有9項在.80以上。

表4-5 詩人的判斷層面與第二組十位評判者間的信度

層面	描述性定義	信度
創造力	詩具有創意的程度，運用本身主觀的創造力定義	.90
喜好	你多喜歡詩，運用本身主觀的喜好標準	.80
主題的一致性	整首詩表達一致性主題的程度	.87
單字選擇的新奇性	單字選擇新奇的程度	.89
單字選擇的適當性	單字選擇適合主題的程度	.78
想像的豐富性	想像鮮活的程度	.92
觀念的原創性	主題觀念原創的程度	.90
單字的流通性	詩上單字流通的程度	.83
表達的複雜性	詩表達複雜的程度	.91
詩形式的運用	根據所給予的方向，使用美國Haiku詩正確的程度	.82
情感性	詩傳達情感的深度	.74
文法	詩文法正確的程度	.63
押韻	詩中有效押韻的程度	.71
清晰性	詩表達清晰的程度	.75

(三) 其他創造力的合意評量研究

在1983年以後，Amabile等人（1994）又創造了許多。這些內容可以分成下列三組：

語文創造力（故事和其他詩）

藝術創造力（線畫、繪畫、各種藝術媒體等）

問題解決創造力（電腦方案、新高科技服務的方案）

　　另外，他們也擴大了研究對象，包含專業藝術家、專業藝術科系學生、電腦程式設計學生、學生詩人、高科技公司員工、傳統小學生及大學生所產生的作品。表4-6是每項新評量內容的信度資料，除高科技觀念的任務外，其他作品的信度皆介於.73至.92之間。

表4-6　新創造力合意評量上的信度資料

資料來源	任務／產品	受試者	評判者	信度
Pollak, 1992	藝術系學生作品（組內）	29位藝術系學生	9位藝術科系教師	.73
Amabile, Phillips, & Collins, 1994	各種媒體藝術（組內）	23位專業藝術家	10位專業藝術家	.74
Amabile, Phillips, & Collins, 1994	藝術家的檔案	23位專業藝術家	10位專業藝術家	.92
Collins & Amabile, 1992	海綿畫	87位大學生	8位藝術家和藝術科系學生	.77
Hennessey, 1989	電腦線畫	73位兒童	7位心理系研究生	.90
Amabile, Hennessey, & Grossman, 1986	為沒有單字的圖畫書說故事	115位兒童	小學教師	.91
Hill, 1991	散文	214位大學生	8位創意寫作的學生	.88
Conti, Amabile, & Pollak, 1995	心理學小說	75位大學生	5位心理學教師	.75
Conti & Amabile, 1995	電腦方案	32位電腦課學生	9位電腦的研究生	.75
Ruscio, Whitney, & Amabile, 1995	一般教材的結購	143位大學生	4位心理系學生	.87
Collins, 1992	求生觀念	56位大學生	3位心理研究生	.80
Conti, 1992	商業上的解決方案	60位大學生	5位MBA學生	.80

註：Amabile（1996）的部分資料整理

第三節 創造力評量的課題和發展

雖然若干學者不滿意「擴散思考測驗」，並認為這種評量的結果過於瑣碎或枝微末節（Amabile, 1996; Sternberg & Lubart, 1999）。不過，在未出現足以有效取代「擴散思考測驗」的方法之前，它仍是目前評量創造力的主要方法。以下主要是針對「**擴散思考測驗**」而提出的創造力評量課題、發展和趨向（林幸台，2000；Plucker & Runco, 1998），分別探討如下：

一、創造力評量的課題

「**擴散思考測驗**」的評量課題，包含下列幾項，如圖4-10：

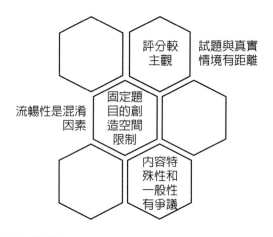

圖4-10 創造力評量的課題

㈠評分問題

「**擴散思考測驗**」最受到質疑的是評分主觀因素較濃，難以獲致公正的結果。因此，在尚未發展出更為客觀的評分方法之前，強化評分者的訓練與掌握評分的技巧（如先全部評完一個分量表，再評另一個分量表）是值得努力的方向。

㈡ 真實與模擬情境問題

「擴散思考測驗」另外一個受到批評的問題，就是其測試題目與眞實情境有很大的距離（Fishkin & Johnson, 1998），所以在「擴散思考測驗」上得高分者，未必在眞實生活或工作情境上有創造的成就表現（如科學家、藝術家，甚至年幼兒童所完成的創造性作品）。

雖然已經有學者設計出有嚴謹解答的「擴散思考測驗」（此類測驗的焦點不僅在其答案是不尋常的、新穎的，而且可用來解決眞實情境的問題），不過目前仍然在發展與研究中（Milgram, 1990）。

㈢ 創造與發現問題

目前「擴散思考測驗」的第三項問題是測驗多以固定的題目，要求受試者據以回答，因此這種測驗形式所能夠提供的創造空間是有限的（Runco, 1993）。有些學者的研究也證實創造力的表現始於個人主動發現問題，然後針對問題尋求創造性的問題解決（Gruber & Davis, 1988）。惟這類測驗仍待發展中。

㈣ 流暢性是種混淆因素

在教育情境的創造力評量上，擴散思考測驗是受到歡迎的技術（Hunsaker & Callahan, 1995）。這些測驗也稱爲觀念流暢性的測量，通常要求學生盡可能提出所有可能的反應。

有些研究人員指出流暢性可能會對獨創性產生混淆的影響。如果流暢性受到控制，獨創性分數的信度通常會大爲失色。不過，目前針對這項問題已經有下列一些因應的做法（Runco & Mraz, 1992; Runco & Smith, 1992）：

■ 實施擴散思考測驗時，可讓每個人提供相同的答案數
■ 由外在評定者主觀決定獨創性分數
■ 使用百分比記分公式
■ 或是上述技術的部分組合
■ 個人可以主觀評定他們自己反應的獨創性

或許最重要的是，這些方法在同時效度上的相對影響尚未得到檢測。Hocevar和Michael（1979）曾經正確地觀察到，大多數擴散思考測驗的心理計量研究集中在獲得信度和「聚合效度」（convergent validity）的資料，很

少蒐集「區別效度」（discriminant validity）的資料。

雖然Runco及其同事已經執行了幾項探究不同擴散思考測驗記分技術的影響研究，不過明確地比較類似於控制流暢性技術的研究則尚未完成（Runco & Mraz, 1992）。因此，為了讓我們能夠全盤了解流暢性對於獨創性的影響，探討區別效度的各項課題是很必要的。

㈤ 內容的特殊性和一般性

近年來，創造力已被視為是內容特定的。也就是，一個內容領域內的創造性活動與其他內容領域上的創造力是獨立的。理論和實徵事實似也支持創造力是內容特定的（Sternberg & Lubart, 1995）。

不過，創造性內容的一般性和特殊性課題仍是有爭議的。例如：Plucker（1999）就曾質疑指出支持創造力任務特定觀的結果，很少提供方法效果上的事實，原因是變通性評量在特定任務性上所造成的偏差。因此，使用變通性的創造力評量來探究特定任務通常是有問題的。

二、創造力評量的發展與挑戰

㈠ 預測效度

除其他因素外，擴散思考測驗因預測效度不佳，已使得有些研究和教育人員避免使用這類測驗（Baer, 1993; Gardner, 1993）。針對這方面，Wallach（1976）指出，「受試者的目的是充滿變化的，不過觀念流暢性測驗卻很少捕捉到個別差異。」

㈡ 隱含理論

在創造力測量和社會科學上，或許近年來最令人感到興奮的發展，就是有關於**心理建構的「隱含理論」**（implicit theory）。相較於傳統研究依賴專家定義與明確的（explicit）創造力理論，這些研究人員會評量個體的創造力定義，即創造力的隱含理論。

實際上，人們從事創造性活動時，他們腦海中並沒有明確的理論。他們的思想和行動是受到個人的創造力定義，以及如何培育和評鑑創造力有關的信念所引導（可能與專家所發展的理論非常不一樣）。了解隱含理論提供了研究和實務人員對於創造力的洞察。

隱含理論的研究在於下列方面對創造力評量產生了許多的優點：

■ **直接分析隱含理論**。目前已發現兒童創造力的成人隱含理論，冒險的、藝術的、好奇的（Runco, Johnson, & Bear, 1992）。雖然教師比父母更強調社會特性，如友善的、易相處的；不過，父母和教師卻持有類似的創造力隱含定義；大學生的創造力隱含定義、智力和智慧是不同的（Sternberg, 1990）。跨文化和訓練特定的創造力隱含理論比較已全面實施，將會對實務人員有重要的啓示。

■ **工具設計之社會效度技術**。運用社會效度的技術發展創造力測驗和評定量表，已經是相當普通的事。在這些技術上，研究人員會運用目標組的隱含理論，創造可用於其他成員的創造力評定量表。例如：編制量表協助教師評定學生的創造力，Runco（1984）曾先進行一項研究來確定教師對兒童創造力隱含理論的特性，然後運用這些特性創造教師對兒童創造力的評鑑，並適度修正讓它具有信度，且易於實施。

透過這項過程，研究人員就可以產生具有社會效度的工具，也就是一種與個人隱含理論相配的工具。尤其，這種社會效度的過程已經用來發展適用於父母和學生的量表，可作為探究擴散思考測驗與其他創造力測驗，進行同時效度分析的效標（Miller & Sawyers, 1989; Runco, 1989）。

■ **增進評鑑創造性產品的策略**。多年來，外在評鑑的創造性產品已經很流行（Besemer & O'Quin, 1999; Reis & Renzulli, 1991），創造力隱含理論的探究也導致了下列新程序的建議：（1）可能不需明確提供評鑑產品創造力的原則。如果使用未經組織的創造力定義作為評鑑基礎時，Amabile（1996）所發展的「合意評量技巧」，提供了人們無須訓練也能夠可靠地評鑑產品創造力的事實。這種訓練技術利用人們隱含的創造力理論，即人們看到產品時知道創造力是什麼。（2）評量產品時使用專家評判。這項技術通常要求在評量產品時使用專家評判，如藝術產品的專家評判者應該是專業的藝術家。無論如何，近期的研究發現評鑑創造性產品時，組間和組內的評鑑能力並沒有很高的關聯（Runco & Chand, 1994）。

(三) 組合評量的需求

前述有關創造力之「預測效度」、「內容特殊性或一般性」與「隱含理論」的探究與爭論，提供了運用創造力多重指標的具體理由。這項建議包括使用幾種創造力評量和不同的評量形式，例如：

■ 擴散思考測驗
■ 產品評量
■ 人格測量
■ 教師、父母、同儕和自我評定

創造力隱含理論和社會效度的研究，已經造成教師、父母、學生、同儕及產品評定量表的改進，而且仍在調整中。同樣地，內容特殊性的爭議也引發了注意到特定領域內（如音樂創造力）可靠且有效評量創造力的不足（Baltzer, 1988）；而預測效度的爭論則突顯了需發展更多適當結果評量的需求。

(四) 擴大心理計量方法的應用

過去幾十年來，心理計量取向的創造力研究只著重於擴散思考測驗和人格檢核表。目前的焦點已經擴展到涵蓋其他的創造力範圍，包括：

■ 創造活動的系統（Csikszentmihalyi, 1988；Sternberg & Lubart, 1995）
■ 日常或小C的創造力（Richards, 1990）
■ 創造力之社會、情意和動機層面（Amabile, 1996）
■ 創造力認知範圍的延伸，如問題發現和評鑑

研究人員面臨的挑戰，包括：（1）在創造力心理計量探究一些新穎的創造力觀點；（2）許多擴散思考測驗範圍上資訊，尤其是獨創性、流暢性和變通性之間的互動情形仍然尚未獲得滿意的解決。因此，透過延伸創造力和評量的概念，可以測試和評鑑更多真實的模式。

結語

綜括而言，由於創造力理論愈趨多元且相當分歧，使得不同形式的創造力評量方法相繼出現。評量創造力的方法大致可分成八種類型，其中以

擴散思考測驗這一類運用最廣，卻也遭受到許多質疑。有些學者轉而強調以作品為中心的創造力評量取向，因而產生了創造力合意評量的方法與程序。學者的各種實徵性探究，顯示這種評量方法是有價值的。最後則針對擴散思考測驗，而提出創造力評量課題與可能的發展趨向。

本章重點

1. 從1950年Guilford倡議重視創造力研究後，創造力才開始受到廣泛的注意和發展。

2. 學者曾將百種以上評量創造力的方法，大致分成八種類型：擴散思考測驗、人格測驗或量表、態度和興趣量表、他人評定、傳記問卷、研究傑出人士的特質、自陳創造性活動或成就表現，以及產品或作品評斷。

3. 擴散思考測驗是學術上最常用來評量創造力的方法。國外目前使用最為廣泛者應為Torrance所發展的「陶倫斯創造思考測驗」（TTCT），可用來評量下列創造力的層面：流暢力（fluency）、變通力（flexibility）、獨創力（originality）及精密力（elaboration）。

4. 就學術研究來看，目前以擴散思考測驗或／和產品的方式，來評量創造力較為普遍。從實務角度來看，幾乎很少使用擴散思考測驗，而都是針對個人或團隊所展現的作品，來評量其創意、創新或創造力。

5. 有些學者並不贊成傳統的擴散思考測驗，強調以作品為中心的創造力評量取向，使得「創造力合意評量」應運而生。

6. 評量作品的創造力時，仍須遵行特定程序。在選擇適當評量內容須符合三項要求：評量內容必須能夠導致一些產品或清晰可觀察的反應，適合做評判；評量內容應是開放的，能引發相當多變通和新奇性的反應；評量內容是令人滿意的，每個人在基準線表現上並不會有很大的個別差異，且評量內容不需過分依賴某特定技巧。

7. 在評量程序的要求上，在多數領域上，評判者並不需要是真正專家、讓評判者獨立自主評量、評判者應同時評量創造力和其他層面、相互比較作品而非依絕對標準來評定、隨機鑑賞作品和不同的判斷層面、評判者

應在一個層面上評定所有作品；在組內作品的評量上，創造力合意評量技巧也適用。

8. 經由實徵性探究，合意評量技巧能有效的評量創造力。

9. 擴散思考測驗的評量課題，包含評分較主觀、試題與真實情境有距離、固定題目的創造空間限制、流暢性是混淆因素，以及內容特殊性和一般性有爭議。

10. 創造力評量的發展與挑戰主要包含預測效度不佳、有關心理建構之隱含理論（implicit theory）的發展，以及組合評量的需求。

第五章

創造力與教育

　　「創造力可以教育或訓練嗎？」對許多人而言，這個問題看起來喚起了強烈的迷人想像，能夠培育出另一個莫札特、愛因斯坦、達文西或愛迪生等名人？而心理學家能夠對帶給世界新事物之複雜大腦有足夠的了解嗎？在教育中我們也不斷探索是否可用一些方法來促進創造力的表現。

　　學者曾回顧文獻後，發現創造力是可以教育或訓練的（Treffinger, Sortore, & Cross, 1993）。國內許多研究亦有相同的發現。因此，我們可以充分了解到在某個程度上，創造力是可以藉由適當訓練來培育的（張玉佩，2002）。

　　以下將就「創造力教育的涵義、目標及價值」、「教師立場與行為特性」、「創造力教育方案和程序」、「創造力教育模式」與「學習創造力和創意教學的方法或策略」等方面進行介紹。

（第一節）創造力教育的涵義、目標及價值

一、創造力教育與創意教學

　　「創意教學」（creative teaching）、「教學創新」（instructional innovation）、「創造思考教學」（teaching for creative thinking）和「創造力教育」（teaching for creativity）經常會產生混淆。「**教學創新**」是「引進新的教學觀念、方法或工具」；而「創意教學」則是發展並運用新奇的、原創的或發明的教學方法。廣義來說，「創意教學」和「教學創新」有許多重疊之處，不過後者比較是指運用他人已經發展出來新的教學觀念、方法或工具。

　　至於「**創造思考教學**」、「**創造力教育**」與「**創意教學**」則有較大的差異；前兩者是指教學的目標在於培育學生的創造力或創造思考能力，而「創意教學」則是透過創意的教學方法來達到教學目標（Starko, 2000）。也就是說，「創意教學」導因於教師的創意（創造力），其目的不一定是在培育學生的創造力。當然，「創意教學」如果能夠兼具「創造思考教學」和「創造力教育」的功能則是最好不過了。

二、創造力教育的目標及其在班級上的價值

㈠核心目標並不在於產生創造性的天才

雖然有些學校教育人員對於在班級中強調創造力的興趣有愈來愈多的現象，不過仍有下列幾項爭議存在：

> 創造力的本質仍然存在著神祕不可知與無法培育和提高的爭論

> 創造力是一種只在少數人身上發現的特性，因此提升創造力會造成精英主義

> 害怕因致力於提高創造力，可能會導致教師和父母強迫兒童，而成為創造力狂熱的犧牲者

在日常生活的層次上，許多教師和父母會對學校強調創造力感到不安，因為這可能意味著鼓勵不守規矩、不精細的……或玩笑的行為（如師大附中的另類創意畢典，可能就會引發社會不同的想法，http://eradio.ner.gov.tw/news/？recordId=28652&_sp=detail）。有些人則認為在教室要求創造力，意味著放棄基本能力、標準及原則（正確與否）。事實上，有些研究已經發現有意圖的父母會強迫被認定有創造才能的兒童長時間的練習（如樂器、美術），期望他們在世界舞臺上成為有創造性的藝術家。

上述這些並不是在學校班級中努力培育創造力的教學目標。大多數有興趣提高創造力的教育人員和理論學者，都拒絕有關精英主義的看法，而是集中在於他們相信的創造力範圍上。因此，創造力教育的需求是源自於學校有責任充分發展所有兒童正面的人格範圍，即使這意味著接受多元才能。這是一種多年來支配教育哲學的人文目標。

本章假定適當學習條件至少能夠提高許多兒童和青少年某些創造力的元素，但並不是所有兒童。在學校班級中培育創造力的核心目標不在於產生具有創造性的天才。也就是說，有興趣於創造力教育的教師，並不需要

將他們的目標設定在達成科學、技術性、藝術或其他的革命，尤其在中學以前。當然，教師或許可以透過撒下創造力（創意）種子，在日後獲得這方面的貢獻。Bloom（1985）的研究就指出教師有時在令人驚嘆的創造性才能者出現上扮演關鍵性的角色。

那麼創造力教育是否有比較明確的目標呢？Davis（2004）曾將創造力教育的主要目標項目化，並評論達到每項目標的方法。同時認為正確的創造力教育努力應該包括所有這些目標及其對應的活動。以下就是這些目標，如圖5-1：

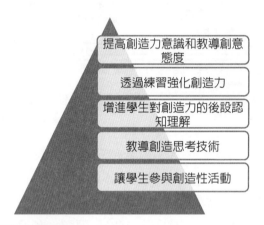

圖5-1　創造力教育的主要目標

■ **提高創造力意識和教導創意態度**。創造力教育上，我們必須提高學生的創造力意識，並協助他們習得創造思考和創造行為的態度。在班上，如果學生不了解正在進行創造力練習，那麼他們的創造力意識就無法成長。教師應該導入創造力練習，鼓勵新奇和跳脫傳統的思考。創意人通常都擁有創造性態度。

學生就像是明日的創造性生產者，必須欣賞創造性觀念和革新，必須創造思考、遊戲觀念、顛倒（upside down）和翻轉（inside out）事物，必須接受不尋常或遠端（far-fetched）的觀念。覺識創造力障礙也有助於創造力意識和創意態度，這些障礙如習慣、傳統、規則、政策與特殊順從的壓力。

■ **透過練習強化創造力**。最知名的認知性創造力是流暢力、變通力、獨創力和精密力，而這正是陶倫斯創造思考測驗的評分層面（Torrance, 1966）。這類可以練習的創造性活動，包括Gordon（1974）之類推思考；視覺化和想像（如Bagley & Hess, 1984；Eberle, 1971）；預測問題解決的結果和評鑑，或使用評鑑矩陣來評估每個觀念的未來問題解決方案。

■ **增進學生對創造力的後設認知理解**。強化創造力理解可以提高創造力意識、協助說服學生呈現所擁有的能力及更有創造性的表現，包括協助學生了解：

> 創造性觀念的本質就像觀念修正和組合、類推思考的產品

> 態度和人格特質（如創造力意識、信心、冒險、幽默、開放性和好奇心）有助於創造想像和創造生產力

> 創意人使用技巧延伸其直覺和自發想像的方法

> 創造力測量什麼？如陶倫斯創造思考測驗

> 創造歷程的本質就像是一組階段，如傳統的準備、醞釀、豁朗和驗證階段及創造性問題解決模式的步驟。創造歷程也可當作是心理轉換或知覺改變，使用視覺迷津和遠端卡通漫畫來圖解說明突然看到新意義、新組合或新修正。

■ **教導創造思考技術**。多數具有創造生產力的人會有意或無意的運用發現構想的技術。雖然大人和兒童並不易快速採用不熟悉的思考或問題解決策略。不過，這些方法是有用且可行的。例如：腦力激盪、如果怎樣將會如何、屬性列舉、形態組合、觀念檢核表，以及擬人類推、狂想類推、直接類推等類推思考法。

■ **讓學生參與創造性活動**。我們要怎樣才能夠進行創造力教學？答案之一就是讓學生融入需要創造思考和問題解決的活動中。如此，即可讓學生在這類型活動中強化其創意態度、能力和技巧。例如：Renzulli（1977）「三合充實模式」之第三類型充實活動，

就是著重於發展個人和小組的創造力及探究眞實的問題；創造性問題解決模式同樣是讓學生在發現事實、發現問題、發現構想等每個步驟上，從事擴散性和聚斂性思考（Isaksen & Treffinger, 1985）；至於未來問題解決方案（future problem solving program, FPSP），也是設計讓學生透過參與眞實問題來教導創造力。

口 培育能夠充分適應社會快速變遷的個人

或許現代生活的明顯特性就是變遷非常快速。在個人方面，知識和技能的折舊率就像新的汽車一樣很明顯。未來所需的知識和技能甚至可能在學校中都無法預知的（目前就處處可見大學生所學非所用的情形）。因此，這些機構或學校不能限制本身傳遞固定的內容、技術和價值，因爲它們很快就會變得無用，而須提高變通性、開放性、調適或看待事物新方法的能力，以及面對不可預測的勇氣。

如果人們想要能夠充分適應社會的變遷，這些特性就變得日益必要，甚至在每個人的一生中都是需要的。例如：《經濟日報》（2003. 8. 27）就出現一個標題：「中小企二次創業用創意找出路」，文中列舉出多家中小企業（如隆美窗簾、休閒小站等）創意轉型成功的例子。

創造力的心理學定義強調適應性，讓培育創造力成爲兒童參與一生變通和適應歷程上的準備部分。最後，創造力協助人們因應生活挑戰和個人壓力，與心理健康密切連結。這些考量意味著在班級創造力上是針對發展個人，擴大其自我實現教育努力的一部分。

重要的是，創造力教育與傳統學校目標（如知識和能力的獲得）是不衝突的。Ai（1999）指出創造力和學校成績之間的連結。創造力在提高良好的成就表現上似乎可以輔助傳統智力（Cropley, 1994; Sternberg & Lubart, 1995）。有些研究人員認爲創造力只對學業成就（成就標準強調新奇性的產出）有助益（Ai, 1999）。如前所述，創造力分數眞正與日後的創造行爲有關，同時顯示創造力分數比智力分數更能預測創造性成就（Milgram & Hong, 1999; Plucker, 1999）。

在教學法方面，強調發現、分歧或發明的學習活動、類似遊戲情境的學習，以及幻想協助的學習，可能都要比傳統方法（如面對面演講或背誦

學習）來得更為有效（Cropley, 1992）；而著重創造力的教學方法也可以對學生的動機、學校的態度及學生的自我形象有相當正面的效果。

第二節　教師立場與行為特性

一、教師的立場

理論上，教師至少應該支持在教室中培養學生的創造力。研究指出有86%的教師表達這樣的觀點（Feldhusen & Treffinger, 1975）。不過，真正的班級實務上，教師經常不贊成有關創造力的特質或主動不喜歡大膽、新奇或獨創性的這類特質。他們通常喜愛有禮貌、守時、守規矩及接受教師的觀念（Torrance, 1965）。

高創造性兒童是反抗的、好戰的，教師所描述的創造性兒童類似於他們最不喜歡的哪一類型兒童，最近相關的研究也支持這項觀點（Scott, 1999）。在培育創造力上，不守紀律、破壞性、反抗性、傲慢、攻擊或羞辱的行為並不被接受。對學校和學生本身來講，顯然一方面要遵守規定及考量他人；另一方面要記憶好、速度和正確性都是重要的特性。不管怎樣，一旦過度強調這類特性時，而反對分歧的、深思熟慮的、實驗的或革新的，教學就可謂是過度偏向一邊。教師所需要的是，創造力在班上的意涵是什麼，以及如何做以尋求創造力進一步的發展。

二、培育學生創造力之教師行為或策略

有些教師特別擅長提高學生的創造力，他們提供一種創造行為的模式，當學生表現它時增強此類行為，保護創造性學生免於一致性或順從的壓力，同時營造允許變通性解決方法、容忍結構性錯誤、激發有效的驚訝及不要孤立非順從者的班級環境（Cropley, 1992）。

Clark（1996）對於教師（被認定為有成功的資優兒童）的研究發現，這些教師強調：

■ 創造性產出
■ 顯現變通性
■ 接受不同意見
■ 鼓勵觀念表達及容忍幽默
■ 他們本身也具有創造性
■ 與學生有較頻繁的個人接觸

學者曾歸納相關文獻，指出培育學生創造力的教師要能夠有下列行為，如圖5-2（Cropley, 1997, 2001）：

培育學生創造力的教師　　應有的行為

- ☐ 鼓勵學生獨立學習
- ☐ 採取合作的、社會統合形式的教學
- ☐ 激勵學生精熟事實性的知識，以建立擴散性思考的堅實基礎
- ☐ 延緩判斷學生的觀念，直到他們辛苦地完成和清晰地形成
- ☐ 鼓勵變通性思考

- ☐ 提高學生的自我評鑑
- ☐ 慎重地採取學生的建議和問題
- ☐ 提供學生接觸各種材料和許多不同情境的機會
- ☐ 協助學生因應挫折和失敗，使他們有勇氣嘗試新的和不常見的

圖5-2　培育學生創造力的教師應有的行為

他同時初步根據這些特性，建立了「培育學生創造力的教師行為指標」（Creativity Fostering Teacher Index, CFTI），可作為欲從事培育學生創造力之教學工作者參考，如表5-1。

表5-1　培育創造力的教師行為指標（CFTI）

1. 我鼓勵學生向我展示他們自己本身學習到什麼
2. 在我的班上，學生有機會分享觀念和看法
3. 在我的班上，強調基本知識／能力的學習
4. 學生有一些觀念時，我會讓他們在我採取立場之前做進一步的探究
5. 在我的班上，我探測學生的觀念並鼓勵思考
6. 我期望我的學生檢核自己的作品，不要等待我去矯正他們
7. 我鼓勵我的學生在不同的情境試著嘗試他們所學習的
8. 我會追蹤我學生的建議，讓他們知道我很重視他們的建議
9. 我會給予受到挫折的學生情感上的支持
10. 我教導學生基本的概念，但是留給他們自己發現更多的空間
11. 班上學生有機會定期地從事團體活動
12. 我強調精熟必要知識和能力的重要性
13. 當學生有所建議時，我會問問題追蹤它，使他們能夠深入思考
14. 我鼓勵我的學生自由地問問題，即使它們似乎是不適切的
15. 我提供我的學生分享其優缺點的機會
16. 當我的學生有問題要問，我會仔細地傾聽他們
17. 當我的學生將其所學從事不同的運用時，我會鑑賞他們
18. 我會協助體驗失敗的學生去因應它，以至於他們能恢復信心
19. 班上的學生被鼓勵用其觀念和建議來貢獻課程
20. 我的學生知道我期望他們學好基本知識和能力
21. 我不會將我的看法立即加在學生的觀念上，不管我是否同意或不同意
22. 我鼓勵學生從不同的角度思考，即使某些觀念不可能產生作用
23. 我的學生了解我期望他們在進行之前檢查他們自己的工作
24. 我的學生知道我不會輕易錯過他們的建議
25. 在班上，我的學生被鼓勵運用所學來做不同的事
26. 我協助我的學生由本身的失敗來吸取教訓
27. 我教導學生基本的，留給他們個別學習的空間
28. 在班上，我鼓勵學生問問題和作建議
29. 在班上，我並不特別關心主題間快速地變換
30. 我僅在學生澈底地探究之後，才評論學生的觀念
31. 我喜歡學生花費時間作不同方法的思考
32. 在班上，學生有機會自己判斷對錯
33. 我會傾聽我學生的建議，即使這些建議是不切實際或不實用的
34. 我並不介意我的學生嘗試他們的觀念而脫離我展示給他們的
35. 我鼓勵受挫折的學生將其視為學習歷程的一部分
36. 我留給我的學生開放式的問題，讓他們自己發現答案
37. 在班上，學生被期望共同合作
38. 雖然這樣做要花費更多的時間，但是我鼓勵學生用不同的方法做事情

39.我要求學生跳脫所教的做法

40.學生問些聽起來很愚蠢的問題，我會耐心地傾聽

41.我會要求學生超越我在課程內所教的

42.我鼓勵體驗失敗的學生發現其他可能的解決方法

43.我要求學生在順服之前彼此展現他們的工作（努力）

44.我留給學生問題自己去發現

45.對我來說，確定學生學好基本知識／能力，要比完成所有綱要來得重要

註：採六點量表形式，得分愈高表示愈具有培育學生創造力的某種行為。

Torrance則曾提出下列教學策略，以促進創造力的發展：

■ 發展學生覺察並界定問題的能力（讓學生從不同觀點了解問題；提供學生線索或方向但不全盤托出）。

■ 鼓勵想出或考慮各種不同途徑或可能性。

■ 允許獨特的表現。

■ 組合與歸併（如將事物、觀念從事新的組合或歸併，以形成另一新形象）。

■ 引起幻想（如引導學生設想自身於某種新奇的時間、空間或情境裡，並想像可能發生什麼後果）。

■ 突破限制（如教學中可透過角色扮演、水平思考或反向等技巧來協助增進此項能力）。

■ 培養非完結的態度（心抱不完美、非最後狀態觀念，故能精益求精，繼續求進而導致創新）。

■ 增進發現關係的能力（如編故事遊戲，先提示學生三個人物，三個動物或人、物各一，然後讓學生自編故事）。

■ 假設性想像：鼓勵學生想像要廣、雜、遠，使具有多采多姿特質（運用「假如……將會怎樣？」、「假如我是……」的技巧來激發想像）。

■ 堅忍不拔（強調堅忍努力的重要性）。

■ 提供有利環境及獎勵有價值的見解或想法。

■ 善用發問技巧。

第三節 培育創造力的教學方案和程序

一、獲得觀念（想法、點子）的技術

有些培育創造力的的程序包括學習特定的思考技術（如腦力激盪術、類推比擬法、創造性問題解決、形態分析法、心像訓練、心智圖法等），然後在不同的情境或學科上應用，通常是為了獲得觀念、想法或點子。

雖然這些思考技術適用於兒童和青少年，同時也適用於工商業（如產品發展或廣告上），不過最有名的或許是「腦力激盪術」（Osborn, 1953），這種技術已經成為各種相關技術的原型。傳統的「腦力激盪術」是一種團體活動，鼓勵團體中的每個成員無限制地激發觀念。在過程中不允許批評，尤其是所謂的「殺手語詞」（killer phrases），例如：錢從哪裡來。這種技術強調觀念的數量重於質，同時鼓勵搭別人觀念的便車。最近，腦力激盪用來作為個別程序或類似團體情境，個人單獨進入觀念產生階段，同時不與小組其他成員互動，直到他們達到歷程中的高級階段。

有些程序保留產生觀念的中心原則，但是超越一般盲目產生觀念。例如：在「心智圖法」上寫下中心主題，然後記錄樹枝狀的關聯，每個關聯運作（功能）就像進一步新樹枝狀的關聯。以主題臺北市大眾捷運運輸系統（MRT）為例，可能產生樹枝狀的關聯如下所示：

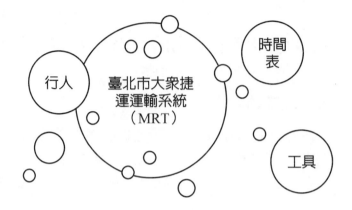

■ 與行人間的關聯可能是抱怨、安全、規避費用
■ 而時間表可能引出次數、可靠性和路途（徑）
■ 與工具的關聯可能包括舒適、安全和力量來源

我們可以透過在整個關聯上所發現的形式或條理來形成解決方法，這些樹枝狀關聯有一個條理，就是「**經由運用社會可接受的能量來源及增加高運量的車次，提供經常性的舒適服務，來增加旅客人數**」。

另外，「**創造性問題解決法**」是基於Wallas（1926）的階段模式。在原有形式上，它包括五個可以系統使用來發現、探究和解決問題的步驟（Parnes, 1981）。後來加入了一項預備階段，即現在所了解的六個階段（Treffinger, Isaksen, & Dorval, 2000）：

有關此部分可進一步參見本章第四節「創造力教育模式之創造性問題解決教學模式」與第六章〈提升創造力與問題解決的思考技法／技術〉。

二、培育創造力的教學方案

學者曾經指出有超過250種以上出版的教材，可以視為培育創造力的教學資源／方案（Treffinger, Sortore, & Cross, 1993）。有些資源／方案包含簡單產生觀念或創造性連結的特定遊戲，其他資源則包括可以快速學習，然後應用到各種情境的心理思考技術（如同前述獲得或激發觀念、想法或點子的一般方法）。

現在許多可用的國內外教學資源，包括至少可以系統性地使用幾週的教學方案，它們通常是基於創造力教學模式或包含各種思考技術的訓練，有時附有實質的特定教材。這類方案的許多例子，如表5-2：

表5-2 國內外一些培育創造力教學方案的主要特徵

教學方案	適用對象	教材	提升標的（創造力）
教師發問技巧方案 （張玉成，1983）	國小學生	包含發問題目	語文和圖形流暢力、變通力、獨創力和精密力（創造力）
CorT創造思考方案 （游健弘，2003）	五年級（資優生）	包含訓練活動和學習單	語文和圖形流暢力、變通力、獨創力和精密力
Puedue Creative Thinking Program （普渡創造思考方案）	四年級	包含錄音帶和訓練活動	語文和圖形流暢力、變通力、獨創力和精密力（創造力）
Productive Thinking Program （生產性思考方案）	五和六年級	包含卡通小冊、運用方案教學原理	問題解決策略、問題解決態度
Myers-Torrance （梅爾—陶倫斯）	小學	包含訓練手冊	知覺和認知能力、創造力
Creative Problem Solving （創造性問題解決）	所有年級	沒有特殊材料—大量使用腦力激盪	發現問題、蒐集資料、發現觀念、發現解決方案、實施解決方案
Talents Unlimited （無限才能）	所有年級	工作手冊包括發明性思考的觀念和問題解決、著重腦力激盪	生產性思考、溝通、計畫、作決定、預測

（續表5-2）

教學方案	適用對象	教材	提升標的（創造力）
Creative Dramatics（創造性戲劇）	所有水準	包含觸摸、傾聽和聞常見項目的訓練啞劇活動諸如從想像箱子中排除事物玩遊戲—演出故事	想像、發現、感官知覺、情緒控制、自信、幽默
創造性圖畫書教學（周文敏，2003）	國小四年級	包含20堂以問想做評教學模式為主的課程	語文和圖形流暢力、變通力、獨創力和精密力
多元智能的創造力課程（許興武，2004）	國小五年級	包含創造思考能力和多元智能教學	語文創造力和多元智能
教育性體操課程（王文宜，2004）	國小五年級	包含20堂教育性體操課程	圖形流暢力、變通力、獨創力和精密力；創造思考傾向
幾何圖形教學（吳玉雯，2004）	國小三年級	包含幾何圖形教學模式	觀念、特徵、技巧、想像、流暢力、獨創力、精進力等七項造形創造力
資訊科技融入視覺藝術教學（劉建增，2004）	國小六年級	包括20節的資訊科技融入視覺藝術的教學	圖形流暢力、變通力、獨創力和精密力；創造思考傾向
創作性戲劇教學（林明皇，2005）	國小五年級	包含16週的戲劇教學課程	語文和圖形流暢力、變通力、獨創力和精密力；自尊
動作技能課程（鄭芝韻，2005）	幼稚園大班	包含各種身體運動的技巧及解決動作問題的運用	圖形流暢力、變通力、獨創力、精密力、開放性和標題
創造性藝術教學（郭靜緻，2005）	幼稚園大班	包含創造性發問技巧、希望構想法與直觀表達法、視覺化技術等策略	圖形流暢力、變通力、獨創力和精密力；創造思考傾向
線性與直覺思考教學（楊寧雅，2010）	國小六年級	包含10週的線性和直覺思考教學單元	語文流暢力、變通力和獨創力
水平思考教學方案（吳景勳，2011）	國小高年級	包含10週的水平思考教學單元	語文流暢力、變通力和獨創力
Intel k-12圖像式思考輔助工具融入教學（曾柏維，2012）	國小高年級	包含15週的人文單元課程	圖形標題、精密和開放向度

（續表5-2）

教學方案	適用對象	教材	提升標的（創造力）
創造思考融入遊戲創作教學（王姿琴，2013）	國小中年級	包含8週桌上遊戲單元課程	圖形流暢力、獨創力和精密力；創造思考傾向
未來學校教學方案（余欣怡、張世彗，2016）	國小五年級學生	包含12週的未來學校教學單元	圖形獨創力、訂標題的能力及精密力；想像力之流暢力、變通力、獨創力、未來方向性和另類角度思考問題能力
創造性問題解決融入科學玩具製作教學（謝依珊，2016）	國小高年級	包含16週的創造性問題解決融入科學玩具製作教學單元	圖形獨創力及精密性；科學創造性問題解決之分析力

　　這類方案通常是基於學術上的發現，即使有時關聯性不大。它們通常是技術性良好、可讀性高且容易了解。不過，學者曾指出國外這類教學方案經常有「因果關係混亂」、「作不合理的推論」及「研究發現對於實務涵義的不適當結論」等缺點（Hruby, 1999）。

　　除了培育創造力的學術研究之外，還有一些半科學的或流行的出版品，其商業目標是針對組織（商業、軍隊、政府）和個人（對於自助有興趣的成人、教師和父母）。很多這類出版品是由實務工作者所發展出來的。

　　其中，最為著名的就是de Bono所發展的出版品，他精緻化了「水平思考」（laternal thinking）的概念，不僅發展了圖像術語（如「水」和「石頭」邏輯），也出版了CorT思考方案，這是一組已經廣泛應用於商業和教育的創造思考策略。游健弘（2003）曾根據此方案加以修改和本土化，並進行實徵性研究。

　　另外，Michalko（1996, 1998）發展了知名的教育方案稱為「**思考者的玩具**」（Thinkertoys）（針對商業創造力培育）或「**解開創造力**」（Cracking Creativity）（自我訓練）。前者提供了一些具體且強而有力用以產生觀念的工具，包括38種思考技巧，可分成線性的、直覺的、團體的和結束等四大部分。其中線性思考工具主要用來建構現有資料，而直覺思考工具乃是使用頓悟、想像力和直覺來產生新的資料；至於「**解開創造力**」」則包含

兩個部分：

■ 看到別人沒有看到的，有兩項策略。

■ 想別人沒有正在想的，有七項策略。

(第四節) 創造力教育模式

是否有一個完整且周延的模式，可用來作為實施創造力教育呢？也就是說，使用此一模式就可以有效提升學生的創造力。當然，要想達到這項目標並不容易。其實，要進行創造力教學不必然要依循特定的創造力教育模式，但仍須掌握後面所介紹的創造力教學原則或策略。惟如果能有可供參照且具證據本位的教育模式，對於創造力教育也是一項助力。以下是若干國內外學者提出來創造力教育模式，供作參考運用：

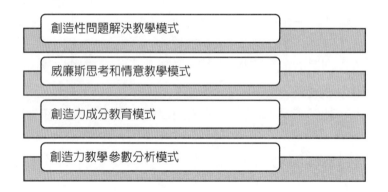

創造性問題解決教學模式

威廉斯思考和情意教學模式

創造力成分教育模式

創造力教學參數分析模式

一、創造性問題解決教學模式

㈠發展演變與階段

創造性問題解決（Creative Problem Solving, CPS）模式自Osborn在1954年成立創造性教育基金會，並於1955年在紐約州水牛城組織唯一的創造性問題解決機構以來，已歷經過多次的演變，如表5-3：

表5-3 創造性問題解決模式發展之演變

年代	發展者	階段數與成分	階段名稱或主要改變
1953	Osborn	創造過程七階段	導向→準備→分析→假設→醞釀→綜合→驗證
1960	Osborn	創造過程七階段	導向→準備→分析→想點子→醞釀→綜合→評價
1966	Parnes	CPS五階段	發現事實（FF）→發現問題（PF）→發現點子（IF）→發現解答（SF）→尋求接納（AF）
1967	Osborn	CPS三階段	發現事實（FF）→發現點子（IF）→發現解答（SF）
1967	Parnes	CPS五階段	發現事實（FF）→發現問題（PF）→發現點子（IF）→發現解答（SF）→尋求接納（AF）
1977	Parnes	CPS五階段	發現事實（FF）→發現問題（PF）→發現點子（IF）→發現解答（SF）→尋求接納（AF）
1987	Parnes	CPS五階段	發現事實（FF）→發現問題（PF）→發現點子（IF）→發現解答（SF）→尋求接納（AF）
1982	Treffinger, Isaksen & Firestein	CPS五階段	強調聚斂思考與擴散思考同等重要
1985	Treffinger, Isaksen & Firestein	CPS六階段	發現挑戰（MF）→發現事實（FF）→發現問題（PF）→發現點子（IF）→發現解答（SF）→尋求接納（AF）
1992	Treffinger & Isaksen	CPS三成分六階段	三成分：了解問題、激發點子、行動計畫 六階段：MF→FF→PF→IF→SF→AF
1992	Isaksen & Dorval	CPS三成分六階段	三成分：了解問題、激發點子、行動計畫 六階段：MF→FF→PF→IF→SF→AF
1994	Isaksen, Dorval & Treffinger	CPS三成分六階段	三成分：了解問題、激發點子、行動計畫 六階段：MF→FF→PF→IF→SF→AF
2000	Isaksen, Dorval & Treffinger	CPS三成分六階段	三成分：了解問題、激發點子、行動計畫 六階段：製造機會、探索事實、建構問題、產生主意、發展解決方法、建立接受

整理自 Treffinger, Isaksen, & Dorval（2000）

　　Howe（1997）曾綜合整理出各種CPS模式的共同特色，如圖5-3：

```
┌─ 利用多階段方式循序達到創意問題解決的目的
│
├─ 每個階段都使用了聚斂和擴散思考
│
├─ 每個階段都始於擴散思考，而後為聚斂思考（用來釐清或評
│   價，聚焦於前者形成的效果，並為下一階段的思考內容作準
│   備）
│
├─ 可用於個人或團體的解題
│
├─ 可僅使用其中一部分的階段
│
├─ 各階段未必要按照一定順序來使用
│
└─ 各步驟未必是一種線性模式呈現，可以交互螺旋出現
```

圖5-3　各種CPS模式的共同特色

在此只針對最新調整後之「**創造性問題解決三成分六階段**」（Treffinger, Isaksen, & Dorval, 2000）做進一步描述，如圖5-4。

■ **成分一：了解挑戰**

「了解挑戰」分為三個階段，目的在確定自己在正確的挑戰方向和目標上。

1. **階段一：製造機會**

在日常生活中，我們常會面對許多問題，但是卻不知道問題在哪裡，在這個階段中，定義及選擇一個寬廣的目標是很重要的，可以協助我們指出基本問題和機會。其角色如同「清潔者」一樣，讓使用者在應用時可以清楚明白此一階段的任務，在於集中清潔思考區域。

2. **階段二：探索事實**

從上述階段所思考的領域中，探索任務及決定問題的許多事實層次及方面，由不同觀點檢查任務並結合資訊、印象、感覺，決定哪個資訊最有幫助，而且能夠集中思考領域焦點。這個階段的角色如同「偵探」一般，讓使用者在應用時可以清楚明白此一階段的任務，在於各種癥結和事實。

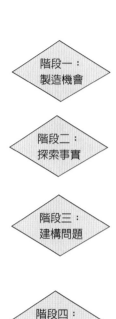

成分一：了解挑戰

階段一：
製造機會
擴：產生可能的機會和挑戰來考慮。
聚：藉由定義最有希望的機會來聚焦。

階段二：
探索事實
擴：從不同的角度檢視事實的來源。
聚：定義出關鍵或最重要的事實。

階段三：
建構問題
擴：產生許多、多樣性和不尋常的方式來陳述問題。
聚：選擇或形成一個特定的問題陳述。

成分二：產生主意

階段四：
產生主意
擴：產生許多、多樣性和不尋常的主意。
聚：定義有趣、潛在的主意來發展及使用。

成分三：準備行動

階段五：
解決方法
擴：組織、分析、精煉或延伸有希望的機會。
聚：連結、評鑑、排序或選擇有希望的解決方法。

階段六：
建立接受
擴：考慮多樣助力及阻力的來源，和可能應用的行動。
聚：規劃特定計畫以產生支援來實現及評鑑行動。

圖5-4　創造性問題解決三成分六階段

3. 階段三：建構問題

　　然後，依據所探索的事實，產生許多可能的問題陳述，並選取一個特定的陳述。這是問題解決過程中相當重要的一個步驟，所發現的問題必須是真正的關鍵性問題，因為若不是如此，即使解決了這個發現的問題，最早的困惑仍會存在。

這個階段的角色如同「醫生」一般，讓使用者在應用時可以清楚明白此一階段的任務，在於找出病源和問題所在。

■ **成分二：產生主意**

「**產生主意**」是階段四。在產生主要問題後，對於問題產生許多全面性、多樣性、新奇性的主意。此一階段的角色如同「蒐集家」一樣，讓使用者在應用時可以清楚明白此一階段的任務，在於蒐集許多點子和主意。

■ **成分三：準備行動**

「**準備行動**」分為二個階段，目的在分析定義發展解決方法及行動步驟。

1. 階段五：發展解決方法

產生主意後，便要開始檢視最為認同的可能性，並形成解決方法。使用者會發現哪一個解決方法是好的、有生產力的或是將解決方法加以結合。這個階段的角色如同「發明家」一般，讓使用者在應用時可以清楚明白此一階段的任務，在於發明出解決方法。

2. 階段六：建立接受

探索出前一階段所產生的解決方法，檢視此解決方法帶給使用者的阻力及助力，並能化阻力為助力，形成行動計畫，而行動計畫須分為短、中、長期三個階段。這個階段的角色如同「推銷員」一般，讓使用者在應用時可以清楚明白此一階段的任務，在於推銷並有計畫執行解決方法。

㈡ 教學策略和教材設計原則

Parnes與其同事認為，創造性問題解決模式應採用下列策略來提高成效：

■ **去除創造力內在的障礙**。為使兒童準備創意性的生產力，需讓他們具有安全的感覺，即使思想非常奇特，也不必憂慮他們思想被接受性的問題。

■ **延緩判斷**。如此，兒童可花大部分時間在許多知覺的認知上，而增加思考的流暢性，導致可能的問題解決。

■ **創造一種產生新連接、隱喻關係和類推能力的認知**。如果有足夠時間運用檢索表與其他工具的協助，將會有助於處理類推與隱喻。

■ 提供延伸心靈經驗的作業。
■ **保持奇想**。奇想不僅有助於兒童心理成長和調適，同時也是創造力不可或缺的成分。
■ **訓練想像力**。
■ **去除心理的障礙**。鼓勵自由運作，確使兒童感覺他們的思想並非荒謬的，任何思想都值得表達及與他人分享。
■ **增進敏感力**。形式上的認知訓練、藝術及文學的深度討論，都可以協助兒童增進對他人和物理環境的敏感性。

而Treffinger、Isaksen和Dorval（2000）則提出了成功應用創造性問題解決模式的要項，如圖5-5：

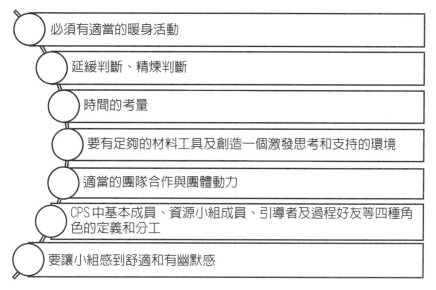

必須有適當的暖身活動

延緩判斷、精煉判斷

時間的考量

要有足夠的材料工具及創造一個激發思考和支持的環境

適當的團隊合作與團體動力

CPS中基本成員、資源小組成員、引導者及過程好友等四種角色的定義和分工

要讓小組感到舒適和有幽默感

圖5-5　成功應用創造性問題解決模式的要項

在應用創造性問題解決模式時，還可以參考Treffinger（1988）所提出的「創造性學習模式」（Creative Learning Model, CLM）來進行施教或教材設計：

> ・CPS教學時，需先教導CPS各階段涵義、主旨和及其階段內的聚斂和擴散思考。
> ・然後採用一些範例來引領學生依循CPS的線性解題步驟操作，讓學生體驗CPS解題歷程（可採小組合作解題方式進行）。
> ・接著以時事議題為主，鼓勵個別或小組學生自行依照CPS的概念進行解題，教師可以主動適時提供解題所需的科學概念，也可以讓學生自行蒐集相關訊息。
> ・進行第三階段時，需注意此階段不應強調依照特定步驟進行，而應鼓勵學生考慮問題情境與個人認知偏好，以便自行調控解題流程。
> ・運用CPS時，課程設計者宜採用近年來所提出的非線性模式，取代原有線性模式來設計教材，以充分發揮CPS的特色。

二、威廉斯思考和情意教學模式

威廉斯思考和情意教學模式的目的在於提供一套加強認知和情意歷程，並培養學生創造力和發表力的教學模式，希望透過傳統的教材內容，發展流暢、變通、獨創和精進的思考，以及好奇、冒險、挑戰和想像的情感（Williams, 1972）。

威廉斯思考和情意教學模式是由課程（學科內容）、學生行為及教師行為（教學策略）等三個層面所構成的，在任何教與學的情境中彼此互動，如圖5-6。

㈠層面

■ **課程（學科內容）**。這個層面包括一般的學科內容領域，即國語文領域、人文和藝術領域、自然和生活科技領域、數學領域等。事實上，各教育階段的課程和教育訓練範圍都可以包含在內。

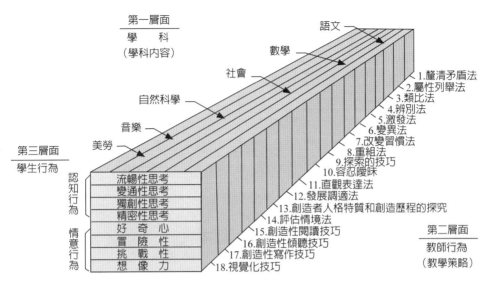

圖5-6　威廉斯思考和情意教學模式

■ **教師行為（教學策略）**。這個層面包括教師可以在各學科內容領域上使用的「情境、技巧和方法」（Williams, 1972）。這個模式提出了18種教學策略：

教學策略1：釐清矛盾法	
詮釋	是指違反常情常理的情況，自相衝突的陳述，互相矛盾的現象。看起來是真的，其實不是。
實例	社會領域提出「探險家發現他們往西走可以到達東部」，要學生提出反駁。

教學策略2：屬性列舉法	
詮釋	是指發現屬性是事物的特徵，即固有特質、傳統符號或賦予的性質
實例	在國語文課中，教師提出物品要求學生找出形容詞來加以描述其屬性或特質。

教學策略3：類比法	
詮釋	是指比較相類似的各種事物；比較事物與其情境的關係；將某事物與另一事物做適當比喻。
實例	讓學生比較交通標誌與標點符號；社會課時，讓學生比較過去和現在的風尚嗜好。

教學策略4：辨別法	
詮釋	是指發現知識上不足之處；發現知識中未知的部分；尋找訊息中遺落或中斷的環節。
實例	社會課中讓學生探討他們對原住民不了解的地方，再列出解決的方法。

教學策略5：激發法	
詮釋	是指教師提出激發性問題，來激發學生追求知識和發現新知。
實例	讓學生觀察樹，然後描述他對樹的認識，接著詢問他們若砍伐了所有的林木，地球將會變成什麼樣子。

教學策略6：變異法	
詮釋	是指演示事物的變異；提供各種代換或修正的機會或情境。
實例	討論人類保存食物的方法；列出各種保存的食物，思考保存的方法及如此保存食物的理由。

教學策略7：改變習慣法	
詮釋	是指思考受習慣束縛的結果；打開思路防止思想僵化。
實例	提出「在臺灣地區方向盤為何通常放在汽車的右邊？」作為討論的問題，然後探討突破這些習慣的後果會怎樣。

教學策略8：重組法	
詮釋	是指將一種新的結構重新改組；設定規則讓學生在限度內自由探究。
實例	運用一篇短文描述「起、承、轉、合」，讓學生根據此種形式，自訂題目寫篇短文。

教學策略9：探索的技巧	
詮釋	是指探索知識的方法，包含歷史研究法、嘗試錯誤並描述過程，以及實驗研究法。
實例	討論種子的成長，要求學生用各種種子做實驗，觀察其成長情形。

教學策略10：容忍曖昧	
詮釋	是指提供各種具有挑戰性、懸疑或開放性沒有固定答案的情境，讓學生思考。
實例	講故事到有趣的地方暫停，讓學生自己報告各種可能的結局。

教學策略11：直觀表達法	
詮釋	是指教授表達情感的技巧。依據預感猜測；透過感官來覺知事物。
實例	播放大自然景象的影片，讓學生從大氣科學家或其他的觀點描述影片中的所見所感。

教學策略12：發展調適法	
詮釋	是指正視失敗或意外的存在並檢視其原因；從錯誤的經驗中進行學習，積極發展多種選擇性或可能性。
實例	研究紙張供不應求價格昂貴，然後讓學生討論如果因家貧買不起紙張，可以運用什麼來替代紙張。

教學策略13：創造者人格特質和創造歷程的探究	
詮釋	是指研究有傑出創造表現者的人格特質和創造歷程。
實例	鼓勵學生研究發明家或其他創造者的生平，分析比較他們的人格特質和創造發明歷程。

教學策略14：評估情境法	
詮釋	是指評估情境、衡量得失再決定解決方法；驗證原先對於事物的預測是否正確。
實例	隨機挑選一些事物，預測哪些會沉或會浮，再描述做這樣預測的理由，最後驗證預測是否正確。

教學策略15：創造性閱讀技巧	
詮釋	是指學習從閱讀中產生新的觀念。
實例	要求學生從報章雜誌、電視、電影或網路中記錄自相矛盾的情境。

教學策略16：創造性傾聽技巧	
詮釋	是指學習透過傾聽來產生觀念；從傾聽到的訊息引導到另一件事物。
實例	大家一起編劍湖山的故事。首先由一位學生口述一段故事情節，接著每人輪流補充一段故事情節。

教學策略17：創造性寫作技巧	
詮釋	是指學習由寫作中來溝通觀念和產生新觀念的技巧。
實例	讓學生討論生活上哪些事物可以保存或省略，然後要求學生就他們喜歡保存的事物撰寫一篇故事。

教學策略18：視覺化技巧	
詮釋	是指具體描述思想和表達情感；透過圖解來描述經驗。
實例	聽一篇故事或一首音樂，畫一幅抽象畫來表現故事或音樂情感的氣氛。

■ **學生行為**。這個層面即所謂的結果產生。也就是說，一般學科內容領域採用上述這些教學策略指導學生，可以發展出認知和情意領域的學生行為。分述如下：

認知領域的學生行為

學生行為1：流暢的思考	
詮釋	是指思路流暢；想出許多點子、想法或反應；反應數目的多寡。
實例	一個問題，學生更夠提出許多種的解答方法；一個畫題，能夠畫出好幾張畫。

學生行為2：變通的思考	
詮釋	是指能提出各種不同的想法；具有移轉類別的能力；富有轉變思路和變換方法的能力。
實例	面對問題，學生能夠想出許多不同的解決方法；能快速變化思路或考慮到與別人不同的解決方法；一件物品能夠想出各種不同的用法。

學生行為3：獨創的思考	
詮釋	是指表達新穎、獨特；產生不凡的結果；主意超群、思想非凡。
實例	不滿意固定形式的解答方式，喜歡尋求新的方式；從事的方法與眾不同；喜歡不尋常，討厭人人都那樣做的方法。

學生行為4：精密的思考	
詮釋	是指能修飾觀念或作品；引申事物或看法；能將事物做得趨於完美。
實例	感受更深刻，做事更詳盡；套用別人的看法，但多加予修飾；對平淡無趣的事物會予以添加，使它更完美。

情意領域的學生行為

學生行為5：冒險心	
詮釋	是指勇於冒險和嘗試；不怕失敗或批評。
實例	樂意嘗試艱難的、新的工作或任務；能承認錯誤；不在乎別人的反對或怎麼想。

學生行為6：挑戰心	
詮釋	是指喜歡處理複雜的問題或主意；不輕易放棄。
實例	喜歡做比別人困難的事；做事興致勃勃，再接再厲，以獲得成功。

學生行為7：好奇心	
詮釋	是指觀察敏銳，喜好發問；具有懷疑、探究或苦思求解的精神。
實例	不斷尋求為什麼；不需要別人鞭策，主動研究陌生的事物；經常閱讀獲取新觀念。

學生行為8：想像心	
詮釋	是指能將想像具體化；喜歡想像從未發生過的事物；能超越感官和現實的界限。
實例	能憑直覺推測；喜歡想像沒有見過的事物，並給予具體化；能預示他人的行為，但是這個人他並不認識。

三、創造力成分教育模式

㈠ 考量所有因素的需求

雖然以上所列舉的創造力教育方案超越了知識、問題解決和作決定（有時會考慮到情意因素），不過它們仍然主要集中在創造力的認知範圍。在這些教育方案中，通常創造力的概念較為窄化。事實上，我們需要

的是一種統合的、整體的取向（Urban, 1997）。

Treffinger、Sortore和Cross（1993）曾強調完整的創造力生態系統的重要性，重新體認到創造力是取決於各種元素之間的互動，包括：

■ 個人的創造潛能
■ 個人其他的心理特性
■ 創造歷程的範圍（如擴散思考）
■ 環境範圍（如能夠接受的冒險程度）
■ 任務本身的特性（如它的定義程度）
■ 解決方案的本質（如能夠容忍的新奇水準）

Sternberg和Lubart（1995）也認為創造力本質包含智力、知識、思考形態、動機、環境情境及人格特質等六項因素互動的結果。

基於上述觀點可知，除了前面三項之外，其餘都屬於任務、情境或解決方法的範圍，而不是個人或歷程。換句話說，如果教師只針對個人本身是無法達成創造力教育的目標。因此，他們認為以生態或互動的觀點來培育創造力是可能的，但須設定先前所提及因素的完整範圍。為了依據完整的創造力生態系統來建立創造力教育方案，它需要設定：

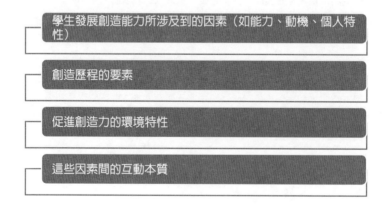

學生發展創造能力所涉及到的因素（如能力、動機、個人特性）

創造歷程的要素

促進創造力的環境特性

這些因素間的互動本質

這項分析需要有能力整合研究發現，以了解到衝突因素也具有重要性（如擴散和聚斂思考、內在和外在動機，或矛盾的人格特性）。

㈡ 創造力成分教育模式

Urban（1997）曾經透過區別許多共同運作的要素，來分析導致創造力的互動作用。這些要素著重個人，也關注到學習者和情境特性之間的關係。這個模式是基於下列六項要素：

■ 一般知識和思考本位

■ 特定知識和領域特定技能

■ 擴散性思考和行動

■ 專注和工作熱忱

■ 動機

■ 開放性和容忍模稜兩可

每項要素有一組次要素一起運作，以及環境條件架構內的創造歷程，如圖5-7。在本質上，前面三個要素是屬於認知層面的，而其餘三個要素則代表個人特質。

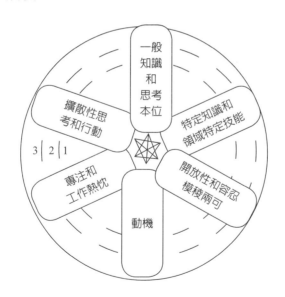

圖5-7　創造力成分教育模式之要素

根據Urban（1997）的資料繪製

由圖5-7可知，這個模式強調創造力的元素形成一種相互依賴的系

統。沒有任何一個要素足以負責整個創造歷程（導致創造性產品）。每個要素（次要素）在某層次創造歷程的階段或某情境上扮演它的角色，而每個要素同時是其他要素結果的必要條件。例如：擁有深度領域特定的知識、訊息處理和儲存上的開放和網路，可以增進擴散或關聯性思考。而對於準備冒險、遊戲和願意實驗激發各種答案的人來說，是較容易進行遠端聯想的。

由整體的教學取向顯示，當所有層面（個人特性、情境、任務和解決方法）都是有利時，就是創造力存在的最適當條件。如果不是這樣，有利或不利環境的不同組合就會在不同方法上阻礙或是促進創造力。例如：測量創造力是否獲得提升時，擁有必要的個人特性，但是發現自己處於不利環境中（新奇性解決方法不會被接受），會與處於有利環境卻缺乏產生新奇性意願的人有所不同。

三 需要培育的內容

根據「創造力成分教育模式」，我們在班級中培育學生可從下列方面著手（Cropley, 2001）：

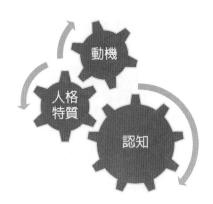

■ **認知範圍**。培育的內涵包括不同情境上豐富而多元的經驗、豐富的一般知識、特定知識、分析和綜合能力、聚斂性思考能力、擴散性思考能力、偏好調適，而非同化、界定問題的能力、執行或後設認知的能力。

- **人格**。培育的內涵包括接受新觀念和經驗的程度、冒險性、自主性、自我強度、積極自我評鑑和高自尊、接納自我（包括矛盾衝突的部分）、偏好複雜性、容忍模稜兩可。
- **動機**。培育的內涵包括創造力概念和對創造力的積極態度、好奇心、願意冒犯錯的風險、實驗的驅力、工作熱忱、毅力、願意嘗試困難任務、新奇性的欲望、免於外在酬賞的支配（內在動機、準備接受挑戰。

除了上述個人認知、人格特質和動機等範圍之外，還需要考量各個環境情境系統的影響，可分成下列方面：

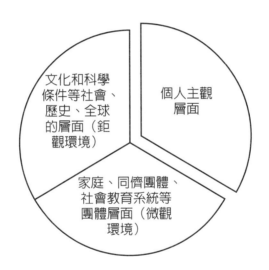

由於我們的目標不在於產生令人讚嘆的創造性天才，而是個人能夠在家庭或學校環境（微觀環境）上嘗試新事物、冒險、獲得觀念等。這些情境最為明顯的就是它們抑制創造力效果。

Sternberg和Lubart在其《不同凡想》（*Defying the crowd: Cultivating creativity in a culture of conformity*）一書中（洪蘭譯，1999），曾指出：

> 或許最顯著低估創造力的例子就是「學校」，當然我們不可能找到任何一位教師會說他認為創造力沒有價值，但是我們還是會看到說的和做的中間有一大段距離；他同時指出從一個學校如何評估他們的學生，就可以得知這個學校注重什麼，而創造力則是從來沒有或很少在學生的成績單上出現過。

例如：父母、教師和同儕無法容忍不同、拒絕新奇性或驚訝等，其效果就在於澆熄了孩子或學生願意冒險的意願。這充分顯示在創造者（個人）部分，創造力需要：

■ 獨立和不順從
■ 願意冒犯錯或被嘲笑的勇氣
■ 社會規則知識和願意操弄規則
■ 讓他人能夠了解和接受的溝通能力

而在社會環境部分，創造力需要：

■ 接受不同（差異性）
■ 創造機能的氣氛
■ 不嚴格處罰錯誤
■ 開放性和容忍變異

㈣ 班級中培育學生創造力的教學原則

Urban（1995, 1996）從開放教學法的概念著手，提出了下列在班級中培育學生創造力的原則或策略：

■ 提供自我引導的學習活動，鼓勵學生主動、自發和實驗，不必擔心因錯誤而受到懲罰。
■ 對學生的質問和探究行為，而不是問題解決，給予充分支持和正面回饋。
■ 提供可以有意義充實學生認知水準的學習活動。
■ 運用遊戲式的教學活動來降低學生成就和負面的壓力。
■ 讓學生自我選擇高度動機和興趣的主題，來培育積極的專注和工作熱忱。

■ 營造出開放與可以轉換角色、主題和問題，以及分享活動的結構（或組織）情境。

■ 鼓勵和接受結構性的非順從行為。

■ 讓學生認識和自我評鑑進展來增進其自主學習能力。

■ 培育學生敏感、變通和擴散思考。

■ 支持並鼓勵學生發展積極自我評量和正向自我概念。

■ 營造既能讓學生負責又免於焦慮和時間壓力的氣氛。

■ 鼓勵和接受學生所提出的原創性觀念。

■ 建立安全、開放和自由的心理感受。

■ 提供學生具挑戰和刺激性的教材。

教師如果能夠依循上述的概念進行教學活動，就表示教師的角色不再只是權威者、教學者、評鑑者，而是激勵者、參與觀察者、夥伴、組織者、典範良師和楷模、引出者、中介者、穩定者、協助者、諮商者（Cropley, 2001）。

四、創造力教學參數分析模式

筆者依據Williams（1972）、Cropley（2001）、形態分析法及實際體驗，提出了「創造力教學參數分析模式」（Parameter Analysis Model for Creativity Teaching, PAMCT），目的在於提供一套結合教師教學創新與培養學生創造力的教學模式，希望透過各領域的教材內容，發展創造思考、情意與結果產出。

這項教學模式是由主題或單元（各領域）、教學法（含思考技法）、教師行為與學生行為等參數所構成的，如圖5-8。任何教與學的情境是互動的。此一模式可以產生各種的可能組合，以滿足各領域單元或主題不同創造力教學方式的需求。

㈠參數

■ **單元或主題（各領域）**。這項參數內涵包括各學門或各學科領域的單元或主題。事實上，學校或訓練機構要進行創造力教育，通

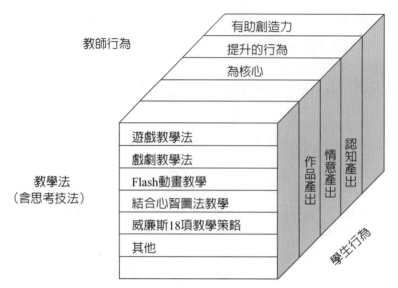

教師行為

有助創造力
提升的行為
為核心

遊戲教學法
戲劇教學法
Flash動畫教學
結合心智圖法教學
威廉斯18項教學策略
其他

教學法
（含思考技法）

作品產出
情意產出
認知產出

學生行為

圖5-8　參數分析創造力教學模式

　　常是以單元或主題來作為呈現的主體，而不是整個課程、學科或領域。例如：數學領域國中第五冊（翰林版）共有四章，每章有二、三個主題或單元；又如國中國語文領域第一冊有六個單元，每個單元有二至四篇文章；等等。

■ **教學法（含思考技巧）**。這項成分包括教師可以在各領域上使用的情境、技巧和方法。這些教學法涵蓋了稀鬆平常至獨特、新穎或罕見等程度不一的教學方法。例如：視聽媒體教學（如投影片、幻燈片……）、遊戲教學法（玩牌方式、大富翁、麻將、陸戰棋、賓果、井字、五子棋……）、戲劇教學法（詩歌吟唱、布偶、肢體動作……）、Flash動畫教學、競賽、學習單、實驗操作、電腦輔助教學、心智圖法結合教學、曼陀螺法結合教學、腦力激盪法結合教學、創造性問題解決法結合教學、威廉斯的18項教學策略等。

　　當然，教師的單元或主題教學如果要具有創新或創意，就必須發展出愈獨特、新穎或罕見的教學法，才能達到目標。不過，即使是深具創意的單元或主題教學通常也會包含一般常見的教學法在

內，形成一個組合體，這也是筆者在此一參數中納入傳統教學法的原因。

■ **教師行為**。這項成分主要是指有助於培育學生創造力的教師行為。這個模式提出了下列教師行為特性（Cropley, 2001）：

培育學生創造力的教師　　應有的行為

☐ 鼓勵學生獨立學習

☐ 採取合作的、社會統合形式的教學

☐ 激勵學生精熟事實性的知識，以建立擴散性思考的堅實基礎

☐ 延緩判斷學生的觀念，直到他們辛苦地完成和清晰地形成

☐ 鼓勵變通性思考

☐ 提高學生的自我評鑑

☐ 慎重地採取學生的建議和問題

☐ 提供學生接觸各種材料和許多不同情境的機會

☐ 協助學生因應挫折和失敗，使他們有勇氣嘗試新的和不常見的

☐ 其他

■ **學生行為**。這項成分即所謂的結果產生。各領域單元或主題採用上述教學方法和教師行為來教育學生，可以發展出認知、情意或作品產出等方面的學生行為。認知和情意的學生行為與先前介紹的威廉斯思考和情意教學模式的學生行為相類似，前者包括流暢、變通、獨創和精密思考；而後者為冒險心、好奇心、挑戰心與想像心。

不過，本模式另外納入了作品產生部分，分別是新奇向度（啟發性、原創性、驚奇）、問題解決向度（邏輯性、實用性、價值性），以及精進和統合（吸引力、複雜性、雅緻性、易了解、系統、巧妙）（Besemer & O'Quin, 1999）。

㈡ 實例描述

■數學領域

作品名稱	快樂玩遊戲、Easy學數學
作者	黃國勳、吳佳玲、劉祥通
主題或單元	因數
目標	（1）了解整除和因數的意義；（2）能找出某一個數的全部因數；（3）能指出最小的因數和最大的因數。
教學設計原則	這項教學作品創意在於將遊戲融入數學科的教學活動中，使教學過程充滿刺激與興趣，讓學生在生動活潑的情境中學得因數的知識。
教學活動	作者依據上述目標設計了四項小活動，分別是：（1）**聽數字玩分組遊戲**：讓學生逐一找出可以將12剛好分完的情形來陳述整除的意義；（2）**沖天炮**：讓學生玩遊戲窮盡所有單位量的除法算式；（3）**磁鐵排方陣比賽**：透過此一遊戲讓學生指出所有的因數，並歸納出最小是1和最大的因數是本身；（4）**因數賭城**：讓學生透過撲克牌遊戲，正確找出每一個數的所有因數，每一個數為其他數的因數次數也不同，同時運用此規則來撲克牌比賽。
評析	顯然，寓數學教學於遊戲中是其特色和創意所在。在過程教師也同時運用了其他教學法，如講述、問答、討論等。

整理自http://www.ccda.org.tw（2003年創意教學獎特優）

作品名稱	數學鏡花緣
作者	劉琪玲、潘玉慧等人
主題或單元	規律（五年級）
教學設計原則	（1）五連塊單元的設計是希望學生從遊戲中找出圍出最大面積的解題規律；（2）奇數、偶數單元的設計是希望學生能發現生活中的數字規律；（3）撞球遊戲單元的設計是希望學生透過撞球遊戲找出兩個變數間的關係及規律；（4）循環的數單元在於透過自然界中許多循環數字，來歸納數字的規律。
教學活動	作者設計了四項活動，分別是：（1）**五連塊**：就是五個正方形以邊連邊方式組成的幾何圖形。教師要求學生就所列的十二種圖形，以邊連邊的規則圍出最大面積。採網路與實體教室的方式，希望學生藉由動畫操作與在教室中動手操作，找出圍出最大面積的規律。（2）**奇數、偶數**：教師說明及引導「奇數、偶數」，並要求學生在周遭環境中找出含有「奇數」、「偶數」數學概念的事物，例如：眼睛是偶數個，鼻子是奇數個。希望學生除了學會尋找數學「規律」外，也要懂得將數學和生活常作結合。（3）**撞球遊戲**：學生先閱

（續上表）

作品 名稱	數學鏡花緣
教學活動	讀相關歷史與理論，再從操作中學會如何控制撞球桌的長度和寬度，學會簡化問題的解題策略，懂得利用控制變因來求出規律，找出答案。（4）**循環的數**：教師設計一個數學數位繪本故事「小迷『蝴』的一生」，讓學生從中知道大自然蘊藏了許多不斷循環的數字。 在每週的課程中，均包含當週主題相關的各項活動：（1）數位化教材掛上網路，讓學生上網瀏覽；（2）動態評量；（3）議題討論、相關作業；（4）線上討論，師生於每週固定時間一起上線即時討論當週議題；問卷、排行榜，以達同儕有效學習；（5）休閒遊戲：設計、蒐集一些有趣的網路小遊戲，提學生休閒娛樂之用；（6）心情加油，提供師生抒發心情、交換資訊的場所；（7）網站推薦。
評析	該作品的內容具多樣化，同時結合網路與寓數學教學於遊戲中。此外，教師也運用了講述、問答、討論、動態評量等其他教學法。

整理自 http://www.ccda.org.tw（2004年創意教學獎特優）

作品名稱	綺麗的世界──立體幾何
作者	王德賢、王瑜君等人
主題或單元	立體幾何（國中八年級學生）
目標	（1）能認識、分辨：圓柱、角柱、正多面體、角錐；（2）能察覺多面體的點、線、面間的關係；（3）能運用摺紙驗證多面體特性；（4）用投影方法，讓學生能有立體轉為平面、平面轉為立體的想法。
教學活動	作者設計了三項活動，分別是：（1）**從平面到立體**：以正多面體的教具與實物，讓學生觀察和記錄其組成，並數出多面體的頂點、面及邊的個數。利用投影片及實物來介紹阿基米德多面體。請學生判斷是何種多面體，以及頂點、邊長、面的個數。利用橡皮擦切割，探討任意多面體的頂點數、面數和邊數間變化的關係並驗證尤拉公式。（2）**摺紙學數學**：讓學生摺紙製作正多面體，並在過程中複習已知的數學概念。經由嘗試錯誤將單件組合成正多面體。利用大小不同正方形紙張所摺出的立方體，觀察並判斷邊長比、面積比、體積比三者間的關係。（3）**扭轉空間**：利用角柱、角錐等教具投影，讓學生歸納「基本立體幾何」的特性，並運用不同形體物品的投影，讓學生依據特徵反推原物，將投影概念轉為多樣形體。說明正射影觀念，讓學生把不同方向的正射影組織成正投影視圖的空間概念，將立體空間幾何，壓縮至平面幾何來描述，營造出立體轉平面的想法，並從立體凸面延伸到凹面。由正投影視圖引出三視圖概念，讓學生分辨物體不同面向的正確視圖。引導學生藉由三視圖，反推立體

（續上表）

作品名稱	綺麗的世界——立體幾何
教學活動	原形，架構出平面轉立體的想法，並經由活動和動手操作的方式，將三視圖的立體原形呈現出來。
評析	該作品主要是透過動手操作、觀察和記錄來了解多面體；同時藉投影片、實物和摺紙活動來驗證多面體的特性；讓學生由正投影視圖引出三視圖概念，再加以反推成立體原形。

整理自http://www.ccda.org.tw（2005年創意教學獎特優）

作品名稱	HOW FUN校園數學
作者	林維綱、陳恆山、蔡佳蓉
主題或單元	依學校建築物與校景建置數學步道（全校國中各年級學生）
目標	（1）利用學校建物及校景創造數學教學情境；（2）設計活動結合教學目標寓學習於生活中；（3）以建構精神及認知發展引導學生求新知；（4）生動化、活潑化、趣味化，提高學生學習興趣；（5）分組合作求解題策略促進學生主動學習。
教學設計原則	根據學校建築物與校景建置數學步道，依序是校門口、川堂、活動中心、中庭、操場、臺階、走廊等。設計的理念是利用這些情境引導同學，去發現校園中無所不在的「數學」。
教學活動	每節開始時皆由教師先說明問題及通關密語提問（了解學生是否具有先備能力），學生則分組選出小組長並回答通關密語，然後各組就關口開始討論後，各組回集處發表結論，教師講評，填答問卷。其活動主要是以問題方式呈現，分別涉及到下列內容：（1）門柱的體積、鋁格窗的菱形格數、前庭的地磚、樓梯間的磁磚；（2）連續整數的平方和與三角形、連續奇數的總和、應用對稱算格子、六個直角的六邊形、圓周長及直徑；（3）相似三角形的面積比、商高定理、同心圓周長及面積、連續整數的和與圖形、連續整數的平方和與矩形；（4）連續整數平方和與正方形、坡道的斜率、面積的平分線、對稱圖形、鐵欄杆的長度、路燈圓柱反光紙的面積。
評析	該作品的創意在於從日常生活中，蒐集分析各種事物，如高塔、螺旋梯、螺絲釘，進而摸索如：圓柱體表面積、畢氏定理、直線斜率、餘弦定理等相關之數學知識。從直線→平面→立體，漸進探索其不同之處及相關聯的部分。並以數學領域的角度、斜率等知識為基礎，與自然科技領域中之省時省力的知識做整合。另從涉及螺旋形狀相關物體中找出其共同的螺線知識。

■國語文領域

作品名稱	廣告有限，創意無限
作者	謝繡華
主題或單元	廣告文案融入國文教學（國中生）
目標	（1）了解課程主題——廣告文案；（2）理解廣告文案之詞語意義；（3）熟悉國語文中之修辭及諧音使用；（4）分析廣告文案之各項特色；（5）認識廣告文案中所用之英語詞句；（6）建立終身學習理念；（7）組織文案資料以形成有意義的概念。
教學活動	本作品設計了三大教學活動，分別是：（1）**「廣告文案的異想世界」**：蒐集坊間隨手可得之廣告文案，包含報章雜誌、捷運公車、電視廣播媒體等，帶領學生進入廣告文案的創意世界，讓學生對廣告文案先有初步概念，包括何謂廣告文案、廣告文案之作用、目的、創作架構及如何創作出一篇具深度而創意十足的廣告文案。（2）**「文案悅讀‧閱讀文案」**：以教師所蒐集之廣告文案為閱讀題材，讓學生分五組進行討論及各組搶答，將文案中所欲廣告之產品名稱及特色列出；接著由教師補充講解文案中所使用之文學技巧，加深學生對國語文的印象及知識。（3）**「自戀‧字戀」**：講解與分享完後，讓學生進行創思聯想，將前二節所習之知識，應用於廣告文案創作中，透過對文字的迷戀來創作一份讓自己及他人也會迷戀的廣告文案，並由教師與同學票選出佳作來進行分享與頒獎。
評析	該作品的創意在於將坊間常見的廣告文案融入國文教學中，並從中引導學生了解國語文的文學技巧，同時進行廣告文案的創作、分享和獎勵。過程中也運用了講述、搶答、討論、提問、視聽媒體輔助等教學法。

整理自http://www.ccda.org.tw（2003年創意教學獎特優）

作品名稱	童話電子書
作者	張偉萍、徐靜儀
主題或單元	資優資源班三年級學生
目標	認知方面：（1）能理解童話的定義與特色；（2）能了解童話故事的結構、描寫技巧及情節設計類型。情意方面：（1）透過成果發表活動，能肯定他人的長處，尊重他人創作，相互欣賞作品，並適當提出讚美與建議；（2）能樂於表達自我、堅定信心，完成「童話電子書」的創作目標。技能方面：（1）能創作情節流暢的童話故事；（2）能運用文書處理軟體Word與簡報軟體Power-point製作技巧，協助創作童話電子書。
教學設計原則	（1）賞析教學條理化、具體化；（2）創作活動階梯化，強調漸進指導；（3）落實合作學習、發表形式多元。

（續上表）

作品名稱	童話電子書
教學活動	「童話電子書」這個教學方案包含了「認識童話」、「創作童話」、「製作電子書」等三個教學單元，共13個教學活動。透過這些活動，除了可以認識童話、了解童話創作技巧，讓學生創作生動有趣的童話外，並配合電腦課所學的文字編排、美工編排、聲音及圖片處理等技巧，完成自製的「童話電子書」。
評析	該作品主要的特色或創意在於應用資訊科技國語文領域中的童話寫作，以「電子書」的方式呈現。

整理自http://www.ccda.org.tw（2004年創意教學獎特優）

作品名稱	語言教學結合古今中外藝術之創意本國語文
作者	鐘有進、鐘宇玟
主題或單元	猴山仔歌謠創作（鄉土教學）（一年級）
目標	（1）能正確流利的背誦本課念謠；（2）能正確說出日期前後的關係。
教學活動	本作品分為三大階段：第一階段先讓學生了解傳統文化的古典美，再投其所好製作節奏樂配合Rap、R&B，以輕快節奏帶入課文念讀，最後加入現代樂器之音樂元素，活潑生動呈現傳統與時代結合的多元對話；第二階段製作搖滾律動Rap爵士鼓統整藝術人文、健體，將學生念讀課文最易養成的壞毛病澈底改變，當快樂節拍響起的一刹那，大家放下身段一起讓身體自然地隨著律動融合在一起，在老師的肢體韻律帶動下學生一個個都變成活潑快樂又主動學習；第三階段由製作創意CD舊有經驗的旋律恰到好處帶領，並增強記憶完全無障礙，讓母語學習自然水到渠成。
評析	該作品的創意主要在於讓歌謠、藝術人文與鄉土語言多方面統整，並自編課文CD及創意伴奏光碟，以及電吉他和優克琴等樂器的伴奏，讓一般教師視為嚴肅、枯燥的母語教學，輕鬆地達成學習目標。

整理自http://www.ccda.org.tw（2005年創意教學獎特優）

作品名稱	成雙捉對、璧合珠聯
作者	黃裕文、呂兆益等人
主題或單元	創意對聯教學（國一下）
目標	（1）讓學生從認知、情意、技能三大內涵深入對聯文學；（2）讓學生透過闖關遊戲及分組報告切磋技能並發揮創意；（3）讓學生將所學融入生活環境當中，延伸學習的情境。

（續上表）

作品名稱	成雙捉對、璧合珠聯
教學活動	本教學活動分為五個單元：（1）介紹對聯文學的源流與故事；（2）講解律詩中的對句與對聯的關係，並與對偶修辭作比較，最後補充巧聯妙對作印證；（3）對聯運用實例舉隅與對聯P.K.戰；（4）「聯手作對」分組闖關競賽。設計七道關卡，第一關：上下立判（判斷上下聯）；第二關：天生一對（對聯配對）；第三關：對號入座（辨識入聲字）；第四關：打倒飯桶（格律表填平仄）；第五關：何方神聖（辨識對聯所題詠的人物）；第六關：拾遺補缺（依照平仄、文意等線索，找回缺漏字）；第七關：一揮而就（各組依抽到的主題進行對聯即席創作）；（5）成果報告與頒獎。
評析	該作品的創意主要在於能夠將「對聯」這個主題與生活習俗、文學體裁（如近體詩的平仄格律）、日常生活（如時令節氣、壽誕、婚嫁、開業、哀輓等）及文史典故（如名家妙聯）作緊密結合。同時在各課程單元中組合了趣味十足的隨堂紙筆測驗、搶答、小組操作、闖關遊戲及成果報告等活動。

整理自http://www.ccda.org.tw（2006年創意教學獎特優）

■社會領域

作品名稱	善化麻油撲鼻香
作者	曾絮敏、胡素真等人
主題或單元	麻油（鄉土教材）（國小五年級）
目標	（1）培養學生愛家愛鄉的觀念，了解居住的環境；（2）以學科統整的方式，整合社區資源，希望孩子從走出校園踏入社區、親身體驗學習活動。
教學活動	作者設計了三項活動，分別是（1）**芝麻小事知多少**：教師先用投影片介紹課程概要及目標。指導學生上網或圖書館搜尋芝麻的相關資訊。帶領學生走訪芝麻田。（2）**黑與白的對話**：帶領學生實際走訪芝麻田，清楚芝麻的採收四步驟「收曬摃篩」。（3）**破繭而出的麻油**：師生一同訪查麻油間，深入了解麻油製程的六步曲。（4）**誰家麻油暗飄香**：實地訪問，了解地方麻油歷史與傳承並分享。（5）**「書」麻一下**：將蒐集到的資料彙整，製作芝麻小書，作為日後解說的「武功祕笈」。（6）**「諺」福不淺**：訪問地方耆老或上網搜尋與芝麻有關的俗諺，作為日後解說時的有獎徵答題庫。（7）**油嘴麻腔好芝味**：前往社區阿嬤家，品嘗由阿嬤烹調的美味與豐富多樣的麻油料理。（8）**麻姑獻廚藝**：在社區阿嬤的指導下，親自嘗試麻油料理製作，讓傳統飲食文化的傳承萌芽。小組合作。（9）**胡說八道**：結合語文學習，將參訪心得付諸文字。（10）**「網」羅芝麻新鮮事**：指導學生製作網頁，呈現課程學習的精華。小組分工合作。（11）**解說天地話芝麻**：每人負責不同解說項目，必須通過評選後才是正式小小解說員。製作解說道具。最後以上臺解說，搭配投影片播放作為課程統整。

（續上表）

作品名稱	善化麻油撲鼻香
評析	該作品的創意主要在於以麻油為核心設計了一系列的活動，如小小解說員、設計小書、參訪心得、料理、諺語搶答、訪問人物和現場等。

整理自http://www.ccda.org.tw（2006年創意教學獎特優）

作品名稱	縱橫四海
作者	謝佳純、沈碧玲、陳惠娟等人（國小四年級）
主題或單元	（1）異國遊記；（2）明湖居聽書；（3）小人物、大英雄
教學活動	作者設計了幾項活動，分別是：（1）**世界博覽會**：學生分享家中的外國物品。（2）**我是世界通**：透過轉盤方式分組競賽（大富翁），學生可將國家與其特色作連結。（3）**戲劇賞析**：分三部分剪輯影片，配合口頭解說。舞蹈部分：愛爾蘭火焰之舞（踢踏舞）、歐洲芭蕾舞、臺灣雲門舞集、非洲土著舞；音樂部分：歐洲交響樂、中國國樂、歐美管樂、蘇格蘭風笛、日本鬼太鼓；戲劇部分：日本藝伎、京劇、美國百老匯舞臺劇。（4）**欣賞影片**：天堂的孩子，並完成學習單。
評析	該作品的特色或創意在於統整語文、社會、藝術與人文等領域來進行教學。

整理自http://www.ccda.org.tw（2004年創意教學獎特優）

作品名稱	古城、紅牆、桃花源
作者	李嘉珍、蘇淑婷等人
主題或單元	（1）花開花落話平埔；（2）左營舊城滄桑史；（3）尋幽踏查訪古城；（4）家鄉導覽跟我來
目標	（1）能說出平埔族、左營及舊城的歷史；（2）能了解左營舊城興衰的過程及原因；（3）能欣賞左營舊城及附近古蹟的價值及意義；（4）能利用圖書館、網路蒐集平埔族、左營等歷史古蹟的資料；（5）能製作家鄉導覽手冊；（6）能培養學生愛護鄉土的情操。
教學活動	作者設計了四項活動，分別是：（1）**花開花落話平埔**：以地方時事「老莿桐生病了」引起動機，設計學習單，訪問長輩，了解長輩曾在莿桐樹下遊玩的點點滴滴，進一步了解莿桐樹與平埔族、社區的淵源。接著邀請學生與家長們共同參與社區的「莿桐花祭」活動。（2）**左營舊城滄桑史**：引導學生蒐集資料，師生共同討論，認識左營的歷史，了解舊城的建造及興衰的歷程，並熟悉左營的名勝古蹟。（3）**尋幽踏查訪古城**：實地走訪龜山上的文化遺址、舊城及附近的古蹟，了解古城的來龍去脈。（4）**家鄉導覽跟我來**：透過以上三個主題，學生對左營的歷史有深入的了解，再指導學生以不同素材分組製作「家鄉導覽手冊」。

（續上表）

作品名稱	古城、紅牆、桃花源
評析	該作品的特色或創意在於製作家鄉導覽手冊及不同古蹟的探索。教學過程中運用了訪談、社區資源、資料蒐集和討論、實地參訪等方法。

作品名稱	嘎嘎嗚啦啦──動物跑跳碰
作者	曾繡惠、黃曉嵐等人
主題或單元	動物
目標	透過幼稚班豐富活潑的學習環境與良好的人際互動，激發啓智班學生溝通的意圖，促進語言發展、學習良好的社會技巧。
教學活動	作者設計了四個教學活動與一個延伸活動，分別是：（1）**動物博覽會**：教師運用影片、圖片等介紹動物，教唱動物兒歌，並請資源班學生與啓智班學生共讀繪本，進行動物角色扮演等活動。（2）**和動物做朋友**：與幼稚班進行融合教育，分享飼養動物的經驗並分組觀察動物的特徵及運動方式。（3）**寶貝動物**：結合志工媽媽等人力資源一起參與，帶領學生至社區寵物店觀看動物；師生共同布置生態展示學習角，邀請普通班與啓智班學生一起照顧動物。（4）**動物寫真集**：繪畫簡易動物圖案，並與幼稚班進行動物模仿遊戲。（5）**延伸活動**：邀請小朋友利用下課，入班進行同儕教學，增進學生閱讀能力；設計學習步道將資源共享，以增進特殊與普通班學生的互動。
評析	該作品的特色或創意在於透過動物系列教學活動，融入幼稚班和啓智班學生。

整理自http://www.ccda.org.tw（2005年創意教學獎特優）

■自然與生活科技領域

作品名稱	花仙子與大樹神
作者	鄭淑芷、潘怡吟等人（國小中年級）
主題或單元	植物的構造
目標	（1）能了解花牌架構意義，以認識植物的構造；（2）能透過花牌遊戲分辨出不同的葉形、葉序、葉脈、根、莖、花；（3）透過花牌遊戲熟悉植物的生長條件；（4）能由計分方式，熟悉植物各構造的分類；（5）能由植物守護神遊戲，熟悉植物的根莖葉花特徵。
教學設計原則	是以植物花牌遊戲為主，加深學生對花牌的印象。同時配合紙牌遊戲，設計許多動態活動來了解植物的構造並認識熟悉校園植物。

（續上表）

作品名稱	花仙子與大樹神
教學活動	作者設計了九項活動，分別是（1）認識植物的身體—唱歌學植物、對應大風吹、神奇葉精靈；（2）認識葉和花—葉精靈的家、花朵拼拼樂、根莖大集合；（3）介紹花牌遊戲—花牌教學錄影帶、試玩花牌遊戲；（4）從遊戲學知識—點數會說話；（5）花牌遊戲—分組玩一玩、我會計分、兌兌樂；（6）介紹植物守護神—植物大蒐祕規則介紹；（7）植物守護神—遊戲進行、我愛植物；（8）線上評量—智慧大考驗；（9）我的創意牌卡—創意植物學習單、創意牌卡設計。
評析	該作品的創意主要在於能夠透過實際操作花牌和大富翁來認識校園植物。

整理自http://www.ccda.org.tw（2003年創意教學獎特優）

作品名稱	法拉第的神奇傑作
作者	殷宏良
主題或單元	電磁爐
目標	引導學生發展科學實驗過程技能，培育科學態度，理解體驗科學本質，發展更高的認知能力，且能建立課程相關的概念。
教學設計原則	以生活為題材、居家環境為背景、日用品為材料，設計操作簡易的科學動手做活動。
教學活動	作者設計了三項活動，分別是：（1）**尋找有魔力的鍋子**：利用電磁爐加熱不同材質鍋具中的水，觀察並記錄水溫上升的快慢，以了解電磁爐使用效果與鍋具材質的關係。（2）**神奇鋁箔飄浮秀**：包含了五項小活動，運用鋁箔受電磁爐電磁感應的作用；而與爐內磁熱線圈產生的磁場，因排斥作用，產生週期起伏現象，讓學生探討加熱面板上的作用，以了解發揮電磁爐加熱效果的最佳條件。（3）**揭開電磁爐的神祕面紗**：主要是利用三個動手做的小活動，將簡易的實驗器材置於電磁爐上，受電磁爐的作用產生變化的情形；並與課本「電磁感應」實驗相驗證，使學生了解電磁爐作用的基本原理。
評析	該作品的特色或創意在於從生活情境取材，設計簡易有趣的科學動手操作活動，同時與科學原理相印證。

整理自http://www.ccda.org.tw（2004年創意教學獎特優）

作品名稱	聽故事學科學——螞蟻和西瓜
作者	莊婷媜、林德宗、陳慧如
主題或單元	簡單機械和槓桿原理（國小六年級）
目標	引發學生的學習興趣，增進對科學本質的了解，落實教學與生活相結合。
教學設計原則	（1）運用繪本故事及阿基米德的名言帶入槓桿原理的課程；（2）配合原理利用生活中的廢棄物製作科學玩具。
教學活動	作者設計了四項活動，分別是：（1）**故事開始—螞蟻和西瓜**：引起學習動機，尋找適合主題的繪本，讓學生從聽故事書中提高專注力。（2）**科學大師出現了—科學史—阿基米德**：從繪本帶入科學史，講述阿基米德的生平及趣聞和名言，進入槓桿主題，讓學生思考如何安排支點、棍子、地球的位置才能舉起地球。（3）**舉起地球—槓桿原理**：藉由木棍及袋子，讓學生透過科學實作，親身體驗；並利用礦泉水瓶作砝碼，動手操作「槓桿原理」。（4）**回到從前—「投石器」的製作**：以「阿基米德」為主題，模擬當時阿基米德攻打羅馬大軍時的投石器，設計了環保投石機，讓學生學習層面更廣、更深。
評析	該作品的創意在於能夠以故事做引導，將科學史導入理論的探究，科學實作作品富有創意。過程使用了多種教學法，如遊戲法（角色扮演：如果你是阿基米德……）、講述法、討論法、動手操作、小組競賽等。

整理自http://www.ccda.org.tw（2005年創意教學獎特優）

第五節 學習創造力和發展創意教學的方法

一、學習創造力的方法

　　前述的創造力教育著眼於教學者，而創造力的學習方法則側重於學習者。筆者歸納多位學者的觀點或探究（張世彗，2007；Amabile, 1996；Henry, 2009；Sternberg, 2003），提出下列創造力學習方法或策略的要素，如圖5-9並分述如下：

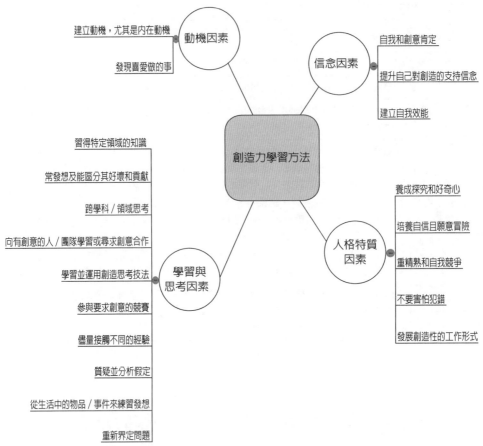

圖5-9　創造力學習方法或策略的要素

（一）**信念方面**

■ **自我和創意肯定**。心理學者發現有創造力的人相信他們有創造
　力，而較不具創造力的人則相信他們缺乏創造力。學者曾建議兩
　項很有效的練習方法（羅若蘋、鍾清瑜譯，2008）：

為了增加自我肯定，要謹記自己成功的經驗、良好的品格和特點，忘掉失敗。第一個練習是將它寫下來，把自我肯定培養成一種習慣。而創意肯定就是把肯定之處寫下來，繼續培養並加強你是有創造力的信念。一旦相信自己有創造力，你就會開始相信自己創意的價值，而且會盡力去實現。

■ **提升自己對創造力的支持信念。**有時信念會變成自我應驗預言。學生需相信創造力是由動機和努力所決定的，需了解很少有價值的創造性作品可以快速形成，而無須付出努力的；也需要了解個人如果想要有實質的創造性，就須有投入的準備。

■ **建立自我效能。**學生能力的主要限制在於他們認為自己某些事做不到，這常會限制學生的潛在成就表現。學者已經發現或許學生成功最佳的指標不在於他們的能力，而在於他們有能力成功的信念（Amabile, 1996）。因此，學生要了解他們是有能力迎向人生的任何挑戰，而他們的任務就是決定要投入多少心力來面對挑戰。

（二）人格特質方面

■ **養成探究和好奇心。**發現玩弄觀念的樂趣似乎常成為有創意人的一項特徵。想要更有創意生活的第一步就是培育好奇心和興致，即依據本身的原因分配注意力到事情上（Csikszentmihalyi, 1996）。凡是接觸許多運用激勵和有趣方式形成之創意作品的人，要比沒有接觸到許多創意作品的人，更可能發現有深度興趣的事物。尤其，好奇心包含有趣性質在內。個人若發現某些生命領域是如此有趣，而意圖去學習新事物時，就可能發現所學習的內容會驅使個人更多的學習欲望。

■ **培養自信且願意冒險。**害怕失敗、表露個人限制及荒謬是創造力的阻礙物。凡是高度順服壓力的人傾向於不具有創意（Amabile, 1996）。信心來自於成功經驗。尤其是少有此類經驗的人，需要的是一種激勵和酬賞創造性努力的環境。研究人員已強調創造思考支持性環境的重要性（Cropley, 1992）。

■ **著重自我競爭和精熟。**凡是以自我競爭和精熟作為目標，要比設

定目標超越別人，更願意接受挑戰性任務，而且失敗時更願意堅持下去（Grieve et al., 1994）。這並不是意味在競賽中贏得獎品、擁有成功個人展覽的結果是不重要的，而是應該更加強調自我競爭和精熟。

■ **不要害怕犯錯**。即使是點子王也偶爾會想出餿點子或犯錯。因此，學生要了解每個人都會犯錯，唯一不能犯的錯誤是無法從合理且可改進的錯誤中獲益。

■ **發展創造性的工作形式**。學生要發展創造性的工作形式。因為凡是產生真正創造性作品的人不僅有創造性觀念，他們也有創造性的工作形式。所謂創造性的工作形式，包括（Henry, 2009）：

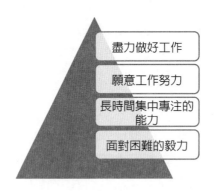

- 盡力做好工作
- 願意工作努力
- 長時間集中專注的能力
- 面對困難的毅力

(三) **動機方面**

■ **建立動機，尤其是內在動機**。動機在創造力上的重要性已獲證實（Sternberg, 2003）。如果缺乏強烈動機，個人的創造潛能就無法充分發展，因為艱辛的工作需要強烈動機才能獲得良好的維持。通常創造力研究者不僅同意動機是創造力的要件，而且內在動機比外在動機是產力創造生更有效的決定因子。

■ **發現喜愛做的事**。有創意的人幾乎是喜歡他所做事情的人。因此，學生要發現感興趣之事，來釋放他們最佳的創造性成就表現（Henry, 2009）。

㈣ 學習與思考方面

■ **習得特定領域的知識**。領域知識並不總是能夠導致創造力，不過這類知識似乎是創造力的條件之一。Csikszentmihalyi（1996）指出想要做出創意貢獻的人不僅必須在創造性系統內運作，也須在自己的心靈內重新再製系統。也就是說，個人希望改變領域之前，必須精熟這個領域。雖然高度特定領域的知識可能會抑制創造力（Sternberg & Lubart, 1995）。不過，知識太少比知識太多更可能有問題（Amabile, 1996）。

■ **常發想及能區分其好壞和貢獻**。有創意的人喜歡形成想法，學生應該共同去確認每個想法的創意部分及其貢獻，並加以發展。

■ **跨學科／領域思考**。創造力和頓悟常來自於跨學科／領域的整合，而不是來自於背誦和記憶材料。因此，學生應進行跨學科／領域的思考或是交叉運用其技能、興趣和能力，來激發他們的創造力。

■ **向有創意的人／團隊學習或尋求創意合作**。創造性成就表現常被視為是種孤獨的工作。其實，人們經常是小組合作的，團體合作也可以激發創造力。學生要尋求與有創意的人合作，因為這樣不僅可以從觀摩別人在創作歷程所使用的技術、策略和方法中受益，也可以吸收很多創意人所散發出來的熱情和歡樂。

■ **學習並運用創造思考技法**。目前已提出各種技術來協助創造思考和問題解決。例如：Eberle（1977）所提出的SCAMPER檢核表，包括替代、組合、調整、修正、其他用途、刪除及重新安排。至於其他的創造思考技法則見本書第六章。

■ **參與要求創意的競賽**。學生要常參與要求創意的競賽，來練習與激發自己的創造潛能。

■ **儘量接觸不同的經驗**。為什麼有的人似乎老是有新點子出來，而有些人從來都沒有半個？理由很多也很複雜。但是裡面有一個就是人們接受經驗的程度不同。有些人似乎永遠把他們的觸角伸得遠遠的，儘量接受各方面的訊息，尋求新經驗，問問題，對世界上的事情好奇。因此，學生應該學習擴大觸角，儘量接觸不同的

經驗。

■ **質疑並分析假定**。每個人都有假定，通常我們並不知道自己擁有這些假定，因為大家也都這樣認為。有創意的人會質疑這些假定，而且最終也能帶領其他人去質疑這些假定。質疑假定會涉及到有關創造力中分析性思考的一部分。學生必須學會該去質疑哪些假定，哪些仗值得打，哪些該去適應或重新塑造環境，而不是去質疑所有假定。

教師應該讓發問成為日常生活互動中必要的一部分，讓學生學會怎麼想、如何問（問好的、引人深省的及有趣的問題），要比想什麼、強調背誦學習或知道答案來得重要。學者曾提出師生互動七層次的回應模式，由最低至最高層次排列，分別是（Sternberg, 1994）：

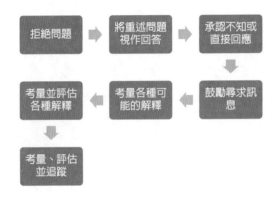

教師若愈能運用高層次的回應方式，就愈可以激勵學生發展其認知技巧。

■ **從生活中的物品／事件來練習發想**。德國iF設計獎2011年設計概念獎得主，臺灣科技大學在百件得獎作品中占14件，獲獎數勇奪世界之冠。從學生得獎的作品可發現，有若干作品都是從生活中觀察一般人使用不便的物品，而發想出新的點子。例如：成大工業設計所李易叡以「Pen Ruler」奪iF設計概念獎全球第二名，他發現要丈量不規則曲線並不易，一般人使用不便，就發想出讓筆同

時是尺的「筆尺」，將繁瑣量測都結合在筆尺上，取代捲尺與皮
尺。

又如，臺科大工商業設計所鄭宇庭與范承宗兩人設計出貼心像
「不倒翁」般的「平衡枴杖」，就不會輕易倒下，行動不便的人
用畢枴杖且置放定點後，不需彎腰即可快速拾起，輕鬆使用（聯
合報，2011）。顯然，學生可以多從生活中的物品／事件來練習發
想，學習創造力。

■ **重新界定問題**。重新界定問題意味著把問題翻轉過來，它是一種
問題發現的範圍。這個過程乃是創造思考擴散的部分。教師和父
母可以運用下列幾種方法來鼓勵兒童自己重新界定問題：（1）透
過鼓勵兒童定義和重新界定他們自己的問題和計畫，來提高創造
性成就表現；（2）讓兒童選擇作業或報告、解決問題，以及發現
選擇錯誤重新再選等方法，來鼓勵創造思考。

二、發展創意教學的方法

「創意教學」是著重於發展並運用新奇的、原創的或發明的教學方法
而言，而非以培育學生的創造力來核心。茲提出下列幾項發展創意教學的
方法，如圖5-10：

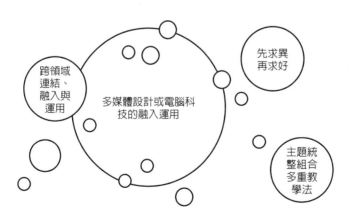

圖5-10　發展創意教學的方法

㈠先求異再求好

這種方法或策略是水墨畫家劉國松所提出的，對於創意教學的發展亦深具涵義。他強調一個現代畫家不在於什麼都會畫（傳統的題材、技法與形式），而在於畫得與別人不同。你的技法愈獨創，風格愈是個人，就愈能鶴立雞群，出人頭地。若要如此，就必須像科學家一樣，不停地在畫室裡實驗和探索，最後創造出一種適合你自己的需要與表現的技法，然後不斷練習以形成個人獨特的畫風，就是其所謂的「**先求異再求好**」。

就創意教學而言，教師應先致力於發現或尋求該單元或主題有別於其他教師常見的教學方法，然後再予熟練和精緻化。

㈡跨領域連結、融入與運用

由於社會分工精細及專業化的需求，使得學校或社會都是朝著領域專業的方向發展，各學門和領域間的橫向溝通及連結就容易受到忽略。學者指出追求跨領域的交會點創新，或是透過跨領域整合來刺激創造力的重要性（柯承恩，2005；黃碧端，2003）。

從創意教學來看，教師就可以充分運用跨領域連結這項方法或策略，來發展出新奇或原創的教學方法。以下是一些運用跨領域連結、融入的教學實例：

> 國立清華大學工業工程與管理學系有位教授就是將黃梅調、倫巴舞連結或融入到學習統計的概念和方法上；或是讓學生模擬玩樂透，來了解中獎機率的問題。因而大受歡迎。

修改自聯合報，2005.3.6

> 幾何很難學嗎？苗栗縣國中數學輔導團為了提升學生學習興趣與數學幾何理解，將摺紙與數學幾何連結，發展出用「摺紙玩數學」的創新教學法，學生經過這樣的訓練後，除了樂在數學外，也比較沒有適應困難。

修改自聯合報，2005.10.27

北市私立十信工商外語部有位教師運用**獨特英語互動教學**，如漫手山芋法（舉凡教室裡的如鉛筆盒、課本、水果都可充當道具讓學生傳來傳去，落在誰手上就由誰回答）、魔鬼訓練、整人遊戲、棒球賽等。讓學生玩到爆，永保新鮮，學之有味。

修改自聯合報，2001.9.3

臺北市育成高中有位物理教師，從「綜藝節目：鐵獅玉玲瓏」中引發出靈感，將物理「**功與能量**」單元改編成自饒舌歌，來促進學生的學習效果。此外，他也設計了一個**動畫遊戲**作品：「郭靖抗元」，將物理「**斜拋**」的概念連結到金庸小說的情節，學生在遊戲中可以調整仰角及初速，讓郭靖從襄陽門外躍下時正中目標。

修改自聯合報，2004.1.11

美國明尼蘇達大學有位物理教授認為一般大學物理課本中所引的例子，如拋體運動或自由落體運動，太過公式化且與實際情形無法結合。針對這個問題，這位教授將**漫畫**與大一物理課連結。課程內容涵蓋生物力學、材料科學及量子力學等。他並且要求學生根據**漫畫**書中的情節，來思考其中的**物理問題**。例如：如果蜘蛛人手中所射出的網像真的蜘蛛絲般強韌的話，是否足夠支撐他在建築物間搖來盪去？他認為這樣的教學方式，能夠刺激並訓練學生面對問題時的臨場思考。

(三) 多媒體設計或電腦科技的融入運用

電腦具高度互動性，其所能達到的教學效果，無與倫比。在教學中導入電腦多媒體設計，再連接網際網路，不僅可以增進學習效果和擴充學習資源，也能夠變化教師的教學方法。因此，世界各國均致力於將科技應用在教學與學習的活動中，改變教學活動的方式與內涵，也會使學生學得更有興趣，這是一種快速革新教學的方法。而且可以隨著電腦科技的不斷翻新，讓教學日新月異。

　　從創意教學來看，教師可充分運用這項方法，來針對各學科／領域中的各單元／主題，發展新奇或原創的教學方法。以下是一些多媒體設計或電腦科技融入教學的實例：

> 臺北市螢橋國中有兩位數學老師運用GSP的動態幾何繪圖板，設計了一套國中數學教材。這套繪圖板教學有如操作電腦遊戲，生動有趣。

修改自聯合報，2002.12.12

> 臺中市西屯區大鵬國小有一群教師對資訊教育有濃厚興趣，不斷開發各種學習的主題網頁與多元評量，尤其是自然科學電腦多媒體的學習。因而入選教育部教學卓越獎。

修改自聯合報，2003.12.19

> 臺北市西湖國小低年級導師以「國語教學之遊戲式評量」獲得國文組創意教學獎特優。她花費整年的時間設計「常用的單位詞」互動光碟，彷彿電腦遊戲，讓教學內容更加生動活潑。

四 主題統整組合多重教學法

　　「課程統整」（curriculum integration）是指針對學生學習內容加以有效的組織與連續，打破現有學科內容的界限，讓學生獲得較為深入與完整的知識。有關課程統整與主題教學所採用的原則與方式，可分為下列幾種（劉美娥、許翠華，2000）：

■ **單科學科內教材的統整**。掌握各學科教學目標、學生在該科所能發展的基本能力，作為主題依據。教師閱讀自己任教科目的教科書即屬此模式。

■ **不同學科間教材的連結**。將不同學科的教學目標、基本能力作分析，刪除重疊的教材，相關教材結合成主題，做有系統整理、呈現，讓學生在一個大範圍內作相關探索，減少分科教學的零散知識吸收。

■ **學科教材與學校活動的統整**。將學校要舉辦的活動融合於學科活動中，或是以不同於學科的主題，來進行探索，使活動教育化、教育活動化。

■ **與生活經驗的統整**。利用學生生活中的舊經驗，逐步擴展，生活議題也是學生最熱衷、有興趣的。

從創意教學來看，教師可以採用這種方法或策略，來發展出新奇或原創的教學設計，然後再結合遊戲、競賽、戲劇等各種教學方法的運用，尤其是愈新穎的、獨特的教學方法。

結語

創造力是可以教育的。創意教學、教學創新、創造思考教學和創造力教育經常會產生混淆，有必要澄清。創造力教育的核心目標並不在於產生創造性的天才，而是要培育能夠充分適應社會快速變遷的個人。教師通常不喜歡大膽、新奇或獨創性這類特質，而喜愛有禮、守規矩及接受教師的觀念的學生。

研究人員已提出許多培育學生創造力之教師行為與培育創造力的教學方案可供參酌的運用。另外，教師也可以使用創造力教育模式來提升學生的創造力。最後分別從學習者與教師的角度，探究學習創造力和發展創意教學的方法。

本章重點

1. 學者曾回顧文獻，發現創造力是可教育或訓練的。
2. 教學創新是引進新的教學觀念、方法或工具；而創意教學則是發展並運用新奇的、原創的或發明的教學方法。兩個名詞有重疊之處，不過後者比較是指運用他人已經發展出來新的教學觀念、方法或工具。
3. 創造思考教學、創造力教育與創意教學則有較大的差異；前兩者是指教

學目標在培育學生的創造力，而創意教學導因於教師的創造力，其目的不一定是在培育學生的創造力。

4. 在學校班級中培育創造力的核心目標不在於產生具有創造性的天才，教師或許可以透過撒下創造力（創意）種子，在日後獲得這方面的貢獻。創造力教育的另一項目標是培育能夠充分適應社會快速變遷的個人。

5. Davis曾將創造力教育的主要目標項目化，包含提高創造力意識和教導創意態度、透過練習強化創造力、增進學生對創造力的後設認知理解、教導創造思考技術，以及讓學生參與創造性活動。

6. 在教師立場上，教師通常不喜歡大膽、新奇或獨創性這類特質，而喜愛有禮、守規矩及接受教師的觀念的學生。

7. 培育學生創造力之教師行為或策略，包含鼓勵學生獨立學習；採取合作的和社會統合形式的教學；激勵學生精熟事實性的知識，以建立擴散性思考的堅實基礎；延緩判斷學生的觀念，直到他們辛苦地完成和清晰地形成；鼓勵變通性思考；提高學生的自我評鑑；慎重地採取學生的建議和問題；提供學生接觸各種材料和許多不同情境的機會；協助學生因應挫折和失敗，使他們有勇氣嘗試新的和不常見的。

8. 培育創造力的教學方案很多，有些方案包含簡單產生觀念或創造性連結的特定遊戲，其他資源則包括可快速學習，然後應用到各種情境的心理思考技術。目前有許多可用的國內外教學資源，包括基於創造力教育模式可系統使用幾週的教學方案，或是包含各種思考技術的訓練，有時附有實質的特定教材。

9. 創造力教育模式有多種，在本書中包含創造性問題解決教學模式、威廉斯思考和情意教學模式、創造力成分教育模式，以及參數分析創造力教學模式。

10. 創造力學習方法或策略包含四項要素：（1）信念（自我和創意肯定、提升自己對創造力的支持信念、建立自我效能）；（2）人格特質（養成探究和好奇心、培養自信且願意冒險、著重自我競爭和精熟、不要害怕犯錯、發展創造性的工作形式）；（3）動機（建立動機，尤其是內在動機，發現喜愛做的事）；（4）學習與思考（習得特定領域的知識、常發想及能區分其好壞和貢獻、跨學科／領域思考、向有創意的

人／團隊學習或尋求創意合作、學習並運用創造思考技法、參與要求
創意的競賽、儘量接觸不同的經驗、質疑並分析假定、從生活中的物
品／事件來練習發想、重新界定問題）。

11. 發展創意教學的方法包括多媒體設計或電腦科技的融入運用；跨領域
連結、融入與運用；先求異再求好；主題統整組合多重教學法。

提升創造力與問題解決的思考技法／技術

在此章我們將要介紹26種常用來提升創造力和問題解決的思考技法／技術，如圖6-1並分述如下：

思考技法-I	思考技法-II
☐ 腦力激盪術	☐ 屬性列舉法
☐ 類推比擬法	☐ 強迫連結法
☐ 曼陀羅思考法	☐ 提升創造力的自我教導法
☐ 心像創造法	☐ 細分法
☐ 創造性問題解決法	☐ 倒轉或逆轉法
☐ 創造性力行問題解決法	☐ 十字座標象限法
☐ 綠色帽子思考法	☐ 型式語言
☐ 心智圖法	☐ 創意視覺化
☐ 突破習慣領域法	☐ 瘋狂想像法
☐ 水平思考法	☐ 冥想
☐ 動詞檢核表	☐ 圖示排除法
☐ 參數分析法	☐ 象形文字法
	☐ 團體思考法 —— TKJ法
	☐ 質問法

圖6-1　提升創造力和問題解決的思考技法

第一節　腦力激盪術

一、腦力激盪術的涵義

就英文字義來看，腦力激盪術（brainstorming）的本意是「突發性的腦風暴」，即應用腦力衝擊問題。這種技術是由Alex Osborn於1939年在美國天聯廣告公司（Batten, Barton, Durstine & Osborn, BBDO）應用本方法，並在1953年出版的《應用想像力》（*Applied Imagination*）一書中提到集體開發創意的方法，而逐漸廣為教育界及企業界應用。

腦力激盪術是種在短期間內，利用集體思考的形式，透過不同專長和背景的人相互激盪，而產生連鎖反應的效果，誘使與會成員自由聯想出大量的新構想。由於集思廣益總比單打獨鬥來得輕鬆有效率，所以這不僅是其優點，也是在短期內獲取大量創意構想的良方。

二、運用腦力激盪術開會的要素

㈠主持人

在會議中，主持人不僅要遵照既定的開會步驟進行，控制時間，記錄下所有想法，並要廣泛接納各種想法，即使是荒誕不經的也要保留下來；同時更要不斷地強調四大原則，以及隨時掌握會議氣氛。圖6-2是主持人可做和不可做的項目。

㈡參與人數

有關參與人數方面，可謂眾說紛紜，莫衷一是。高橋浩先生（1990）認為5至12位社會地位相似的人組成最好；郭有遹（1992）指出10至12位最為恰當；而Osborn（1953）和Nierenberg（1982）則建議12位。

事實上，人數的多寡須依運作方法及開會目的等因素考量才能作定論，惟人數至多以不超過12位效果較佳。

㈢記錄

會議中必須有記錄一名，其主要任務係將與會成員在會議中提出的想

可　做	不　可　做
・帶動歡笑聲，活絡大家的大腦細胞 ・允許開會成員提出荒謬瘋狂的想法 ・把每個想法都記錄下來 ・在黑板上書寫四大原則 ・不斷強調「延緩判斷」 ・主持人自己要避免作主觀判斷 ・協助排除與會成員的心理障礙 ・以「將想法湊成整數的方法」，鼓勵再想創意 ・幫助與會成員將構想說清楚 ・維持自由自在的歡愉氣氛	・不要讓他人旁聽 ・不要嘲笑及批評別人 ・不允許別人中斷談話 ・避免他人干擾及環境噪音 ・不要蓋上寫滿想法的黑板 ・不要花太多的時間在一個想法上 ・不要只從一個觀點作深入探討

圖6-2　主持人可以做和不可以做的項目

根據原來（1996）的資料整理

法忠實地記錄下來，不論構想是否合理。

㈣與會成員的背景

　　至於參加會議的人員身分，若能分別來自不同領域，討論效果會更好。因為集合不同背景、專家的與會成員，每個人能從不同的角度思考問題，其考量的範圍會更周延。此外，與會成員之間最好避免有階級的利害關係，否則如果在會議裡下屬「出言不遜」或搶了長官的鋒頭，會後大家都不好過。因此，最好是挑選大家都是身分背景相同的，這樣講話也比較可以隨便些。

三、運用腦力激盪術的原則

　　在會議進行中，每位成員都必須遵守下列原則，俾使會議順利進行，並能產生大量的構想，如圖6-3。

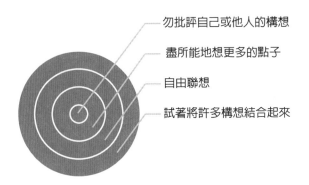

勿批評自己或他人的構想

盡所能地想更多的點子

自由聯想

試著將許多構想結合起來

圖6-3　運用腦力激盪術的原則

㈠勿批評自己或他人的構想

「勿批評自己或他人的構想」或「延緩判斷」（criticism is ruled out）就是在會議討論中不能在別人提出構想時，就以批判的言語打壓對方的想法，這樣只會讓每位參與者慢慢地保護自己，而使會議上的聲音愈來愈少。因此，在提出構想階段，只要專心提出好構想即可，如果有批判以後再說。

為了讓與會成員都能暢所欲言，McGartland（1994）學者曾提供一種排除負面意見的方法，給會議的主持人，稱為「**傳送小魚**」（pass the Fatally Inappropriate Slimy Hit, FISH）。他建議主持人可以帶一隻模型小魚放在會議桌上，只要任一參與成員提出抨擊他人的想法或是足以讓他人喪失發言的勇氣者，主持人就馬上裁定給他一隻小魚放在他的前面，讓他知所警惕；一直等到又有別人有攻擊意見的行為時，這隻小魚才能傳給下一個人，以降低任何批判的機會。至於小魚也可由其他物品加以取代。

㈡盡所能地想更多的點子

「盡所能地想更多的點子」或「以質取量」（quantity is wanted）就是儘量想出大量的構想，不必太在意想法的好壞及其可行性，儘量提出。絕佳創意的產生，常常是剛開始追求大量創意之後，精挑細選出來的。

〔三〕自由聯想

「自由聯想」（free-wheeling）就是想法要愈奔放愈好。讓每位參與者都保持一個自由、輕鬆的心境，並且引導他們不要被常識、理論，甚至習慣所束縛，儘量自由聯想。唯有這樣才能跳脫傳統的窠臼，幫助與會成員毫無顧忌地聯想。以下有兩個方法供作參考：

■ 鼓勵大家想得愈瘋狂愈好，不要考慮想法是否會被接受或是切不切實際。

■ 鼓勵自由聯想的機會，主持人應該主動的製造一些讓與會成員聯想的機會，幫助他們觸類旁通。

Coppage曾提出下列四種法寶（引自原來，1996），如圖6-4：

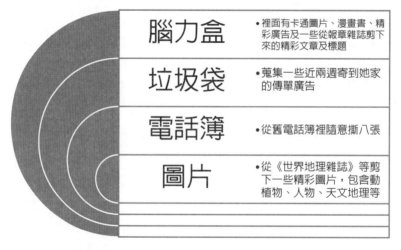

圖6-4　鼓勵自由聯想的法寶

〔四〕試著將許多構想結合起來

「試著將許多構想結合起來」或「搭別人構想的便車」就是結合、延伸、改良別人的想法。誠如Edward de Bono（1992）批評「延緩判斷」這個原則，它只是禁止，並沒有教導人們該用何種方法執行。他認為最好用一種新的選擇方式，以「移動」這個概念來詮釋「搭別人構想的便車」這項原則，只要想想這個想法可以「移動」到哪個方向，具有流動性，既不

會輕易放棄一個構想，又能夠想辦法將構想擺在適當的位置。

加上腦力激盪會議是個創意相互交流的會議，因此每位與會者都會被鼓勵在別人所提的構想中，補充自己的意見，使創意的發展範圍更寬廣。

四、腦力激盪術的實務建議

前述的四點原則只是普遍性規範，在會議裡應用時的實際規範，腦力激盪專家LeBoeuf（1980）認為尚須注意下列事項：

㈠ 開會主題必須簡單明確

維持明確的主題將可以縮短與會人員對於問題了解的落差，並減少誤解的機會。至於明確主題的形式及制定方面，大致上可分為以下兩種：

■ 實際亟待解決的情況，將遇到難題的實際情形清楚明確地描繪出來，例如：如何解決市政府前面停車的問題？使與會成員集中心力思考解決辦法。

■ 問題抽象化，將亟待解決情況的關鍵處，以形容詞或是動詞的形態呈現，例如：要開發一部新型的除草機，除草的概念就是將草分離，因此就以「分離」為開會主題。這種命題方式可以有效避免因為題目具體化而侷限思考的範圍，使解決方法多樣化。

㈡ 盡量想辦法找點子，不要忙著批判

㈢ 應事先知會參加人員開會主題、時間及地點

㈣ 開會之初先說明腦力激盪會議的四項原則，最好是張貼於黑板上

㈤ 開會的氣氛盡量保持輕鬆愉悅、不拘形式，可盡量開玩笑

㈥ 持續鼓勵修正別人的創意，這會產生良性的連鎖反應

㈦ 記得該有一個專職記錄，記下所有的創意

Noller、Parnes和Biondi（1977）亦曾對團體指導者運用腦力激盪法提出下列建議：

■ 對你的團體講解腦力激盪的方法，並確信每個人都了解一般的方法。

■ 向團體成員解釋什麼是「搭構想的便車」，而且鼓勵他們盡可能地搭別人構想的便車。

■ 告訴團體成員，你將會很快地到他們面前請他們提出自己的構想。此時，如果有人舉手想提出構想，將更能促進團體一起「搭構想的便車」。

■ 請團體成員來充任「助手」，以便記錄團體所提出的構想。他要能抓住每個構想的特質，而不是逐字抄寫。無論如何，要記下正確的想法，或者你也可以將所有的構想寫在大張的白報紙上，並將它貼在牆上，讓每個人都能看見。

■ 當你聽到團體成員所提出的問題陳述後，要大聲地對團員重述，且要經常提醒他們主要的問題。

■ 你本身也要能隨心所欲地提供自己的構想，同時也能和團員一起「搭構想的便車」。

■ 當團體成員提出構想之後，要立即給予回饋——感謝他所提供的寶貴意見。

■ 絕對避免任何判斷性的評論，不管是積極的或消極的。如果有人開始批評，你必須委婉地向他解釋。如果他們仍然我行我素，你依然要堅定自己的立場。

■ 讓團體保持在有趣的、非正式的氣氛中。

■ 努力維持一個形成構想的進行速度，不要讓層出不窮的問題和回答來干擾或打斷它。

■ 如果團體的活動停滯不前，可嘗試一些獲得構想的策略。例如：你可以對團員說：「讓我們一起來想想五個、十個或更多的點子來重新出發！」或者說：「現在，請每個人提供一個（或二個等）點子來激發我們得到更多的點子！」鼓勵他們思考組合構想的方法，你自己提供一個新構想，這個新構想愈狂放愈好。

■ 不要強迫每個人對每個問題都要有所反應；可允許每個參與者「跳過」。

■ 在一個結合兒童合成人的團體中，要鼓勵雙方全力地投入、全心地參與，不要讓任一方壓過另一方。

五、腦力激盪術的形式

㈠筆談式腦力激盪術

「筆談式的腦力激盪術」又稱「**卡片交換技術**」（card-exchange），是由Batelle Institute的科學家首先提出的。這種技術的優點包括：

「筆談式腦力激盪術」是運用卡片書寫想法，成員5至8人，如圖6-5和6-6。

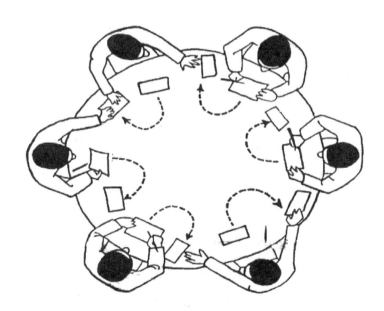

圖6-5 筆談式腦力激盪術

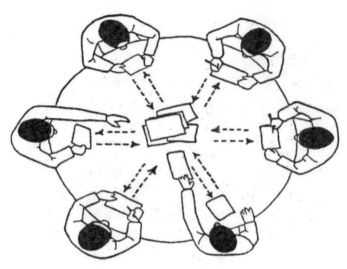

圖6-6　腦力寫作池

「筆談式腦力激盪術」的運作步驟，如圖6-7：

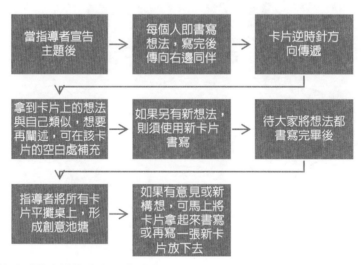

圖6-7　筆談式腦力激盪術的運作步驟

(二)635默寫式腦力激盪術

「635默寫式腦力激盪術」和上述「筆談式腦力激盪術」類似，是由Rohrbach（1969）所提出的。所謂「635」，即「6」位參與者，各提出「3」個構想並在「5」分鐘內完成，如圖6-8。

圖6-8　635默寫式腦力激盪術

「635默寫式腦力激盪術」的運作程序，如圖6-9。

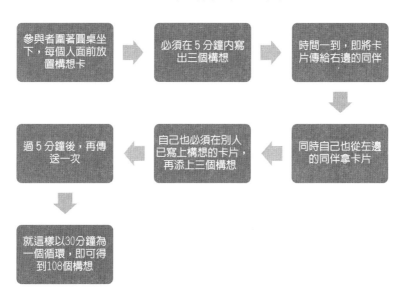

圖6-9　635默寫式腦力激盪術的運作程序

這種方法相當有名且常在市場或廣告界使用，它特別適用於命名或圖騰，以及腦力激盪無法解決的問題。腦力寫作技術（尤其是635法）提供個體發展觀念的空間，而且也強迫參與者在時間的壓力運作下考慮他人的解決方案。

(三) 菲利浦66討論法

如果人數過多，則可以考慮採用Phillips開發，並致力推廣的「菲利浦66討論法」（Phillips 66 buzz session），這是一種分工合作的方式，以6人為一組，每人各6分鐘，當討論告一段落後，每組選出一些可以實行的構想來公開討論，請各組小組長代表發言，此時指導者必須技巧地整理並引導全體成員共同再修正構想。

(四) 交替式的腦力激盪術

「交替式的腦力激盪術」是由美國管理協會的修密德‧豪沙所開發的方法（引自高橋浩，1990）。這種技術的運作方式如下：

(五) 電子腦力激盪系統

由於傳統的「面對面腦力激盪術」容易產生「**創造受阻**」和「受評焦慮」等問題（Dennis & Valacich, 1993; Gallupe, Cooper, Grise, & Bastianutti, 1994），因而產生以解決這方面問題的「電子腦力激盪系統」（Electronic Brainstorming System, EBS）。Hoadley、Hsi和Berman認為網路上的「電子腦力激盪系統」互動模式必須具備的四項功能（引自王千倖，1998）：

■ 參與者可依個人需要自由選擇採用「同步」或「非同步」的方

式，與其他人進行腦力激盪或討論活動。

■ 互動方式可以「一對一」，也可以「多對多」。

■ 電腦有資料庫系統能自動記錄完整的互動內容，並依照主題分類，同時容許參與者隨時查詢、列印及閱讀。

■ 有「非同步討論區」和「同步討論區」。

具備上述功能的網路「電子腦力激盪系統」就可以提供參與者不受時空限制的腦力激盪空間，激盪出參與者的創造力。

第二節　類推比擬法

「類推比擬法」（Synectics），又稱分合法。這是一種有趣的發展創造力的新方法，強調使用類推和隱喻來協助思考者，分析問題和形成不同的觀點。這種方法是由Gordon（1961）及其同事所設計的。

Gordon剛開始的「類推比擬法」程序是在於發展工業組織內的創造力小組；也就是說，一組受過訓練的人員一起工作，成為問題解決或發展產品者。後來，Gordon調整類推比擬法將其運用在兒童的身上，同時也建立了許多融入「類推比擬法」的活動教材。

一、觀念和假定

Gordon所提「類推比擬法」的四項觀念，挑戰了傳統的創造力觀念：

■ **日常活動上創造力是重要的**。多數人將創造歷程與偉大藝術、音樂作品或新發明發生關聯。他強調創造力是我們日常工作和休閒生活的一部分。這個模式是設計來增進問題解決能力、創意表現、擬情和對社會關係的洞見。

■ **所有領域（工程、科學、藝術）的創造發明是類似的**。事實上，對許多人來說，創造力偏限在藝術方面，發明則是屬於工程和科學。Gordon認為它們之間有相同的基本智能歷程，主張藝術與科學生產性思考之間的連結是相當強烈的。

■ **創造歷程並非全然是神祕不可測的，它可被描述，且可直接訓練個人來增進他們的創造力**。傳統上，我們將創造力視為是一種神

祕的、與生俱有的和可被破壞的個人能力（如果深入探究其過程）。相反地，Gordon相信如果個體了解創造歷程的基礎，他們就能夠學習使用這種理解，來增進個人和小組成員生活和工作上的創造力。他認為創造力可由意識分析來提高的觀念，讓他描述創造力能夠在學校和其他環境運用的訓練程序或方法。

■**個人和團體發明（創造思考）是非常類似的**。個人和團體產生觀念和產品有許多相同的地方。不過，這是非常不同於創造力是一種強烈個人經驗的態度或立場。

二、隱喻的活動

透過「類推比擬法」的隱喻活動，將創造力轉變成一種意識歷程。隱喻建立了下列的相似關係，如圖6-10：

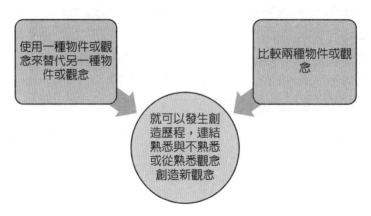

圖6-10　隱喻建立相似關係

隱喻可以導入學生和物件或提示原創思想之間的概念距離。例如：

■ 透過要求學生將其「**英文教科書**」當作是一雙「**舊鞋**」，我們提供的結構（**一種隱喻**），這樣學生就能以新的方法來思考熟悉的事物（**英文教科書**）。

■ 我們也可以要求學生思考一個新主題（**如人的眼睛**），透過要求他們用舊的方法將其比擬為大眾捷運系統（**熟悉的內容**）。

　　這樣的隱喻活動源自於學生的知識，協助他們連接熟悉內容至新內容的觀念，或是從新觀念來看待熟悉的內容。應用隱喻活動所設計的「類推比擬法」策略，可以提供一種建構，透過這種建構個人就能夠釋放他們自己，來發展想像力和對日常活動的洞見。

　　「類推比擬法」活動基礎會使用到幾種類推比擬類型，如圖6-11：

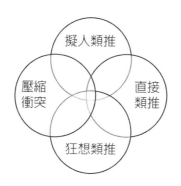

圖6-11　類推比擬的類型

㈠擬人類推

　　「擬人類推」（personal analogy）的重點在於「**移情參與**」（empathetic involvement）。它需要學生移情所要比較的觀念或物件；需要喪失某些自我，轉化成為另一種空間、植物、動物或無生命的事物。經由喪失自我所創造出來的概念距離愈大，類推愈可能是新的。例如：

- 我們可能讓學生成為一部「**飛機的引擎**」。然後問：「你有什麼樣的感覺？描述一下早上發動時、停下來時、電池用完時的感受如何？」
- 我們可以要求學生成為「**捷安特自行車**」，像下列捷安特自行車一樣進行思考，如圖6-12。這種類推方法是設計來讓學生脫離自己身體，從不同的觀點來看待事物。

1.想像你是一部捷安特自行車。你怎樣可以感覺像一部新的捷安特自行車？你是什麼顏色？為什麼？哪一類的人想要買你？

2.你的第一次旅行想要去哪裡？爬坡時你感覺怎樣？怎樣讓你的旅行更為容易？下坡時你感覺怎樣？想像一下你突然煞車的感覺？

3.現在你是10歲。當你成為一部捷安特自行車，你最感到興奮的事是什麼？你已經有怎樣的改變？成為一部舊的捷安特自行車，你有什麼感受？現在你認為將會發生什麼事？你可以做些什麼讓你自己更有用處？

圖6-12　擬人類推

在擬人類推方面，有下列四種參與層次（Gordon, 1970; Joyce & Weil, 1980）：

■ **第一人稱的描述事實**。個人列舉已知的事實，沒有使用新方法看待物件或動物，也沒有移情參與。根據飛機的引擎，個人可能會說：「我感覺油膩的」或「我感覺很熱」。

■ **融入情緒的第一人稱同一**。個人列舉共通的情緒，但是沒有出現新洞見。「我感覺強而有力」（如同飛機引擎一樣）。

■ **將有生命的事物視為同一**。針對類推的主體，學生情緒和肌肉運動知覺上視為同一。

■ **將無生命的事物視為同一**。這個層次需要最大的投入。個人將自己看成一件無生物的物體，嘗試從同感的觀點來探究問題：「我感到被剝削，我無法決定何時發動和停下來，有人對我做這件事」（如同飛機引擎一樣）。

導入這些「擬人類推」層次的目的主要是提供建立概念距離的引導。Gordon相信使用類推是直接與創造距離相對稱的。所創造的距離愈大，學生愈可能產生新的觀念。

(二) 直接類推

「直接類推」（direct analogy）是簡單比較兩種概念或物體，比較所有層面並不必須視為同一。它的功能在於轉化真正主題或問題情境的條件到另外一種情境，然後對一個問題或觀念提出新的觀點。這包括將個人、植物、動物或無生命的事物視為同一。

Gordon（1970）曾經引用一位工程師將鑿船蟲隧道類推成木材。當鑿船蟲爲其本身建構一條通往木材內部的隧道，以利啃食和前進時，工程師從中獲得一個運用潛水箱（或防水框）建構地下隧道的觀念。

三「狂想類推」

「狂想類推」（crazy analogy）意味著任何事情都可以，不會受到眞實或邏輯的限制。要求學生假裝他們是自行車時，學生可能提出在輪胎中灌入某種氣體，讓自行車可以漂浮起來。

四 壓縮衝突

「壓縮衝突」（compresses conflict）是一種運用兩個相矛盾或相反的單字來描述物體。例如：「戰爭與和平」與「友愛的敵人」。根據Gordon的看法，「壓縮衝突」可以提供對新問題發展最爲廣泛的洞見。它們反映了學生組合兩種參考架構（關於單一物件）。參考架構之間的距離愈大，心理的變通性就會愈大。

在後面的教學模式上，採用了擬人類推、直接類推、壓縮衝突等三種隱喻形式，來作爲教學活動順序的基礎。這些隱喻形式也各自在團體中成爲創造歷程和問題解決的暖身活動。也就是說，我們將這種用法作爲延伸性訓練或活動，但是它們與特別的問題情境無關，也不依循階段的順序。

運用這些技術解決問題之前，它們可作爲教導學生隱喻思考的歷程。基本上，要求學生採用下列的方式來回應觀念：

- **擬人類推**。變成冷氣團。你在何處？你正在做什麼？月亮和落下時，你感覺怎樣？假想你是你最喜愛的書，描述一下你自己？
- **直接類推**。葡萄像什麼有生命的東西嗎？學校怎樣像沙拉？
- **壓縮衝突**。電腦是怎樣的害羞和具有攻擊性的？什麼機器像是微笑和皺眉頭？

三、創造狀況與類推比擬法歷程

「類推比擬法」的特定歷程是基於下列幾項假定而發展出來的，如圖6-13：

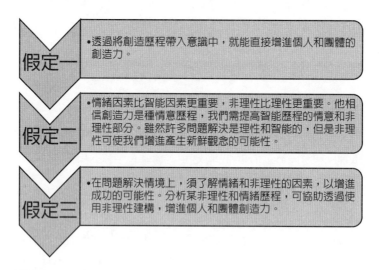

圖6-13　類推比擬法特定歷程之假定

四、教學模式

實際上，根據「類推比擬法」的程序可引出兩種教學模式或策略：

■ **策略一：「使熟悉變陌生，創造新事物」**。協助學生以新穎且更
具創意的方式來看待問題、觀念或產品。

■ **策略二：「使陌生變熟悉」**（Making the Strange Familiar）。設計來讓
新的、不熟悉的觀念變得更有意義。

雖然兩種策略執行三種類推形式，但是它們的目標、步驟和反應原理
是不同的。

㈠策略一的步驟

策略一：**「使熟悉變陌生，創造新事物」**是透過運用類推創造概念距
離，來協助學生使用不熟悉方式來看待熟悉的事物。除了最後一個步驟學
生要回到原先的問題之外，他們並不做簡單的比較。

這項教學策略的目標可能在於發展一種新的理解、解決社會和人際問
題或個人問題。例如：閱讀書籍時怎樣可以集中專注力？教師的角色在於
保護想法成熟前的分析與結束討論。圖6-14是策略一的實施步驟。

　　「類推比擬法」已經激勵了學生運用各種新穎的方式，來看待和感受原先的觀念。讓他們在解決問題時，可以更充實的看待問題，並增進他們探究解決問題的方法。

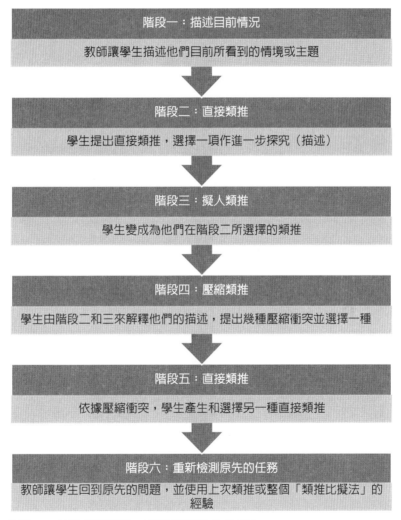

圖6-14　策略一：使熟悉變陌生（創造新事物的步驟）

根據Joyce & Weil（1980）的資料整理

由圖6-14可知，這項策略包括六個階段，分別是：

■ 階段一：教師讓學生描述他們目前所看到的情境或主題

■ 階段二：由學生提出直接類推

■ 階段三：學生變成為他們在「階段二」所選擇的類推，包括「成為熟悉」（擬人類推）

■ 階段四：學生由「階段二和三」來解釋他們的描述，提出幾種壓縮衝突並選擇一種

■ 階段五：依據壓縮衝突，學生產生和選擇另一種直接類推（學生檢測類推之間的差異）

■ 階段六：教師讓學生回到原先的問題，並使用上次類推或整個「類推比擬法」的經驗

㈡策略二的步驟與實例

策略二：「**使陌生變得熟悉**」，在於尋求增進學生了解和內化眞正新的或困難的材料。在這項類推上，用「**隱喻**」來作分析，而不是像「**策略一**」那樣要創造「**概念之間的距離**」。

從圖6-15可見，策略二：「**使陌生變得熟悉**」可分成七個階段，分別是：

■ 階段一：由教師提供新主題的資料

■ 階段二：教師提出直接類推和要求學生描述類推

■ 階段三：教師讓學生變成直接類推（擬人類推）

■ 階段四：學生確定和解釋新材料與直接類推之間的相似點

■ 階段五：學生解釋類推不適配的地方

■ 階段六：學生使用自己的術語重新探究原先的主題

■ 階段七：學生提供本身的直接類推，並探究異同

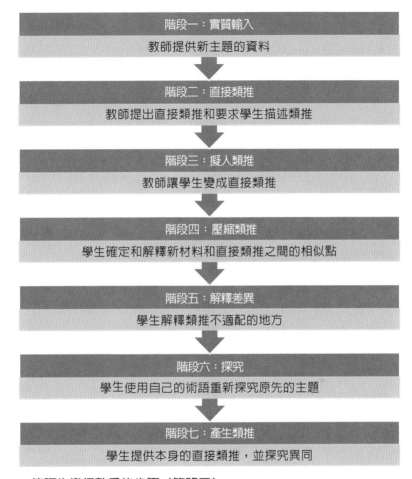

圖6-15　使陌生變得熟悉的步驟（策略二）

根據Joyce & Weil（1980）的資料整理

　　以下是策略二：「使陌生變得熟悉」的實例說明，有利於對這項策略的認識（Joyce & Weil, 1980）。要求學生比較「**人體**」（**熟悉主題**）和「**民主**」（**新主題**）（**階段一：實質輸入**）。在這個例子上，首先提供學生一篇有關「民主」（新主題）的短文：

> 　　民主是一種最為個人所尊重的政府形式。所有的個體有受到法律保障平等的權利。當人們想要改變法律來進一步保障自己時，每個人有投票權。由於投票權所肩負責任的關係，因此民主教育的角色是絕對重要的。沒有接受過教育的投票大眾可能被政客引導而遠離自由權利。因此民主是植基於個人和所有人的忠實……

　　其次，告訴學生列出「人體」和「民主」之間的連結（**階段二：直接類推；階段三：擬人類推**）：

人體	民主
☐	☐
☐ 每個細胞	☐ 每個個體
☐ 疾病	☐ 失去自由
☐ 整個身體	☐ 民主國家
☐ 大腦	☐ 法律
☐ 肌肉	☐ 教育

　　完成後，要求學生「寫一篇表示你先前類推連結的短文」。明確指出身體類推適配和不適配的地方（**階段四：壓縮類推；階段五：解釋差異**）。以下是一篇學生的反應範例：

> 　　每個身體細胞就是一個個體。裸眼是不可能看起來像它，但是在顯微鏡下就可以看清楚它。肌肉是教育，因為它們必須被教做某些行為（除了自動的事物，如消化與教導我們不知道的部分）；走路、遊戲等。大腦是法律。如果做錯事我的心靈會告訴我，大腦在我的心靈中。身體如同整體是民主的，因為它取決於所有細胞的健康。有疾病時身體會失去自由，這時渴望權利的疾病就會來接管。一旦疾病接管所有的細胞時，身體就死亡了。
> 　　……不適配。在民主上，人們藉由投票來控制政府，他們總是能夠修理壞法律。你總是不能修理漸漸老化的身體……它終將死去。

在這個訓練上，所要教導的最後技巧就是「**應用**」。告訴學生，接近無生命世界以確定你的類推與運用「身體」類推是不同的，現在想出或發明你自己對「民主」的類推，並寫下來，如圖6-16（**階段六：探究**）。事實上，類推並無法得到正確的適配，它們只是一種思考的方法。

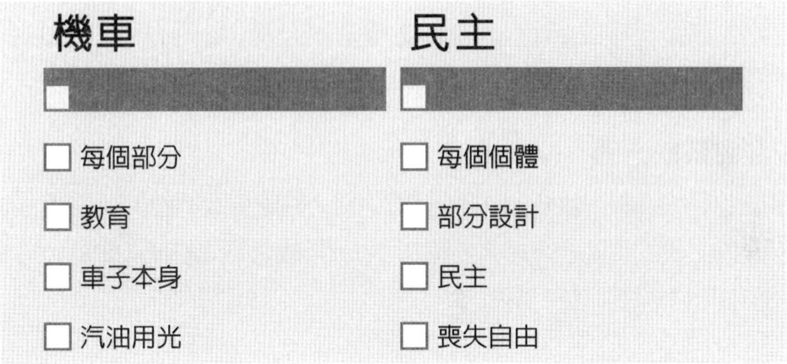

機車	民主
☐ 每個部分	☐ 每個個體
☐ 教育	☐ 部分設計
☐ 車子本身	☐ 民主
☐ 汽油用光	☐ 喪失自由

圖6-16 你的類推

在最後階段，告訴學生：現在盡所能地寫出你自己的連結性想法，然後再回去考慮文法問題。品質比量多還重要。記得要顯示適配或不適配的地方（**階段七：產生類推**）。以下是一篇學生的反應範例：

> 所有機車的部分就像民主上的個體。當它們狀況一切都良好的話，機車會運轉很好。………（適配部分）
>
> 在民主國家，所有人不能忽視國家。而在機車方面，當擁有者忘記加油，這是擁有者的疏忽。我試著發現機車的好處，但是卻沒有辦法。任何機車上的競爭是種賽車，不像民主方面的競爭。………（不適配部分）

〔三〕小結

策略一和策略二之間的主要區別在於「**類推的運用**」。教師所選擇的策略取決於他是否企圖協助學生創造新事物或探究不熟悉。在策略一：

「使熟悉陌生（創造新事物）」，學生無邏輯上的限制，經由一系列類推向前推移；這樣就可以產生概念之間的距離，發揮想像力；在策略二：「使陌生變得熟悉」，學生須試著連接兩個觀念，並透過類推作連結。

五、相關條件的配合

有關這方面，本文將從社會、支持系統及教師或行為反應原則等方面來說明（Gordon, 1970; Joyce & Weil. 1980）：

㈠ 社會系統方面

類推比擬法的結構並不是非常嚴謹的。由教師啟動順序並導引進行，學生從事隱喻式的問題解決時，可以進行開放性討論。酬賞是內在的，主要來自於學生的滿足和學習樂趣。

㈡ 支持系統方面

一般來說，類推比擬法所需的團體人數不多，同時要讓團體成員了解領導者在類推比擬法程序中扮演的角色。另外，班級需要有本身的運作空間、獎勵及激發創造力的環境。

㈢ 教師或行為反應原則

教學者必須注意學生規律化的思考範圍，同時試著引入心理狀況來激發創造力的產生。教學者需要學習接受奇異和不尋常想法。另外，教學者也要接受所有學生的行為表現，以確保學生感覺在其創造表現上沒有外在判斷。問題愈困難，教學者愈需要接受牽強的類推，讓學生對問題發展出新穎的想法。

六、類推比擬法的應用

設計類推比擬法來增加個人和團體的創造力。這種方法可以運用在所有的課程領域，如科學和藝術。其工具或產品並不總是需要用寫的，也可以是繪畫、口頭的或是採用角色扮演的形式等。

Gordon和其同事已經發展出一種廣泛的教材可供學校使用，尤其在語言發展領域。這項具有吸引力的策略與其提高生產性思考和培育移情參與

及人際緊密的組合，使得它適用於所有年齡和多數的課程領域（引自Joyce & Weil, 1980）。以下將簡述這種方法應用：

㈠ 創作一件設計或產品

類推比擬法可用來創作一件設計（如一個活動表演的觀念或一種新的大眾運輸方法）或產品（如一幅畫，一棟建築）。

㈡ 問題解決

有關社會課題（如建立政府與民間良好關係的方法）或個人問題（如如何停止發脾氣、戴隱形眼鏡感覺舒服的方法）的問題解決，也是「類推比擬法」可以處理的範圍。策略二：「使陌生變得熟悉」的目標就在於用新的方法概念化問題，以提出新穎的方法。

㈢ 創意寫作

寫作是一種語文方面的領域，不是有關特別概念的解釋性寫作（如正義），就是更多個人化的寫作（有關情緒或經驗）。而「類推比擬法」模式的策略一：「使熟悉陌生（創造新事物）」是一種發展創意寫作能力的教學策略，它可以激發學生的想像力，並協助他們記錄其思想和感受。

㈣ 探究社會問題

策略一是一種探究社會問題的良好教學策略。隱喻創造距離，以致學習者不會受到面對面所產生的威脅，使得討論和自我測試是可能的。

㈤ 擴大概念的範圍

抽象觀念如文化、成見與經濟是很難內化的。「類推比擬法」是一種使熟悉概念陌生與獲得另一種新觀點的好方法。Gordon（1970）認為這種方法對於每個人都是有價值的。它很容易與其他模式組合，可延伸所要探究的概念，透過角色扮演、團體探究或廣泛的擴展問題與開啟所探究社會課題的層面。

在延伸觀念和問題上，類推比擬法有短期的結果，但是當學生一再地暴露其中，他們就可以透過所增進的能力來學習使用類推比擬法，隨著逐漸增加的舒適和完整性，他們學習到進入隱喻性的法則。

七、結語

類推比擬法模式包括教學和培育價值。透過它，可以溝通創造歷程，也可以經由訓練來改進。Gordon（1961, 1970）已經發展出特定的教學技巧。不管怎樣，運用類推比擬法可以發展一般創造力和各種學科上的創意反應，如圖6-17。

迄今，類推比擬法已經被設計來培育個人和團體的創造力。無疑地，參與「類推比擬法」小組可以創造出獨特的分享經驗，培育人際了解和共通感受。當每個人用其獨特方法回應共同事件時，成員之間可以彼此學習。參與者變得敏銳了解他們依賴團體中其他成員的不同看法。不論每種想法是多麼奇特，對其本身的想法都具有潛在的觸媒效果。

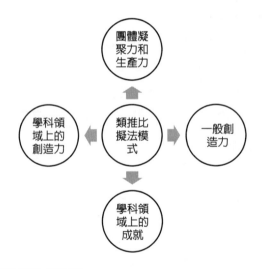

圖6-17　運用類推比擬法的效果

（第三節）曼陀羅思考法

一、曼陀羅的源起

曼陀羅（mandala）最早出現在古印度五世紀，至今已有千年歷史（王

復蘇，2002）。在宗教上，曼陀羅是一種神與人溝通的圖像，分為內外曼陀羅。前者是不可視的，分為肉體和精神曼陀羅，作為人與神之間的溝通媒介；後者是可視的，分為尊像、象徵、文字及立體曼陀羅（賴富本宏，1990）。

　　曼陀羅思考法傳入日本後，逐漸脫離宗教形式。今泉浩晃在1992年以曼陀羅為名著書，並在其中提出曼陀羅思考法，而且開發了曼陀羅軟體。2001年，長谷川公彥開發出九宮格卡片的新運用，讓思考反覆進行，稱為**「矩陣卡片法」**（Matrix Card, MC）。

二、曼陀羅的涵義

　　曼陀羅是梵語「mandala」的音譯，有佛教道場、圓壇之意；引申為「圓滿具足」，有本質、心髓、了悟、集合的意思。陳丁榮（2002）則認為曼陀羅至少有三種意義：

　　是宇宙精髓及本質的成就

　　是佛教密宗轉識成智的思想工具

　　是潛藏智慧圖形，可從有限衍生出無限

　　總之，曼陀羅是一種事物聚集時產生的意義中心，再由此中心衍生發展出有意義的世界，將人類對宇宙領悟的精髓，以有限的資源創造無限的力量。透過對宇宙的觀想，在不斷分解與復合的思考中，轉化心智，成就一個有中心思想、富有感受性且充滿生命力的人。

　　曼陀羅思考法是以佛教的「曼陀羅圖」系統化而成，由日本人金泉浩晃（引自原來，1996）所提出，強調放棄傳統線性筆記方式，儘量擴展思考領域，以更自由角度去看待事物。其方式劃分為九格的長方矩陣，如同練習書法用的九宮格圖，故又名為**「九宮格法」**，如圖6-18。

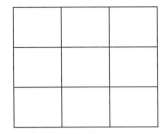

圖6-18　曼陀羅法的九格長方矩陣

三、曼陀羅的構造與特性

㈠ 構造和編排

曼陀羅最早出現在古印度五世紀，是指國家領土和祭祀的祭壇。曼陀羅圖的出現，便是模仿四方城樓描繪出來的，可左右上下擴展。因此，我們在運用曼陀羅思考時，需掌握其精神，將善用感官與包容異己融入曼陀羅圖中，與一般逐條列舉的方式不同。

曼陀羅思考法最常使用的編排方式有二種：

■ **擴散型**。這種結構是將主題置於中心，再向四面八方發展，無須考慮順序性，只需將與主題相關的想法，填入周圍的空格中。

擴散型曼陀羅思考法可以用於人員的描述、人際關係的擴展及地理式分析等，例如：將張小姐擺在中央，再依據她的學歷、經歷、興趣、個性、著作等方面作四面八方的擴展，詳細地描述清楚，同時將她各個方面的才能再予以延伸解釋。

■ **圍繞型**。此種結構是將主題置於中心，依時間順序將思考到的想法逐一填入，這樣的方式有其時間順序性，非常適合用於與時間相關的計畫或編排。

圍繞型曼陀羅思考法可應用於一週的工作計畫、會議討論等。先將這一週計畫完成的工作目標簡要地寫在中央方格裡，再依順時鐘的流動順序，分別安排週一至週日，並且將每天的工作項目寫上，這些項目都必須當作為了完成整週工作目標而進行的；而最後一格則是作為調整時使用。

曼陀羅的基本思考法為九宮格造型，但是可以無限擴展，尤其是擴散型曼陀羅思考法。運用時，將主題置於中心，然後從周圍的8個空格，可不斷衍生出新想法，進行擴散思考。另外，我們可將基本形式中的8個外圍項目，再發展成8個次主題，並由這8個次主題向外擴展成另外8個由中央主題加以擴展出曼陀羅的編排，使得曼陀羅思考的項目由8個擴展至64個，即是「蓮花法」構造圖。如此，有助於激發出更多的想法。

(二)特性

曼陀羅思考法是一種思考技法，在操作上並沒有特定規則，使用者可依據本身的習慣做適當調整。多多揣摩擴散型和圍繞型的運作方式，也可以應用這兩種形式去思考任何問題。不過，在運用曼陀羅法時，最關鍵的訣竅就是「**不要太快將各方格都填滿**」，容許填錯或空著一兩格也沒關係的態度。一旦有新的想法時，隨即填進空格裡，這個想法馬上又加入腦力激盪的行列中，開始擔負起醞釀新構想的任務。

經由學習和運用曼陀羅思考法，我們可將零碎知識不斷整合和移動，有助於提升智慧，養成多方思考的習慣。

第四節　心像創造法

一、心像的涵義

「心像」（mental image 或 image）是指不憑感官只憑記憶而使經驗過的事物在想像中重現的一個現象。在心理學上它被視作一種想像，一種新的思考或感覺來源，也被認為是一種人們可以對環境中的真實事物，在內心詳加審視的感官圖像，或被視為是一種來自內心的刺激而呈現出一連串自我顯露的結果（張春興，2007）。

基本上，它是一種形成觀念的過程，有別於一般強迫性的思考。每個人都有在心中描繪事物的能力，例如：當我們看到「飛機」二字，在心中便會浮現該名詞所代表的具體物像及其在空中飛翔的景象；看到「番茄」二字，除物象之外，還會兼有蕃茄的味道，此即「心像」。

　　心像可分爲「個別心像」與「交互心像」。「**個別心像**」是指單一名詞所引起的心像，如「飛機」的圖形；而「**交互心像**」是指二個或二個以上的名詞在心中描繪具有交互作用的畫面，例如：將「飛機—旅客—飛機場」三個名詞，描繪成「一位旅客到飛機場坐飛機出國旅遊」（王亦榮，1988）。

　　心像是一種高度的創造行動，透過它，我們可以更有效的獲得新構想，增強自我概念，放鬆並調和身心（因爲構成「心像」的活動通常在一個舒適的情況下進行）。此外，心像創造的歷程是沒有國界之分的，任何人都可以構成心像，進行心像創造來增加基本知識和對人類事物的了解及感受程度。甚至可說：「心像或許是人類最偉大的能力」（Bagley, 1987）。

　　愛因斯坦就曾說過：「語言在他的思想中所扮演的角色並不重要，重要的是某些存在人們身上的符號或一些或多或少的清楚心像。」（張世彗，1992）

二、心像的其他形式

　　心像表現的形式包括下列幾種，如圖6-19（Bagley, 1987）：

圖6-19　心像表現的形式

（一）記憶心像

　　「記憶心像」（memory image）是一種藉由回憶某些事實或細節來喚起舊經驗的方式。它可以透過感官刺激、語言、圖畫、味覺或嗅覺而產生。當我們注意力集中或動機增強時，記憶心像便會隨之而持久。例如：

■ 當你瀏覽一篇文章後，暫時閉目，就會有些記憶心像（文章再現）浮現在腦中。

■ 當你記起小學某位老師，便能想像她昔日上課情景、穿著、相貌，甚至她的聲音，即是記憶心像的運用。

㈡ 想像心像

「想像心像」（imagination image）是一種自發的、自在的、非結構性的及由全新組織形態，來統整過去和目前事物的創造經驗。這種心像與記憶心像最大差異在於它並不固著某一參考點上，而且與一些特別事件或情況也沒有關聯。此類心像常見於藝術家或詩人創作中。國際知名畫家梵谷（van Gogh）曾在致其弟弟的信上提及：「……今晚我要畫另一幅畫，且將圓滿地完成它。此刻的我神智清晰、心情愉悅，我不再意識到我的存在，而那幅畫就像夢般地來到我心中。」無疑地，「想像心像」在心像創造歷程中扮演著最重要的角色，一旦人們開始相信並成功探索心像，就能從中不斷獲得愉快與美妙的經驗（引自Bagley, 1987）。

「想像心像」是我們談論創造性問題解決的基本方法。然而，它卻也可能是最困難的一種方法，因為它的思考歷程是一種理性而直線的釋放方式。無論如何，學者們深信：「想像心像是心像創造最重要的部分，一旦人們開始相信並探索想像心像的可能性，就能經驗到更多愉快且更能洞察人類巨大的潛力。」在後文中，所有創造性問題解決心像技巧都是想像心像的形成。

㈢ 結構心像

「結構心像」（structured image）就是從多數不同因素中，理出合理且有意義的架構或組織。例如：建築師或室內設計師在做建築或室內設計時，會先自零散構思中描繪出心中的草圖，再漸次完成理想的建築物或室內全貌設計，其中都是以構造性心像來完成。一般所謂的構思或構想運作與完成都是要靠結構心像來完成的。

㈣ 全現心像

「全現心像」（eidetic image）就是所謂具有過目不忘的心像能力，常

常發生在兒童的身上。但長大後，便趨於消失，只會持續發生在少數高度想像力的成人身上，並與突然出現的洞察力有關（張春興，2007）。

三、構成心像歷程的要素

心像創造的歷程一旦經過學習或精熟，就能夠運用到任何形式的學習活動或問題解決上，它所發展出的學習策略，更有助於長期記憶的儲存與檢索。因此，我們有必要進一步地了解構成心像的要素，以下是Ahsen（1977）所提出構成心像歷程的ISM模式，如圖6-20：

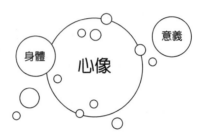

圖6-20　心像歷程之ISM模式

㈠心像

這是進行想像時，處理「心像」（image）的一部分。想像者透過心像的表現可以看到任何形式的色彩、形狀、明暗、濃淡等。就好像它正透過一面朦朧的「內在螢幕」來看所有鮮明活潑或栩栩如生的心像一樣，而這些心像只要想像者保持高度的注意力，便能一直停留在其「內心的眼」中。此外，若欲產生鮮明心像的祕訣就是：「讓心像緩慢而自然地產生，不要過分衝動或強迫自己一定要產生心像。」

㈡身體

「身體」（somatic）是指心像產生後，因為接受某些訊息而導致某些身體上的情緒反應，例如：喜悅、害怕、興奮、快樂、刺激等。這些反應通常可作為延續或中止心像活動的機制，也可以幫助想像者維持高度的注意力。此外，對於我們所看到的、儲存的或回憶的人、事、物，這些反應

也有助於他們在內心的「烙印作用」，而且能夠使得後來的回想更為容易。如果意識能夠控制心像並得到身體反應的穩定支持，那麼想像者將更能思考，更能看到活動內容的不同意義。

(三) 意義

「意義」（meaing）是心像歷程的最後部分，主要是指心像內容所代表的涵義，以及想像者對於心像內容的看法。主張心像的學者們相信：「透過鮮明心像所產生的意義，比透過語意歷程所產生的意義來得正確。」

無疑地，在整個創造性問題解決的情境中與前述這三項要素有著密切的關係，一個成功的創造性問題解決端視吾人如何妥善運用這ISM的過程（張春興，1997；Bagley, 1987）。

四、指導式和非指導式心像的差異

事實上，絕大多數的心像練習都是運用指導式心像。心像是一種新歷程，教師和學生們應該運用心像來改變原先的思考和學習方式，尤其是學習重要學科時（Bagley, 1987）。

然而，Bagley（1987）卻發現「非指導式心像」才是開發創造潛能的主力。因此，他將心像創造改變為結合指導式與非指導式兩種心像思考的方式。這些創造性問題解決的心像練習只能引導到某一程度，然後讓想像者能夠產生並投射自己的心像，剩下來的就只能靠「非指導式心像」來啟開每個人內在的創造能力了。

有些學生喜歡指導式心像，有些學生則較喜歡帶點背景音樂的非指導式心像。不過，介紹心像活動時，大都是以各種不同的指導式心像作為開始的。在做過一些簡短心像練習後，才繼以一些簡單的非指導式心像練習。例如：我們可以選擇「海裡來的消息」這個單元作為初步練習的活動，然後告訴學生他們將有30秒的時間來想像這個主題的各項內容。

由於我們在生活中所用到多半是非指導式心像。因此，我們必須同時讓學生了解指導式心像和非指導式心像的重要性，也要鼓勵他們不斷地運用心像來探索不同目標或體會不同情境。

五、心像創造的首要工作──建立創意工作坊

(一)何謂心靈的創意工作坊？

「創意工作坊」，簡稱創意坊。這是心像者為了進行創造性問題解決活動，在內心所「創造」出的一個特別地點，如房間、建築物或圖書館等。創意坊能提供心像者一個放鬆身心、集中注意及構造心像的熟悉環境，教師也可以引導學生設計、構築或裝飾自己的創意坊，並且鼓勵學生們讓創意坊感覺舒適、愉快。任何時刻學生都能自由改變或修正自己的創意坊。

(二)創意工作坊作用方式與注意要項

一旦成功完成創意坊之後，指導者便可以開始指導學員，進行後面的創造性問題解決心像練習活動，或是任意由指導員或學員想出的其他活動。所有的CPS心像練習都要在創意坊中進行。一旦身處創意坊中，你便可以很容易地改變心靈的機轉，專注於你所要想像的事物上，例如：環遊世界、進入外太空、沙灘漫步或與名人對談等。

CPS心像練習結束後，學員可以在引導下回到「創意坊」中，最後再「回到」原來的位置上。至於創意坊的出入方式在CPS心像練習中，通常都有特別指示，一般人在練習後都能進出自如。

大部分的CPS心像練習多在10～15分鐘之間，這是進行一個特別練習的合適時間。然而，有些練習也需要30分之久的。較長的練習應該等到學生熟悉整個活動歷程後再進行，因為要維持30分鐘之久的注意力需要較佳的處理技巧。至於其他需要列入考慮的還有地點、娛樂的數目、班級活動、刺激物的使用（如音樂）等。

至於創意坊練習的次數應該多少？學者認為一週兩次是最好的。如此才能夠讓學生的想像技能保持敏銳與一定水準（Bagley, 1987）。

學生在CPS心像練習之後，應該使用創意札記嗎？當然要！活動過後，至少要留5分鐘的時間，讓學生將構想寫（或畫）下來，因為透過心像或想像所得的構想表達和活動內容是同等重要的。下列是創意札記的使用守則：

■ 除非學生願意，否則他們可以不和他人分享札記的內容。

■ 不要對創意札記裡的內容給予任何的判斷或評價。

■ 鼓勵學生自由地使用札記，例如任何時間、週末等。

■ 在CPS心像練習後，讓學生有時間利用創意札記，即使只有5分鐘也可以。

■ 可以和家長討論創意札記，或許是在開放教室裡。並鼓勵他們尊重上列的（私人原則）。

■ 讓CPS創意札記成為你日常生活中的重要一部分。

　　此外，由於心像是一種放鬆的歷程，它可以完全減緩我們大腦機能的活動速率。當大腦機能速率減慢時，我們就可以專注於想像的事物上，同時我們也傾向於跳出原有的意識狀態。這種現象將會減慢身體新陳代謝的進行（如心跳變慢、呼吸減緩等）而使大腦緩和能量的運作。因此，完成心像後，我們必須花幾秒鐘的時間增加身體的新陳代謝到正常狀態，並讓大腦回到正常的能量運作。否則，有些心像者如果疲倦時，甚至在CPS心像練習中就睡著了。

(三) 創意工作坊心像指導式教學

　　在心像創造方法中，設立創意坊是問題解決的首要步驟。因此，創意坊這個心像的引導必須以高度專業的方式，在極少干擾的情況下來導引學生。這是一種需要極大技巧、耐心與訓練的技術。指導員在指導學員CPS心像練習前應該一再地演練，才能駕輕就熟。而在練習時，指導員就可以著手進行下列創意坊心像的引導，這個活動也必須在心像練習前對學員說明。以下為創意坊心像的指導步驟：

1. 找個舒適地點，放鬆心情並全神貫注在你的呼吸上（暫停約15秒）。

2. 你正在釋放所有的想法。

3. 將焦點集中在你已放鬆的呼吸上。

4. 現在，時間將很充裕。

5. 好……運用你的想像力，我希望你能建立一個特別的工作坊。

6. 想像你是一個建築師、設計家、工程師。

7. 你能根據自己的選擇，採用任何材料、質地、顏色等來建造這個工作坊。

8. 讓我們開始吧！

9. 很慢地，我想你能看到地基已開始打起了。

10. 注意看它的尺寸、形狀和材質。

11. 開始看看地板。

12. 記得——這就是你的創意坊，讓它成為你喜歡的樣子。

13. 接下來，觀察外部的牆。

14. 現在，看這屋頂。

15. 現在，看看內部的牆——要很仔細地看，看看你所建築的形式。（暫停15秒）

16. 觀察天花板和所有的細部地方。

17. 你開始對你的創意坊有一種特別的感覺。

18. 現在，花一點時間來裝飾你的創意坊——儘量使它適合你。（暫停30秒）

19. 好……停一會兒，我希望在你的創意坊中能添加三樣東西。

20. 首先，我希望你看到一張大的、柔軟的而且舒適的椅子。

21. 注意看它的大小、形狀、顏色和質地。

22. 這就是你特別的視覺椅（心像椅）。

23. 接著，我希望你能看到一個大螢幕直接橫過椅子前。

24. 注意它的每個部分。

25. 仔細地觀察它。

26. 這個螢幕將作為你的視覺螢幕，用來創造你未來的心像。

27. 最後，我希望你能看到另一張椅子，那將是你助手的椅子。

28. 好……現在看看是否還有其他你想放進創意坊的東西。

29. 現在，花一點時間，看看四周的創意坊，仔細看看你所創造的每一樣東西——顏色——質料。

30. 感覺你的創意坊有多麼地舒適，多麼地與眾不同。

31. 你已經完成了你的創意坊。

32. 任何時刻你都可以回到你的創意坊中或是做任何你做的改變。

33.當你準備離開創意坊時，請你帶著所有的心像一起離開。（暫停15秒）

34.現在，我希望你開始將心像集中在你原來班級中的位置上。

35.當我數到十，你將回到班級中，保持注意，準備走！

36.一……五、六……十，現在，你已經回來了。

注意：要學生將他在創意工作坊中的經驗描述在創意札記裡。至少15分鐘。接著是進行討論，基本上，只要針對歷程即可。不要讓學生討論有關他們創意工作坊的事，但如果學生願意分享他們的經驗的話，也是很好的！

鼓勵學生在創意工作坊中做一些改變，任何事物都可以（像增加個游泳池、桌子、蘇打噴泉等），記得——這就是想像！

六、身體放鬆訓練

身體放鬆是學習增進想像力的第一步，而意識的放鬆更能掃除一些不相干的刺激，使人能夠更專注於內在的心理狀態。身體放鬆一直是研究者認為能促進心像形成的最好方法之一。另一個要素就是「專心」。這兩個要素的相互配合有助於引導良好的心像的產生。藉著放鬆無關壓力，個體便能夠完全釋放出能量而專注手邊的工作。

下列的放鬆練習是學生在進行創意坊或CPS心像練習前必須做的，這些放鬆練習的時間可以根據目標或需要加長或縮短，也可以結合。至於暫停的時間也可以隨喜好予以增刪。如同前面所提到的，所有的建議你都可以隨時調整、修改或完全取消。你可以自由地創造屬於你自己的模式：

㈠ 橫隔膜的呼吸放鬆練習指導語

1. 舒服地坐著並學著放鬆身體。（暫停5秒）
2. 挺起腰桿並且感覺你的腳平放在地板上。（暫停5秒）
3. 將手輕鬆地放在膝蓋上。（暫停5秒）
4. 現在深呼吸一口然後慢慢地吐氣。（暫停10秒）
5. 你正在釋放所有的思想。（暫停5秒）
6. 再深呼吸一口，然後慢慢地呼氣。（暫停10秒）
7. 你有很多時間。（暫停10秒）

8. 注意你鼻孔氣息的流動。（暫停15秒）

9. 吸進冷空氣──呼出熱空氣。（暫停3秒）

10.花一點時間感受這個溫和空氣的流動。（暫停30秒）

11.現在讓我們的注意力集中在肺部下面的橫隔膜肌肉（注意：此時最好將肺部及橫隔膜肌肉的解剖圖拿給學生看）。

12.注意：當你吸氣時，你感覺你的橫膈膜向下壓迫至你的胃腔；而當你呼氣時，你會感覺你的隔膜像降落傘般移動。

13.花一點兒時間觀察這種放鬆的活動。你感覺胃部在呼氣時舒張開來──而在吸氣時收縮起來。（暫停60秒）

14.現在你感到非常平靜、舒暢。（暫停5秒）

15.你的呼吸緩慢而容易。（暫停10秒）

16.繼續專注在你放鬆的呼吸之上。（暫停2分鐘）

17.好……你已經完成了這個呼吸的放鬆練習。（暫停5秒）

18.慢慢地開始將心像移轉到原來的位置上。（暫停5秒）

19.當我數到十，你將保持清醒並充滿活力。

20.一……三……好，醒過來。

㈡有系統的身體放鬆練習指導語

1. 找一個舒適的地點，舒服地坐著，然後放鬆。

2. 挺直腰桿並感覺你的雙腳平放在地板上。

3. 深呼吸一口並慢慢地放鬆。（暫停15秒）

4. 清除所有的想法。（暫停10秒）

5. 你有很多時間。（暫停15秒）

6. 我希望你將注意力集中在腳上，並且說：「我的腳正變得輕鬆起來。」（暫停15秒）

7. 現在，以同樣的方法放鬆你的足踝。（暫停7秒）

8. 感覺小腿的輕鬆狀態。（暫停10秒）

9. 現在，將這種感覺移至大腿，並且感覺所有腿部的肌肉都已放鬆。（暫停15秒）

10.你感覺臀部和骨盆區也正在放鬆。（暫停15秒）

11.現在，將這種放鬆的感覺轉移至胃部的所有肌肉。（暫停15秒）

12.接著是胸部，你能夠感覺它已完全放鬆。

13.將放鬆的感覺直接導引至手部，慢慢地，慢慢地下移至手臂。（暫停5秒）

14.你感到指尖已不再緊張。（暫停7秒）

15.現在，換另一隻手，你感覺到手臂慢慢地放鬆──指尖也不再緊張。（暫停7秒）

16.現在，將注意力集中在頸部和肩膀，並且感覺到這種放鬆的力量已經貫穿所有的肌肉，直到你覺得壓力和緊張已不再存在為止。接著，將這種感覺移至腦後、腦殼和全部的頭部──接著是前額。

17.感覺前額和眼部四周的肌肉都已完全地放鬆。

18.感覺臉部的小肌肉正在放鬆。

19.讓下顎微微下垂，此時，整個臉部已全部放鬆。

20.現在，你感到平靜而舒適。

21.再度回到全身，而且只要發現有任何緊張的部位就立刻消除它。

22.現在，你已深深地放鬆，而且感到寧靜、安詳。

23.花一點時間捕捉一些可以放鬆的休閒據點的美麗心像。（暫停3分鐘）

24.好，慢慢地離開這個美麗的地方，並將心像集中在你原來的位置上。（暫停5秒）

25.當我數到十，你將安全地回到教室中，並且感覺恢復精神而活力充沛。

26.一……三……十……好，醒過來。

七、產生心像的原則

要想隨心所欲地產生心像，這是一個敏感過程。你不能強迫心像自動出現，而是必須讓心像自然浮現。多數人往往急切地想要心像「現在」就出現，殊不知這種態度正是阻礙心像產生的主因。

Bagley（1987）認為讓心像產生的三個原則：

心像產生

- **讓一讓**。這是指心像者要讓心像創造的歷程自然地發生，而將心像投射到內在的螢幕上。你不必精神緊繃、彎曲肌肉、屏住氣息或推動心像的發生；你只需以一種準備接受的態度，讓心像的流動，像一片浮雲般地飄進你的意識中即可。
- **等一等**。這是指當大腦一旦選定想像的主題或內容後，你只要讓自己處在準備的狀態下，心像就會自動地出現。如果，此時你的內心還充斥著其他事情或是受到其他環境刺激的干擾，或未能放鬆身體，心像可能就不會立刻出現。

    只有當心像者處於一個有耐心的狀態、深呼吸並且釋放所有的想法而能靜靜地等待時，心像才會隨之浮現在你的視覺螢幕上。注意：當你等待心像出現時，不妨將注意力集中在呼吸的放鬆練習上，這樣，心像將會很快地出現。
- **動一動**。心像的發生是非常和緩的，而且能夠自然的流動到你的螢幕上。當你專注於某一個心像時，另一個心像也將進入你的意識中而可能又同時很快地離開意識。這就是我為什麼常說：「如果有一個消極的心像出現，就讓它流出螢幕外，不必管它！」的理由了。如果你能夠好好地掌握這三個原則，我相信你將能更有效的創造心像。當然，這需要不斷地練習和體會。

八、心像創造練習活動

如果個人能夠依照他的夢想去生活的話，就可能在尋常的日子裡獲得意想不到的成功。進行心像創造練習時，可依循下列步驟來進行指導，如圖6-21。

　　提醒學生心像創造練習並不能確保對某一特殊問題，都能夠提出一個解決方案，也無法每個時刻都能獲得具有創造力（創意）的構想。對某些學生來說，這種練習是極富有生產力的；惟對其他學生來說，卻有可能是令人失望的。同時，也並不是所有學生都喜歡所有的練習，心像是一種極為個人化的經驗。因此，我們必須預期每個學生都有多樣化的反應和心像的交會。

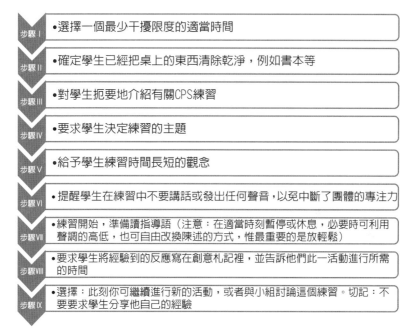

步驟 I	•選擇一個最少干擾限度的適當時間
步驟 II	•確定學生已經把桌上的東西清除乾淨，例如書本等
步驟 III	•對學生扼要地介紹有關CPS練習
步驟 IV	•要求學生決定練習的主題
步驟 V	•給予學生練習時間長短的觀念
步驟 VI	•提醒學生在練習中不要講話或發出任何聲音，以免中斷了團體的專注力
步驟 VII	•練習開始，準備讀指導語（注意：在適當時刻暫停或休息，必要時可利用聲調的高低，也可自由改換陳述的方式，惟最重要的是放輕鬆）
步驟 VIII	•要求學生將經驗到的反應寫在創意札記裡，並告訴他們此一活動進行所需的時間
步驟 IX	•選擇：此刻你可繼續進行新的活動，或者與小組討論這個練習。切記：不要要求學生分享他自己的經驗

圖6-21　進行心像創造練習的指導步驟

　　心像創造練習所呈現的是一種高層次的、前進的心像形式。它需要時間和練習，以放鬆身心並對過程產生信心。須牢記的是，發現問題解決方案的心像歷程或許是學生在學校生活中最有價值的一項經驗。

　　在此筆者將提供Bagley（1987）所發展的三個心像創造練習活動，以便有心人想要對問題提出更佳構想時，能夠釋放出他們的想像力。

. . . .

㈠ 活動一：海裡來的消息

活動時間：5分鐘

活動說明：

　　練習一開始時，讓心像者假想自己正站在沙灘上眺望海洋。當心中充滿著（洋溢著）輕鬆暢快感受後，心像者便可以開始期待一個隨著潮水慢慢地沖到岸邊，同時帶有重要訊息的奇特瓶子的來臨。瓶口是開啓的，訊息就寫在瓶內的一張便條紙上。在這個練習中，我們可以用海浪的聲音作爲背景音樂。

活動指引：

1. 找個舒適的地方，全身放鬆並全神貫注於呼吸上。
2. 現在，準備進入你的創意坊中。
3. 快速地感受周遭的環境（30秒）。
4. 你看到自己正舒適地坐在一張椅子上。

活動程序：

1. 開始播放背景音樂（海浪的聲音）。
2. 你正站在一個美麗的沙灘上。
3. 你可以感到細沙就在你的足踝下、在你的腳趾間。
4. 傾聽遠方海浪拍打的聲音。
5. 聞一聞空氣中海鹽的味道。
6. 找個舒適的地方準備等待這個奇特瓶子的到來；它將被捲起的浪花沖擊到岸邊。
7. 將你的注意力集中到海的波浪上（約30秒）。
8. 現在，你看到遠處有個瓶子正在漂流，漂……漂……漂……。
9. 你站起來走到海邊。
10. 每一道波浪襲來都會使瓶子愈來愈靠近海邊。
11. 你開始能夠很清楚地看到它了。
12. 最後它來到了你的附近。
13. 你慢慢地伸手把它拾起。
14. 打開拿出瓶中的特殊紙條。

15.現在，集中注意力閱讀紙條上的內容。

16.好了，準備離開這個沙灘。

17.現在，這個練習已經完成。

18.你正在創意坊中並在原來的位置上。

19.當我數到十，你可以睜開眼睛。

20.一……十，好，請睜開眼睛。

活動建議：

1. 活動地點不限於在海邊，也可以在溪畔、湖旁或河邊等。

2. 心像者不一定站在沙灘上，也可以坐在船上。

3. 除紙條上的訊息外，心像者在瓶中也可以找到其他東西。

4. 這個練習亦可改變爲不經引導而讓心像者自行創發活動。

5. 也可以讓一些瓶子裡有著不同的訊息。

寫在創意札記裡：

1. 仔細地描述這個奇特的瓶子。

2. 寫一則關於這個瓶子如何漂到海邊的故事。

3. 談一談瓶子裡的訊息和標題有什麼關係。

4. 描述一下當你站在沙灘上時的ISM（心像─身體─意義）反應。

㈡活動二：十個名人

活動時間：15分鐘

活動說明：

　　練習一開始，心像者可以把他在這次的討論及問題解決練習中想要見到的十個名人列一張表。至於十個名人的名單則可以完全讓心像者自由選擇，任何人都可以在選擇之列。練習開始先讓心像者仔細觀察圍著圓圈坐在創意坊中的每個名人的臉部特徵（他們是隨意就座的）。接下來，心像者開始傾聽這個十人團體對主題的討論。（5分鐘）最後，心像者則專心地聽每個名人對問題解決所提出的建議。（5-10分鐘）

活動指引：

1. 找個舒適的地方，放鬆心情並全神貫注於呼吸上。

2. 現在，準備進入你的創意坊中。

3. 很快地感受一下周遭的環境。（時間：30秒）

4. 你看到自己正舒適地坐在一張椅子上。

活動程序：

1. 安排一個位置，在那裡，你可以很清楚地看到十個名人。

2. 以最短的時間仔細地看看每個人的臉部特徵——一次看一個人。（全部時間：2分鐘）

3. 好了，現在坐回你的位置上，放鬆心情並且聽這些名人討論你的主題。（時間：5分鐘）

4. 好了，現在該是每個名人將對你的問題提出建議。

5. 再坐回原位，擺個舒適的姿勢然後放鬆你的心情。（時間：5分鐘）

6. 好了，當這些名人準備離開時，你看到自己正揮手向他們道再見。

7. 現在，這個練習已經完成。

8. 準備離開你的創意坊。

9. 當我數到十，你就回到你原來的位置上。

10.一……十，請睜開眼睛。

活動建議：

1. 名人人數，不一定要湊足十個人。

2. 可邀請某一特定類型的人，例如世界級的領導人物、藝術家、學者、表演工作者等。

3. 讓這些名人分別討論心像的主題；亦即，讓他們以不同的方法來分析問題。

4. 名人的選擇可加以混合；例如：十個名人中，可以選擇五個古代人，五個現代人。

寫在創意札記裡：

1. 寫下每個名人對問題的貢獻、個人特色及外型描述。

2. 寫出這個練習的獨特之處。

3. 想一想，如何用其他的方法來進行這個練習？

4. 討論你下一次如何能再想像這些名人及要想像他們的理由。

....

㈢活動三：大自然的氣味

活動時間：8分鐘

活動說明：

　　在這練習中，當心像者走在樹林裡時，他將會體驗到多種在大自然中令人愉悅的氣味。心像者將會完全置身於這些氣味的芬多精中。同時，每種氣味也將產生一個與主題有關的新構想。指導者必須引導心像者如何引發並結束這種氣味聯想的練習。每種氣味將出現一分鐘（可以使用大自然的聲音作背景音樂）。

活動指引：

1. 在一個舒適的地方，放鬆心情然後開始全神貫注在你的呼吸上。
2. 現在，準備進入你的創意坊。
3. 很快地感受一下周遭的環境。
4. 你看到自己正舒適地坐在一張椅子上。

活動程序：

1. 在一個晴朗、暖和的日子裡，你正走進一座美麗的樹林中。
2. 等會你將會體驗到許多大自然美好的氣味。
3. 讓你自己完全投入在這些輻射的氣味中。
4. 投入氣味之後，你將獲得一個與主題有關的新構想。
5. 讓我們準備開始。
6. 首先，讓松樹的氣味進入你的意識中。（時間：60秒）
7. 其次，是玫瑰花的味道吸引住你的注意。（時間：60秒）
8. 接著，你正站在大蘋果樹旁……感受它的氣味。（時間：60秒）
9. 你繼續向前走著……注意到一些草莓叢。讓這些新鮮的自然氣味包圍著你。
10. 你一直走著而且有其他的氣味與你同在。（時間：2分）
11. 好了，慢慢地離開這座美麗的林子。（時間：15秒）
12. 帶著你所有美妙的心像。

13.這個練習已經結束。當我數到十，你將回到原來的位置上。

14.一……十，請睜開眼睛。

活動建議：

1. 可用較長或短暫的時間來體驗每種氣味。

2. 也可以將精神集中於自然界的某一件事物上並讓所有的氣味都從那裡發出。

3. 配合自然界的聲音使用「新時代」音樂作爲背景音樂。

4. 你可以利用不同的背景來體驗這些氣味，例如改變國家、氣候等。

寫在創意札記裡：

1. 詳細地描述每種氣味。

2. 討論這些氣味是如何吸引你。愈特別愈好。

3. 列表說明你以這種方式所體驗到的其他氣味。

4. 將你從每一種氣味中所得到的構想列成一張表。

(第五節) 創造性問題解決法

著名的心理學家Guilford曾指出：「在今天的世界舞臺，遊戲的名字是問題解決」；又說「大多數問題或情境需要創造思考來解決」（引自Eberle, 1982）。下面我們將介紹Parnes（1967）所提出的「創造性問題解決法」。

一、簡史與理論發展

創造性問題解決法（creative problem solving, CPS）已經在資優教育方案與工商業廣爲運用。這套歷程的發展與運用，肇始於Osborn在1954年成立創造性教育基金會，並於1955年在紐約水牛城組織唯一的創造性問題解決機構，成功地吸引了大約200人加入創造性教育基金會的行列，而Parnes就在此時加入的。

1966年，Osborn去世後，創造性教育基金會就由水牛城市中心，遷移到水牛城州立大學的校園內。在此，Parnes就與Noller創立了一系列兩

年發展的創造性研究大學課程，提供學生沉浸於創造性行為的本質與培養，以及溝通他們的其他研究發現與經驗的機會。創造性教育基金會的另一項重要里程碑，是在1967年成立創造性研究課程，而創造性問題解決歷程（CPS）也就在此時提出。Parnes這項歷程主張深深地受到Osborn的影響。

1969年在形成創造性研究計畫上，水牛城州立大學和創造性教育基金會就開始合作努力。他們的計畫目標是：（1）培養創造性行為和本質的研究；（2）實地測試方案，首先在國內，最後在國際。結果發現，生產性思考與聚斂性技巧，可以成功地在教育情境內培養。而這些發現在各地的課程與訓練方案上具有不可計量的影響力。

Parnes的創造性問題解決法（CPS）強調以一種有系統的方法來探討問題解決。它與一般問題解決的方法不同之處，在於強調產生許多不同構想，同時使用延緩判斷，以避免更佳的構想受到抹殺。

Maker曾指出，Parnes發展這套方法有兩項目的（引自毛連塭等譯，1987）：

■ 提供連續性的過程，使個人能從混亂的工作中獲致創意性且有效的問題解決方法。

■ 提高個人完整的創意性行為。

根據Parnes的看法，創意性行為是一種處理內在或外在刺激而來的反應形式。此外，Parnes認為Maslow（1954）與Guilford（1967）的觀點在其廣泛背景中扮演著重要的地位。

Maslow認為人有七種需求。而這些需求是層次的，必須最基本的生理需求獲得滿足，才有可能滿足上層的需求，如圖6-22。

Parnes就是引用Maslow之自我實現需求作為目標，而透過創造力的教育能夠達到此一目標。因此，從創造性問題解決觀點而推展的教育，將更能切合個人和社會需要。至於Guilford則提供了Parnes解釋個體智能和許多認知能力測驗的因素結構。基於創造性問題解決歷程成功地實際應用於商業界、教育界和政府機構等方面的經驗，它顯示了可彈性運用的最大變通性。

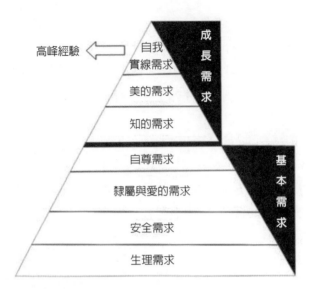

高峰經驗 ⬅

自我 實線需求	成 長 需 求
美的需求	
知的需求	
自尊需求	基 本 需 求
隸屬與愛的需求	
安全需求	
生理需求	

圖6-22　Maslow的需求層次論

二、創造性問題解決法的重要性

　　除了教師可以運用創造性問題解決法外，學者們相信創造性問題解決法對於資賦優異和特殊才能學生及其父母也深具價值。任何有關學術、社交、領導或藝術等方面有特殊才能的人，都能利用創造性問題解決的方法和技巧來幫助他們發揮所長。

　　此外，創造性問題解決法對於資賦優異和特殊才能學生有下列多種功能：

■ 協助學生探索並了解許多課程領域的新關係、可能性及挑戰等。這就是Renzulli（1977）所說的：「第一類型充實活動」，如圖6-23。

■ 練習創造性問題解決歷程可讓學生學習到思考歷程的發展和系統的方法。這正如Renzulli（1977）在「第二類型充實活動」中所強調的：「過程學習對於資賦優異和特殊才能學生，是一種有效且適當的充實方式。」

■ 創造性問題解決歷程可應用在計畫、指導、評鑑及分享個人和小

團體調查研究的結果。也就是Renzulli（1977）所說的：「第三類
型充實活動」。

對於資賦優異和特殊才能學生的父母和教師來說，創造性問題解決法
特別適用於下列活動中：

■ 家庭或班級計畫與活動的安排。

■ 配合學生主動參與的活動，來解決家庭或學校中所發生的衝突和
問題。

■ 提供組織和指導親職教育團體或社區義工、服務及各種支援團體
計畫的模式。

父母、教師和學生們一起學習創造性問題解決法時，個人堅信一個
全新的、有意義的合作關係，可在學校和家庭中建立起來。尤其是，那些
參與資賦優異和特殊才能學生教育計畫的教師，他們將會不斷地了解到：
「單靠教師並非充實學生教育內涵的主力，學生本身、學生父母及社區中
具有特殊才能的人，都應該共同參與教育的計畫和活動。」對於這方面的
努力，創造性問題解決法的確扮演著一個舉足輕重的角色。

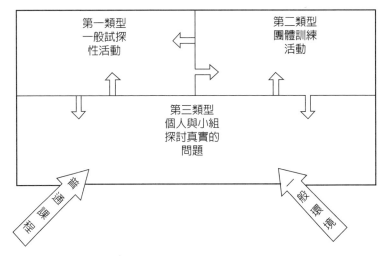

圖6-23　三合充實模式

三、基本假定

㈠學習方面

Parnes認為創造力是可以學習的一種行為。因此，他的這個歷程模式也假設透過實例和練習可以加強創造力，而且可將創造性問題解決的活動中所介紹的方法遷移到新的情境。也就是說，所有人均能變得更具有創造力，而且可應用創造力於生活中。

另一項假設為創造力與個人其他特性，例如：學習能力、成就、自我概念及智力等有正相關。這個假設所蘊含的是Parnes的信念。他認為知識在創意性生產力中是很重要的。雖然實際的知識必須經過處理，才能變成有用的觀念，但是個人如果沒有預先儲存可用的知識就無法創造；假如開始是以創造的形式習得知識，就更能有創意與有效地加以利用。

㈡教學方面

Parnes相信創意性行為是可以學習的。因此，確信教師能夠且應該教導創意性行為。他認為教導學生連續的問題解決過程，能發展可應用於各種實際問題的技巧。例如：改進人際關係及有計畫地擬定個人或事業的目標等。又Parnes在1967年曾將「創意性教學」與「為培養創造力而教學」二者做明顯的區別。有創造力的教師能運用想像力使用教材或教具（影片海報、錄音帶、錄影帶和策略示範獨特的經驗）。

至於「為創造力而教學」的教師則能刺激兒童發展生產力，允許表達意見，並教導他們與其會發表不如會傾聽。因此，為培養創造力而教學的教師，不必用創意性的方法傳授資訊給別人。但如果要製造一種易於學習創意行為的氣氛，包括：

■ 建立一個能自由表達思想的環境
■ 鼓勵幽默
■ 允許醞釀思想
■ 要求兼顧思想的質和量

此外，Parnes和其同事根據Osborn（1953）早期研究工作，認為創造性問題解決法應採用下列策略來提高成效：

■ **去除創造力內在的障礙**。為使兒童準備創意性的生產力,需讓他們具有安全的感覺,即使思想非常奇特,也不必憂慮他們思想被接受的問題。

■ **延緩判斷**。如此兒童可花大部分時間在許多知覺的認知上,而增加思考的流暢性,導致可能的問題解決。

■ **創造一種產生新連接、隱喻關係和類推能力的認知**。如果有足夠時間運用檢索表與其他工具的協助,將會有助於處理類推與隱喻。

■ **提供延伸心靈經驗的作業**。

■ **保持奇想**。奇想不僅有助於兒童心理成長和調適,同時也是創造力不可或缺的成分。

■ **訓練想像力**。

■ **去除心理的障礙**。鼓勵自由運作,確使兒童感覺他們的思想並非荒謬的,任何思想都值得表達及跟他人分享。

■ **增進敏感力**。形式上的認知訓練、藝術及文學的深度討論,都可以協助兒童增進對他人和物理環境的敏感性。

四、CPS法中引領者與學習者的角色與活動內容

Maker曾將Parnes創造性問題解決法中每一步驟,引領者與學習者扮演的角色及其活動內容做成摘要,如表6-1,供作團體訓練的參考(引自毛連塭等譯,1987)。

表6-1 Parnes CPS歷程中引領者與學習者的角色與活動內容

步驟、類型或思考層次	學習者		引領者	
	扮演角色	活動示例	扮演角色	活動示例
發現事實	主動參與者、尋求事實者	1.蒐集有關問題情境的資訊 2.盡可能客觀的行動 3.從需要知道的事物中區分出已知者 4.仔細觀察	協助者、提供資源者	1.發展或選擇練習活動以引領學習者發現情境中已知與未知的事實 2.幫助學習者確認情境中新資訊的來源

（續表6-1）

步驟、類型或思考層次	學習者		引領者	
	扮演角色	活動示例	扮演角色	活動示例
發現問題	主動參與者	1.從若干觀點看問題 2.以更可能解決的形式重新陳述問題	協助者、提供資源者	1.發展或選擇練習活動以協助學習縮小問題範圍 2.提供動詞實例，協助學生用更可解決的形式陳述問題 3.鼓勵學習者如此表達：「我可能用什麼方式……」 4.協助學習者思考可能的問題
發現構想	主動參與者	1.盡可能產生許多想法 2.延緩判斷直到提出所有想法 3.努力求量多而不求質精 4.在問題上延長「醞釀」思考的時間	協助者、提供資源者	1.發展或選擇練習活動以協助學習者產生多變化而有用的獨創想法 2.提供激發思考的問題（如縮小、變換、排列、組合等），以幫助學習者盡可能地產生想法 3.進行腦力激盪
發現解決方法	主動參與者	1.發展評鑑解決方法的準則 2.客觀地運用評鑑準則去選擇想法 3.從數種可能的方法中挑選最能解決問題的一種方法	協助者、提供資源者	1.發展或選擇練習活動以強化學習者下列能力：（1）提出判斷解決方法的準則；（2）選擇適切的準則；（3）客觀地應用準則以評鑑選定的想法 2.協助學習者建立評估想法的可能準則 3.展示給學習者評估想法的表格，並教導使用方法 4.鼓勵學習者嘗試將「奇特的」想法變成有用的想法
接受發現的解決方法	主動參與者	1.發展行動計畫 2.以腦力激盪方式徵詢意見，求取認同	協助者、提供資源者	1.發展或選擇練習活動，以協助學習者明確地提出實現解決方法的行動計畫 2.幫助學習者確認所有關心解決方法的聽眾 3.進行腦力激盪 4.維持一個心理上感到安全的環境

　　創造性問題解決法是以系統化的方式來解決問題，特別強調問題解決者在選擇或執行解決方案之前，應盡可能地想出各種及多樣的構想或點子。根據Parnes（1967）的研究，創造性問題解決法要能按部就班，循序漸進。其模式如圖6-24：

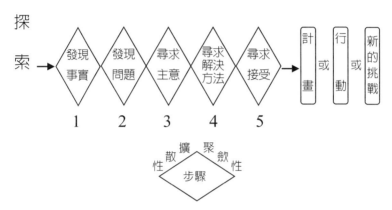

圖6-24　創造性問題解決法

　　圖6-24說明了創造性問題解決法中的幾個步驟。圖中的菱形表示在每個步驟中嘗試用不同的處理方法時，一再產生擴散性和聚斂性的思考。譬如，在第三步驟，列出許多不同的想法（擴散性）之後，問題解決者選擇了一些重要者（聚斂性）放在如圖6-25的評鑑表中。

　　至於在尋求解決方法的步驟，問題解決者必須決定要用的標準，同時將自認為重要者列入表格中，根據等級統計，再作綜合評估。然後進展到下一個歷程，重點在「是否接受這個計畫？」答案若是肯定的，問題解決者就有一個能被接受的計畫和行動。如果構想不被接受，問題解決者可能就要回到第三個步驟，選擇不同的構想或主意，再度將其列入表中，接著運用前次的標準評鑑，但是也可以有所變化或重新安排，以便改變主意。

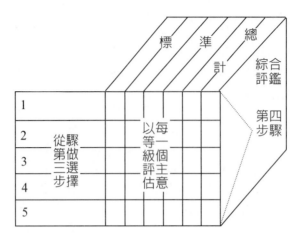

圖6-25　問題解決方法之評鑑表

五、創造性問題解決法的歷程實務

㈠學習活動一：開場及暖身活動

1. 延緩判斷和腦力激盪

（1）引起動機

想一想：你有多久未曾投入參與討論？

想一想：當你獲得肯定時，有何感受？你是否會遺忘構想或發現它根本派不上用場呢？

想一想：當你提供構想而遭到他人駁斥或批評時，有何感想？下一步你會怎麼做？

（2）注意事項

> ・延緩判斷只是一個原則，不僅僅是一個歷程。須知延緩並非意味著消除或省略，而是擱置一段時間。
> ・腦力激盪並不是一個問題解決的方法。它是一個建構延緩判斷的原則，俾以蒐集更多資訊的過程。
> ・腦力激盪不是一個「荒謬的討論活動」，而是一個許多特殊指導方法的結構性之過程。

（3）用腦力激盪和延緩判斷的理由

・可使學生融入於非正式的、輕鬆的，卻具有建設性的激發思考活動中。
・提供一個可讓多種具有想像力的構想及其新組合表現的機會。
・有助於消除討論中的支配問題，以及某些學生的不斷批評。

（4）後續活動

教學活動中至少要計畫一項可供充分利用腦力激盪法的討論主題。

2. 特定目標

透過實際的參與創造性問題解決法的教學方案，我們可以培養下列12項技巧，分別說明如表6-2：

表6-2　CPS所欲培養的技巧

	技巧	內涵
1	描述與使用系統解決問題的方法	能定義並舉例說明創造性問題解決法的五個階段，包括發現事實、發現問題、發現構想、發現解決方案和尋求接受所發現的解決方案。
2	仔細觀察和發現事實的能力	對於複雜的情況（混沌期）或經驗能夠加以解釋或說明；同時亦能： （1）列出情況中的各種特性； （2）描述許多想觀察結果的因素； （3）指出問題的利弊得失，修正個人的觀點； （4）能突破舊經驗的限制，運用各種技巧； （5）描述某一情況各層面的重要現象、特性和功能。
3	發現新關係	在複雜的情況（混沌期）或刺激下，能夠： （1）指出目標與經驗間的相同點； （2）指出目標與經驗間的相異點； （3）列出目標與經驗間相關的或比較性的構想。
4	對問題具敏感性	在一個混沌雜亂的情況下，能夠： （1）描述各種特殊的問題，而使問題能夠被妥善處理； （2）描述各種情況的因素； （3）利用檢核表來延伸對可能問題的分析。
5	界定問題	在混沌雜亂的情況下，能夠： （1）了解「隱藏的」或「真正的」問題；

（續表6-2）

技巧	內涵
5 界定問題	（2）擴大問題的思考面或藉著「詰問」（問「為什麼？」）給問題重新下定義； （3）藉著改變陳述語詞，給問題重新下定義或澄清問題； （4）說明次要問題（通常這些次要問題會比原因的陳述更易清楚和解決）以解釋主要問題。
6 運用有效的技巧來發現新的構想	在複雜情況、經驗下或給予一個問題的陳述，能夠： （1）描述並示範各種技巧的運用，以促進構想的產生（如擴大、縮小、重新安排等技巧）； （2）利用Osborn的激發構想的問題檢核表法，來產生新的構想。
7 改進或修正奇特的構想，使它成為切實可行的構想	在複雜的情況及面對荒謬構想時，能夠： （1）描述並說明使奇特構想成為有效行動的方法； （2）說明決定基本標準的技巧和價值；描述一些標準曖昧不清的問題； （3）說明測定構想及選擇最佳構想的方法； （4）描述並說明運用類推法發現構想。
8 評估行動結果	說明並評估各種情況的不同標準，計畫行動方案；訂立各種問題的標準。說明延緩判斷與標準間的關係。
9 計畫構想的實施方式	給予一個問題何問題的解決方案，能夠： （1）說明實施構想時遭遇困難的原因； （2）說明各種檢核表的使用，以認識並克服在實施過程中可能遭遇到的阻礙； （3）舉出並說明計畫的名稱，促進構想的實施及接受。
10 破除慣性思考的窠臼	描述每日的情境： （1）正確地描述一個人平常對事務的慣性反應； （2）評估慣性反應形態的結果； （3）找出可能的交互反應方式（亦即學習懷疑習慣性的反應）； （4）從那些交互的反應中，選擇最有效一個； （5）根據所選擇的交互反應做成行動計畫。
11 延緩判斷	面對複雜情況時，能夠： （1）產生多種反應； （2）不作內在強迫性的評估反應； （3）避免評斷他人的反應。
12 利用創造性問題解決法（CPS），我們相信一個人在情感上能夠	（1）了解自己的潛能和極限； （2）了解自己的潛能並克服極限的心向； （3）願意精熟各種新構想並運用於真實情境中； （4）願意和他人分享自己的問題和構想。

註：依據Noller, Parnes, & Biondi（1977）的資料整理

⇔ 學習活動二：「混沌期」（The Mess）

＊ 哪裡出了毛病？

＊ 最近做了哪些你想做得更好的事？

＊ 什麼事情令你感到焦慮？

＊ 你想利用什麼機會？

＊ 你想接受什麼樣的挑戰？

＊ 在你心中，有哪些矛盾在相互交戰著？

＊ 今年（這個月、今天）你想達到的目標是什麼？

＊ 誰一直縈繞在你的腦海中？為什麼？

具體實例：潛能開發公司給讀者的信

親愛的教師：

　　您或許知道由於經濟不景氣，部分潛能開發公司門市部已開始計畫停止所有業務。位於你們學校附近的門市部都將在一個月之內結束營業。

　　因為我們對您的學校有相當大的興趣，同時我們也致力於提升國內的教育，所以我們決定將這些「潛能開發公司門市部」（包括建築和財產）全數捐給您的學校，作為促進資賦優異和特殊才能的學生教育之用。

　　我們了解到臺灣甚至中國的未來掌握在這些資賦優異和特殊才能的孩子和年輕人手中。我們也很高興能透過這樣的禮物，對他們個人及教育的發展有所貢獻。我們希望您能接受這個禮物，在一個月之內也請您通知我們關於您利用它的計畫。

　　謹致您問候之意

　　　　　　　　　　　　　　　　　　　　潛能開發公司　敬上

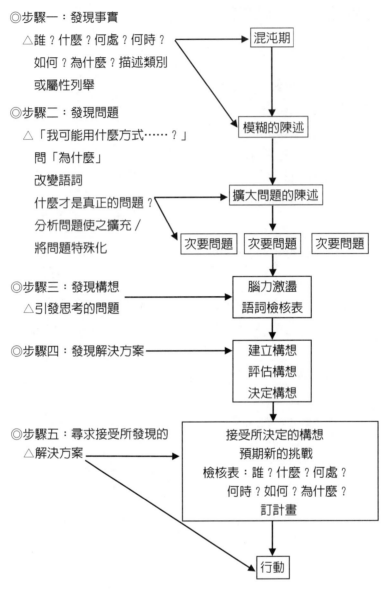

◎步驟一：發現事實
　△誰？什麼？何處？何時？
　　如何？為什麼？描述類別
　　或屬性列舉

混沌期

◎步驟二：發現問題
　△「我可能用什麼方式……？」
　　問「為什麼」
　　改變語詞
　　什麼才是真正的問題？
　　分析問題使之擴充／
　　將問題特殊化

模糊的陳述

擴大問題的陳述

次要問題　次要問題　次要問題

◎步驟三：發現構想
　△引發思考的問題

腦力激盪
語詞檢核表

◎步驟四：發現解決方案

建立構想
評估構想
決定構想

◎步驟五：尋求接受所發現的
　△解決方案

接受所決定的構想
預期新的挑戰
檢核表：誰？什麼？何處？
何時？如何？為什麼？
訂計畫

行動

圖6-26　創造性問題解決法流程圖

（三）**學習活動三：發現事實**

1. 成為一臺照相機！你看到什麼（眼到）？

2. 成為一臺錄音機！你聽到什麼（耳到）？

3. 成為一位敏感的人！你聞到什麼？感覺到什麼？嚐到什麼（口到）？

4. 結果，你發現：
- ・包括哪些？
- ・這件事為何關係重大？
- ・我對這件事（物）的感覺如何？
- ・是否已採取某些方法，來降低這件事的嚴重性？
- ・我希望獲得什麼？
- ・這事件何時將會發生？
- ・困難之處在哪裡？

有時，問題往往會因陳述不當或定義不清而難以解決。因此，在問題混淆不清的情況，我們把它稱作「混沌期」。

發現事實階段將可澄清上述的情況，並增進我們對事物發展的了解。在決定事實資料前，下列有些語詞可幫助我們作判斷：

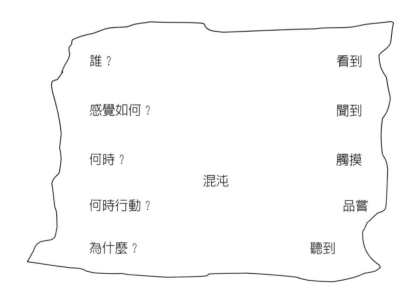

潛能開發公司──門市部的資料

1. 土地面積──大約35坪。
2. 街道──只要經過兩條車道，就可抵達商業街；要到鄰近的住宅區，只要經過一條車道即可。
3. 地面──鋪設水泥磨碎石子地。
4. 建築物──在堅固的水泥建築上，有大面的玻璃及窗框；到處都是鋪設混凝土的地板，建築物的外部面積大約4坪；內部的空間則分隔為儲藏室7坪、服務區約20坪及休息室3坪。
5. 公共設施──城市供電量；天然瓦斯；城市供水量。另外還裝設有電話及投幣式話筒。
6. 市價──土地和建築物根據當地的房地產業者估計約值800萬元。
7. 每年的稅額──總計15萬元。
8. 建築物的狀況和所有物的性能──保持在良好且沒有重大缺損的情況下。

發現事實的問題實例

*潛能開發公司贈送這個禮物（門市部）的理由是什麼？他們可以得到什麼利益？
*潛能開發公司將控制我們哪些活動？
*它原來只是一個宣傳而已嗎？
*鄰居對這個門市部的感覺如何？
*就我們而言，這樣的營業適法嗎？
*我們需要什麼執照？
*教師們會想到門市部做些什麼？
*學生們會想到門市部做些什麼？
*家長們會想到門市部做些什麼？
*現在針對社區內的資優或特殊才能兒童，我們做了哪些事？
*目前有人被指定負責這項計畫嗎？如果有，是誰呢？
*學生們對這項計畫的感覺如何？
*需要哪些資金的配合？

＊可以獲得哪些資金？

＊針對研究目的擬定了哪些計畫？

＊是否曾考慮到這項計畫在教室中實施的可行性？

＊這項計畫所花的時間是否已決定？如果有，所花的時間是多少？

＊有多少學生參與這項計畫？

＊計畫中是否只有資優生能從中獲益？

＊誰最有權利決定計畫內容？

＊除學校人員外，還有誰參與這項計畫？

＊門市部四周還有哪些商業、建築等？

＊門市部所供應的資源流向何處？

＊這個門市部的資源是否豐富？

＊當地商人是否可以從別處獲得資源供應？如果可以，是從哪兒獲得的？

＊是否有任何警戒系統？如果有，是什麼？

＊經過這個門市部的交通流量為何？

＊目前這個門市部每月租金是多少？

（四）學習活動四：發現問題

發現問題階段是一個用許多專門語詞將雜亂無章（混沌期）重新界定的歷程。它企圖運用很多說明來發現可能的問題。因此，在陳述問題時要儘量避免同時作判斷的工作。你可以考慮所有可用來描述問題的陳述。當然，你也可以運用下列技巧，如表6-3：

表6-3 發現問題的技巧

技巧	運用方式
我可能用什麼方式？	以「我可能用什麼方式……」的技巧來陳述問題的前後關係。
為什麼？	然後你可以問自己為什麼你覺得這可能是問題；或為什麼你想這麼做。繼而，運用上述技巧（「我可能用什麼方式……」）來說明你的理由。
改變語詞	再次運用先前「我可能用什麼方式……」的陳述。為了形成更多不同的問題陳述，你可以在原來的陳述中重新安排不同的語詞。

■技巧一：我可能用什麼方式……？

考慮在發現事實階段中問題之答案，並盡可能地寫出關於問題的陳述。

例如：我可能用什麼方式＿＿＿＿＿＿＿＿＿＿＿＿＿＿＿＿＿

1. 我可能用什麼方式＿＿＿＿＿＿＿＿＿＿＿＿＿＿＿＿＿

2. 我可能用什麼方式＿＿＿＿＿＿＿＿＿＿＿＿＿＿＿＿＿

3. 我可能用什麼方式＿＿＿＿＿＿＿＿＿＿＿＿＿＿＿＿＿

採取一種客觀的看法！再徵詢別人對這個問題的看法，請他們提供意見。

1. ＿＿＿＿＿＿＿＿＿＿＿＿＿＿＿＿＿＿＿＿＿＿＿＿＿

2. ＿＿＿＿＿＿＿＿＿＿＿＿＿＿＿＿＿＿＿＿＿＿＿＿＿

3. ＿＿＿＿＿＿＿＿＿＿＿＿＿＿＿＿＿＿＿＿＿＿＿＿＿

4. ＿＿＿＿＿＿＿＿＿＿＿＿＿＿＿＿＿＿＿＿＿＿＿＿＿

5. ＿＿＿＿＿＿＿＿＿＿＿＿＿＿＿＿＿＿＿＿＿＿＿＿＿

現在暫停一下，並問問自己：「真正可能的問題是什麼？」「我真正想要完成的是什麼？」……

1. ＿＿＿＿＿＿＿＿＿＿＿＿＿＿＿＿＿＿＿＿＿＿＿＿＿

2. ＿＿＿＿＿＿＿＿＿＿＿＿＿＿＿＿＿＿＿＿＿＿＿＿＿

3. ＿＿＿＿＿＿＿＿＿＿＿＿＿＿＿＿＿＿＿＿＿＿＿＿＿

4. ＿＿＿＿＿＿＿＿＿＿＿＿＿＿＿＿＿＿＿＿＿＿＿＿＿

5. ＿＿＿＿＿＿＿＿＿＿＿＿＿＿＿＿＿＿＿＿＿＿＿＿＿

技巧一：「我可能用什麼方式……？」的實例
＊鼓勵鄰居共同參與這項計畫？
＊利用門市部來支援學校的資優或特殊才能教育方案？
＊妥善利用場地以增進資優生的運動技能？
＊妥善利用場地以增進資優或特殊才能生的領導技能？
＊妥善利用場地以增進資優或特殊才能生的電腦技能？

＊創立一個能夠讓成人和資優或特殊才能生共同活動的社區學習中心？

＊利用門市部的資源發展資優或特殊才能生更加的人際關係？

＊使用門市部，讓學生體會創造的經驗？

＊改變門市部，使它成為更好的企業？

＊得到專家關於經營這個門市部的建議？

＊說服學校接受這個門市部？

■技巧二：為什麼？

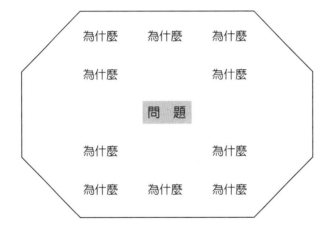

技巧二：問「為什麼？……」的實例
＊我可能用什麼方式利用門市部來賺錢？
＊為什麼？因為有了更多的錢，我們就可以將資優或特殊才能計畫辦得更好；而潛能開發公司門市部正好可以幫助我們完成這項目標。
＊我可能用什麼方式利用門市部來使資優特殊才能計畫做得更好？
＊我可能用什麼方式使這項資優或特殊才能教育計畫得到更多的財政支援？

■技巧三：改變語詞

在你所陳述的問題中，考慮改用其他的語詞來表達敘述中主要的或關鍵性的字句。如此，你將可以發現更多的問題。試著用下列的表格寫出已陳述過的問題（可運用技巧一的方式）。

＊ 我可能用什麼方式 鼓勵 鄰居來參與這項計畫？

促進	推動	接受
保證	懇請	獲得
吸引	說服	集合

另外，鄰居也可以改成：朋友、夥伴、社區等。

參與也可以改成：實施、分享、訂定、討論等。

計畫也可以改成：經驗、活動、工作、企業、遊戲等。

現在，再看一遍所有的敘述，同時選擇一個最能切中問題的敘述。

此外，我們也可以運用次要的問題：

> ・現在瀏覽一遍所有的問題陳述，看看哪些陳述可以相互組合。
> ・要如何修改陳述，才能使它更符合你的問題？
> ・決定最恰當的問題陳述。
> ・你能將一個問題分析成許多次要的問題嗎？如果可以，現在就開始並選擇一個問題加以解決。

　　在反覆地看過問題摘要之後，你可以找到各種不同的方式來重新敘述問題，考慮不同的觀點或觀察不同的事實。當你正從事創造性問題解決法時，相信你一定會希望選擇一個問題的陳述作詳細的研究。

　　例如：從所列的問題敘述表中，你可以決定問題的重點是：

> 我可能用什麼方式……利用門市部來支援學校的資優教育計畫？

㈤ 學習活動五：發現構想

* 暫緩判斷…………
* 形成構想…………
* 延伸構想…………
* 運用所有感官……
    > 聯想粗糙的或平滑的觸感
    > 聯想喜歡的或不喜歡的食物
    > 聯想喜歡的或不喜歡的景致
    > 聯想愉悅的或刺耳的聲音
    > 聯想美好的或可怕的氣味
* 改變觀點
    > 別人對這個問題的看法如何？
    > 在本質上，這個問題和另一個類似的問題有何相關之處？
* 運用創造性技巧和方法
    > 腦力激盪法

>屬性列舉法

>強迫關係法

>形態分析法

>類推法

>構想檢核表

>其他方案法

* 在既有的固定模式之外，擴展你的想像力。儘量列舉一些看似荒謬或不切實際的構想。

1. _____
2. _____
3. _____
4. _____
5. _____

* 將你先前的構想加以擴大。

1. _____
2. _____
3. _____
4. _____
5. _____

* 從先前構想的細節裡，得到新的構想！

1. _____
2. _____
3. _____
4. _____
5. _____

* 重新安排一些事物（例如事實、時間、因素、優先順序等）。

1. _____
2. _____
3. _____

　　4. _____

　　5. _____

* 究竟這個問題最符合什麼樣的情形？

　　1. _____

　　2. _____

　　3. _____

　　4. _____

　　5. _____

* 我們要如何處理這個問題？

　　1. _____

　　2. _____

　　3. _____

　　4. _____

　　5. _____

* 其他人對這個問題的看法如何？這個問題是否因年齡或性別而有
　所不同？

　　1. _____

　　2. _____

　　3. _____

　　4. _____

　　5. _____

* 運用感官使事物產生關聯。當你聽到愉悅的或刺耳的聲音，是否
　會令你產生一些構想？

　　1. _____

　　2. _____

　　3. _____

　　4. _____

　　5. _____

* 一陣芳香的或惡劣的氣味或許也可以激發一些構想。

1. _____
2. _____
3. _____
4. _____
5. _____

* 觸摸堅硬或粗糙的東西也許可以增加一些產生構想的感覺。

1. _____
2. _____
3. _____
4. _____
5. _____

* 一些你喜歡或不喜歡的味道可以使你的構想更「有味」。

1. _____
2 _____
3. _____
4. _____
5. _____

* 最後，看看你想到了什麼？

1. _____
2. _____
3. _____
4. _____
5. _____

發現構想的實例

發現問題：我（我們）可能用什麼方式利用潛能開發公司門市部，來
支援學校的資優和特殊才能教育計畫呢？

1. 開另一間商店
2. 設立資訊服務處
3. 展示教育性影片
4. 兒童或家長的緊急支援中心
5. 設科學實驗中心
6. 成立動物之家
7. 成立問題兒童的看護所
8. 成立視聽媒體中心
9. 設立教師休息區
10. 個別教育計畫方案處理中心
11. 設立休閒中心
12. 贊助賓果遊戲
13. 讓兒童設計他們自己的遊戲場
14. 就業輔導中心
15. 為中途退學的資優生成立中途之家
16. 成立戲院播演創造性的劇碼
17. 成立會議室
18. 成立研究發展中心
19. 設立國際會議廳
20. 成立社區領導者中心
21. 設立家長活動中心
22. 設置多重感官的刺激設備
23. 成立學習資源中心
24. 開間園藝店
25. 創立顧問諮詢中心
26. 設立學生圖書館
27. 設立教師諮詢中心（或家長、學生）
28. 設電腦中心
29. 設學生活動中心
30. 設教師活動中心
31. 資優教育辦事處
32. 設立一個可以展示資優學生作品的藝廊

㈥學習活動六：發現解決方案

＊當我們決定構想時，應該考慮哪些事呢？

＊我們可以訂定一些標準來評估構想嗎？

＊根據每一個不同標準來評估構想。（例如：1表「非常不好」；2表「不好」；3表「尚可」；4表「好」；5表「非常好」。）

＊考慮使用項目分析法來分析每個構想和標準。

＊在不完美的情況下，一個構想如何依據標準而被採用？

＊如果設定的某一標準並不適合，我們要如何變更標準？

■技巧一：訂定標準

你要如何將決定最好構想付諸行動？如果讓你從眾多構想中選擇五個或六個最吸引你的，你會用什麼標準來選擇？

選擇的構想		選擇此構想的理由
1. _____	→	_____
2. _____	→	_____
3. _____	→	_____
4. _____	→	_____
5. _____	→	_____

＊現在用腦力激盪法想想其他的標準。有哪些其他的標準可用來評估所有的構想？

1. _____

2. _____

3. _____

4. _____

5. _____

＊從整個列出的表中，結合一些標準並加以修改。然後挑出五個你認為最適合評估構想的標準。

可能的標準實例

1.需要多少人力？

2.可提供創造性表現的機會有多少？

3.對學生有多大的價值？

4.需要哪些特別的許可或執照？

5.是否具有獨特性？（例如：是否有加倍的服務？）

6.是否特別適合資賦優異學生？

7.對學生的創造力和問題解決能力會產生什麼效果？

8.對學生的學業有什麼影響？

9.是否可以運用於不同年齡的學生？

10.對社區有什麼影響？

11.對家長的影響是什麼？

12.對教師的影響是什麼？

13.對學生的影響是什麼？（他們會有多少收穫？參與意願如何？）

14.對……的影響的是什麼？

15.要花多少錢？

16.可能獲益若干？

17.可獲得哪些資源？

18.有哪些人願意幫忙？

19.需要示範的程度為何？

■技巧二：利用評估矩陣來判斷構想

首先，你必須填寫矩陣圖：在於矩陣左邊的空白處寫下五個你最得意的構想；同時在矩陣的上端寫出評估的標準。開始時，只用一個標準來評估每個構想。使用等級5表示「非常好」；等級4表示「好」；等級3表示「尚可」；等級2表示「不好」；等級2表示「非常不好」，並將每個構想分別歸類於某一等級之下。

接下來，用第二個標準重複上述工作直到矩陣的空格填滿為止。如此，每個構想都有不同等級的標準。得分最高的很可能就是最好的構想。（但要記得保留其餘的構想）。

標準 構想						總計
1						
2						

構想 ＼ 標準						總計
3						
4						
5						

評估矩陣圖實例						
◎發現問題：我可能用什麼方式利用潛能開發公司門市部，來支援學校的資優教育計畫？						
構想 ＼ 標準	價格	現有資源	社區支援	可利用的資源	受學生歡迎的程度	總計
1.學習資源中心	3	2	3	3	3	14
2.家長諮詢中心	2	3	3	3	2	13
3.教師諮詢中心	1	1	1	2	1	6
4.設電腦中心	2	2	2	2	3	11
5.設立學生圖書館	1	3	1	1	3	9

＊記得不要光看「總計」那一欄。

＊有哪些構想可以結合或修正？或是採用更好的評估標準？

＊哪些評估標準需要再審核一次？

根據所設定的標準，你可以決定從哪個構想開始著手。而要改變或修正構想必然會遇到許多預期的困難。因此，在先前所談六W的原則下來列舉事實、構想等，將更能支持所選擇的構想。

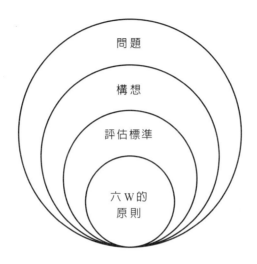

（七）**學習活動七：尋求接受所發現的解決方案**

* 我能做哪些事，以便使情況變得更有利？／什麼地點或位置可能是有利的？

* 善加利用時間？／我可能用什麼方法來利用特別的時間、日期等。

* 提高警戒、避免失敗？／用什麼方法可以測試「最好的」構想？

* 決定接受所發現的解決方案？／我可能用什麼方式產生熱忱？

* 預期可能的困難？／我如何克服預期的反對？／我如何面對新的挑戰？

* 確信能夠得到援助？／其他人或團體可能用什麼方式幫助我？

　　※問一問：是誰？　　　　為什麼？　　　　如何？

　　　　　　什麼？　　　　　何時？　　　　　何地？

　　　　　　誰不？　　　　　為什麼不？　　　如何不？

　　　　　　什麼不？　　　　何時不？　　　　哪裡不？

* 現在你已做好準備尋求一些方法，將解決問題的構想付諸實現。

* 準備接受此構想。

* 預期可能會遭遇到的困難。

* 改變並修正這個構想。

在下面的表格裡，請列出事實和構想，這將促使你解決問題的構想更為可行。另外，在問題欄裡順便記下要做的事和不必做的事：

誰	為什麼	什麼	何時	何地	如何

尋求接受所發現的解決方案實例

選擇的構想是：「學習資源中心」和「家長諮詢中心」的組合

決定接受所發現的解決方案（構想）	
誰來做？	學生、教師或家長等。
為什麼？	提供一個適當環境，使學生在良師益友的提攜下刺激學習意願；有助於提供一個有效的學習環境等。
做什麼？	邀請那些參與者共同會商中心的事務；調查那些參與者對中心設備的意見等。
何時做？	當計畫完成時，接受支援的請求時……。
何地做？	在門市部；學校；家中；圖書館……。
怎樣做？	鼓勵參與者投入中心的建設工作；運用門市部所能提供的支援……。

預期可能遭遇困難	
誰來做？	學生、家長和其他在這個地區的人……。
為什麼？	發現一些與中心的建設和功能有關的困難……。
做什麼？	將任何可能的敵意公開、明朗化；邀請大家做公開的討論；提出一個與中心和鄰近社區一般大小的模型；檢核顧問合法地位。
何時做？	現在；在體力透支之前……。
何地做？	在門市部；鄰近地區……。
怎樣做？	與鄰近地區人們挨家挨戶訪視；吸引大家討論的關心……。

確信獲得援助	
誰來做？	社區團體；學校行政人員……。
為什麼？	協助供應中心的設備、材料、資源等；協助社區人士更了解如何利用潛能開發公司門市部……。
做什麼？	拜訪那些受邀支援中心的人，並請他們參觀中心的設備；設計角色扮演活動。
何時做？	現在；獲得資源前；當決定中心所需物品時……。
何地做？	在門市部；在商店或政府機關、圖書館……。
怎樣做？	直接接觸；透過家長或學校洽談；社區資源調查……。

　　持續此種發問的形態；然後試著問：「誰不……？」「為什麼不……？」等另一種截然不同的角度來看待問題的情況；如此在設計行動方案時，將更能支持你的構想的可行性。

　　利用你在尋求接受所發現的解決方案表中的構想，來訂定按部就班的行動計畫。決定現在、今天、明天或下一步將要進行的工作。

　　行動方案1：＿＿＿＿＿＿＿＿＿＿＿＿＿＿＿＿

　　行動方案2：＿＿＿＿＿＿＿＿＿＿＿＿＿＿＿＿

　　行動方案3：＿＿＿＿＿＿＿＿＿＿＿＿＿＿＿＿

　　行動方案4：＿＿＿＿＿＿＿＿＿＿＿＿＿＿＿＿

　　行動方案5：＿＿＿＿＿＿＿＿＿＿＿＿＿＿＿＿

㈧ 結語

透過和潛能開發公司門市部的學習經驗，你已經知道如何用不同的方式來發現事實、發現問題、發現構想、發現解決方案、尋求接受所發現的解決方案，以便組織有效率的創造活動。

當你在策劃、實踐和評估計畫時，可能會碰到許多挑戰。此刻，身為教師、行政人員、家長或學生的，就必須能利用創造性問題解決的技巧來面對挑戰。

如果你想要獲得更多有關創造性問題解決的資訊，建議你能夠……

——閱讀其他的參考資料

——做更進一步的研討；不論是自行研究或是和一群朋友討論。

第六節 創造性力行問題解決法

創造性力行問題解決法是由Olson（1984）在其《創造思考藝術》（*The Art of Creative Thinking*）一書中所提出的，與Parnes所發展的創造性問題解決法非常類似。這種問題解決法分為四個階段，如圖6-27：

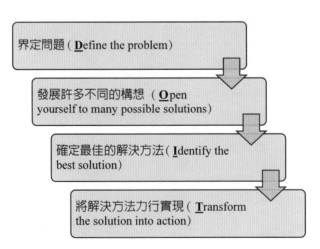

圖6-27 創造性力行問題解決法的階段

依據上述第一個英文字母，又可將其稱爲「**力行**」（DO IT）法。爲了使創造性力行問題解決法發揮作用，他提出了下列十項激發創造思考的方法，用來協助問題解決者更有創意的「力行實現」，如圖6-28。

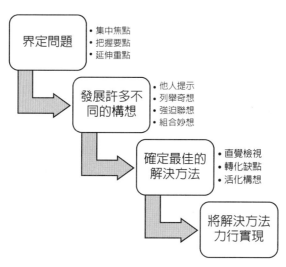

圖6-28　創造性力行問題解決法的過程與技術

　　創造性力行問題解決法的步驟非常簡單、易於了解。首先是「界定問題」，確定你正在解決一件真正的問題；其次，開放自己的心胸以接受各種不同的構想；繼而確定出解決問題的最佳方法，並加以修改；最後，就是將此種解決問題的最佳方法力行實現。不過，在每個階段中會加上一些激發創造思考的方法，來協助界定問題、接受各種不同的構想及確定出解決問題的最佳方法。茲將各個階段的要義及其相關激發創造思考的技術列述如下：

一、界定問題

　　有句話說：「好的開始是成功的一半。」如果我們能夠描述一項問題，問題就可能被解決。「界定問題」是解決問題歷程中，首次對問題有意義的接觸。若能重視問題，並且仔細地加以界定，那麼就可能會將意識和潛意識引向解決問題的途徑上。在「界定問題」方面，我們可以藉由下

列激發創造思考的方法來幫助我們。

㈠ 集中焦點

如果我們不能專注於最值得解決的問題，我們可能解決一個毫無價值的問題。利用「集中焦點」的方法，可以幫助我們投注於一個問題上，然後就像放大鏡的聚焦作用一樣，我們的潛能也會燃起解決之火的。這些方法包括：**詢問「為什麼問題會存在」**，以導致對問題更廣闊的敘述，如表6-4。

由表6-4可知，問題的重組再述，詢問「為什麼問題會存在」可幫助我們更直接地找到問題的核心，並提供我們更為有用的解決方法；採取各個擊破的方法。也就是，設法將問題縮小範圍，然後集中主力予以各個擊破。例如：如何加寬中山高速公路的問題，可將其細分為加寬的幅度大小、路面種類與施工方式等。

表6-4　集中焦點法在問題上的運用

問題陳述	可能的解決方法	第二個問題答案
*起初的問題陳述 中山高速公路怎樣才能拓寬以促進流通？ 為什麼要拓寬中山高速公路？	增加一線車道	增加流量
*第一次陳述問題 怎樣增加中山高速公路的交通流量？ 為什麼要增加交通流量？	築成兩層、提高速度限制、利用路肩再拓寬另一線車道	增加通過這個特定點的人
*第二次陳述問題 如何使通過中山高速公路上此一特定點的人數增加呢？ 為什麼要增加通過的人數？	前兩項問題的所有方法、高乘載、增加火車和客運巴士的班次	減輕交通壅塞
*第三次陳述問題 如何在此一特定點減輕交通壅塞？	前三個問題的所有解決方法、廣播交通壅塞情況及建議替代道路、錯開附近公司上下班時間、尖峰時間關閉此一地點附近的交流道	

註：此表主要修改自Olson（1984），pp.94-95

㈡把握要點

「把握要點」的方法可以協助我們由一個模糊及沒有明確定義的問題中找出重點來，使我們對問題能有更清晰而簡短的陳述。或許這種方法對於問題「量」的改變不大，但是對於問題解決「質」的改變卻很大。在方法上，我們可以：

■ 確定問題目標的重點敘述（例如：「怎樣讓我們在晚上更容易入眠？」）；

■ 之後可用「**兩欄字**」來代替原來的重點字；

■ 接著再從兩欄字中（例如：一欄是入眠、鬆弛、淺睡、休息、打盹；另一欄為容易地、安穩地、迅速地、深沉地），找出最能代表此一問題重點的字（「更容易入眠」）；

■ 然後透過此一新「字」來陳述問題（例如：「我要怎樣方能在晚上深沉地入眠？」），就可以使我們對問題有更清楚的了解。

㈢延伸重點

人們往往喜歡確定自己在做什麼，因而習慣於人為的框框中。「延伸重點」的方法可以幫助我們克服這種人為的框框，思考一些不可思議與不可能的事情。採取此種方法時的程序如下：

首先需列出目標及解決問題所需達成的標準　→　延伸這些目標與標準，並記錄這些標準所引出的想法

「延伸重點」方法的實際運用，如表6-5。

二、發展許多不同的構想

「構想就是從思考中尋求克服障礙的方法。」（Dewey, 1926）為了避免盲目採取最初的構想作為解決問題的方案，我們必須在選擇最佳方法之前，發展出許多不同的構想，以增加成功的機會。在這個部分，Olson（1984）認為下列四種激發創造力的方法可以協助我們發展更多的構想。茲分述如下：

表6-5　延伸重點法在問題上的運用

問題	我怎麼能在地理科目上得到好成績？	
解決目標	我希望能花很少的精力，而得到心智上很大的收穫	
原有目標	延伸目標	可能激發的解決方法
心思少	不費心思	與朋友一起研讀或使學習成為社交的一部分而不覺得費力
花費少	設法從中得利	寫有關地理的文章或書
心智成長	變成和老師一樣廣博多聞	課堂教材外，自己多閱讀並多問問題

㈠他人提示

　　「他人提示」的方法強調請求不同背景、知識和智力程度的人，對你的問題提供解決方案，同時運用這些建議來引發自己的構想。例如：一位商人可能問他的孩子，關於生意上冒險的觀點；又如一位教育工作者可能問修理馬桶的工人，有關教學的看法。這些外行人所提出的意見，可能並不能直接運用，但是有可能激發上述商人與教育工作者轉換思維方向，引發不錯的創意構想。

　　這種方法在詢問他人時，最好問開放性的（open-ended）問題（例如：「你認為怎樣？」）。此外，「他人提示」的方法可運用在任何形式的問題上。表6-6是運用「他人提示」法來激發構想的實例（如發明一支更好的鋼筆）。

表6-6　運用「他人提示」法來激發構想

來源	他人提示的構想	可能有用的構想
老師	一支好寫的鋼筆	製造一種書寫流利的鋼筆
公務員	一支便宜的鋼筆	從材質著手，設計一支便宜的鋼筆
業務員	一支易握的鋼筆	使表面粗糙較易握住
大學生	一支多功能的鋼筆	製造一種具有多種功能的鋼筆

㈡ 列舉奇想

Maslow曾指出：「每個新構想起初看來都有點瘋狂。」（引自Olson, 1984）因此，何不試著刻意產生瘋狂、愚蠢的想法，來激發新奇有用的構想及頓悟。「列舉奇想」法可協助我們列出荒謬可笑的構想，並轉化為實際的結果。例如：腦力激盪法鼓勵怪異奇特且愚蠢的想法，因為它們常能被改變或轉化成實際有用的構想。

雖然有人可能覺得「列舉奇想」法會引起非難，但是我們必須不斷告訴自己，許多很好的構想，剛開始常受到嘲諷與批評。表6-7是以「列舉奇想」法說明激發奇想來解決「如何結交更多朋友？」這項問題。

表6-7　「列舉奇想」法在問題上的運用

奇想	轉化為新奇有用的構想
大聲尖叫	有技巧地讓人家知道你就在附近
拉扯別人	不要傷害別人的感情
多吃一些	邀請別人到家裡或外出共進午餐
多流些汗	交朋友需要相當的努力

㈢ 強迫聯想

往往看似無關的事物，也能對問題的解決提供刺激。有創造力的人可利用所接觸到的各種事物作為類推，以激發可能用來解決問題的新構想。這種方法類似於Gordon所提出的「類推比擬法」。

作為一位問題解決者，我們不能只在無關的事物之間強迫建立關係，也必須強調導致創造性問題解答的新穎關係。激發新構想的「強迫聯想」法可使我們刻意地觀察某些事物，並想像出它與別的事物之間的相似點，這種歷程常常可以引發新的頓悟和構想。以下是運用「強迫聯想」法可遵循的步驟，如圖6-29（Olson, 1984）：

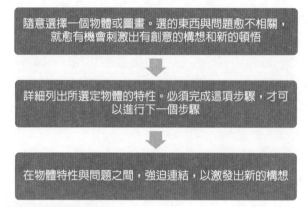

圖6-29　強迫聯想法可遵循的步驟

表6-8是以「強迫聯想」法（拿一隻老鷹來作類推）解決「有效運用時間的方法」：

表6-8　「強迫聯想」法的實際運用

老鷹的特性	想像出相似性而使時間能被有效運用
銳利的眼力	對將來的時間作長期規劃
快速俯衝	一旦察覺重要問題時，馬上採取行動
飛行與棲木	休閒與工作的時間並重

㈣ 組合妙想

畫家組合了顏色和形狀；音樂家將音樂和聲音強度組合；化學家則組合了各種元素。「組合妙想」法主要在提供一些新鮮的洞察力，以解決特殊的問題。

運用此種方法解決一個問題時，首先要盡可能列出可能解決問題的方法，然後邏輯且隨意地組合兩個以上的構想，以激發新的創造思考。例如：你可以將辦公室內的各種東西列成兩列的表（一列是公文櫃、書桌、電話和訂書機；另一列為書架、太陽眼鏡、燈和椅子），然後用骰子來隨意配對。假定書和梳子配成一對，由此可能激發出在梳子上刻名言或寫一本有關梳子的書。

三、確定最佳的解決方法

　　創意地解決具有創意的問題時，人們首先必須仔細地界定問題，發展出解決問題的可能構想，然後再從這些可能的構想中，確定出最佳的一個，作為問題的解決方法。構想愈多，種類愈多，愈能得到最好的構想；惟也同樣產生了如何才能選出最佳構想的困難。Olson（1984）曾提出下列三種辨認最佳構想的方法。茲分述如下：

㈠直覺檢視

　　人要變得更有創造性，就必須辨認自己的獨特性，而且基於本身獨特的目標、需要及經驗，而用以選擇最有價值的構想。「直覺檢視」法主要在回顧你的目的或標準，然後憑著直覺，從這些圈出的構想中，選擇最好的構想。

㈡轉化缺點

　　人類在心智上有逃避自我批評及他人批評的傾向，而「轉化缺點」法就是用來協助我們避免這種情形的發生。實施時，首先要清晰辨認構想的缺點，然後試著在別人也辨認出之前，將缺點轉化成優點。這種積極的思考有助於讓我們保持樂觀及減低心理負擔，正如依據古諺所云：「樂觀主義是一種愉悅的心境，可使燒開的茶壺歌唱。」

　　應用「轉化缺點」的方法，需要攻擊自己的構想，從別人豐富的經驗和知識中，觀看自己的構想。如同心理學家經常利用角色扮演，作為透過他人之眼來觀察的方法。表6-9是應用「轉化缺點」法的實例。

表6-9　「轉化缺點」法的實例

構想：校園裡種植一顆有蔭的樹		
缺點	缺點正向化	可能的修正
樹葉掉落滿校園	落葉激起對自然季節變化的欣賞	種植常青樹
需要經常修剪	修剪樹葉是良好的運動方式	種植生長速度緩慢的樹，以減少修剪的需要
樹可能會遮蔽教室的視野使室內光線不足	能使教室在夏天保持涼爽	將葉子繁茂的樹種在遠離窗戶之處

〔三〕活化構想

我們常常有解決問題的好構想，但是因為缺乏勇氣和衝勁將它付諸實現，而使其胎死腹中。

「活化構想」的方法就是一種可以增加人們實現構想的衝勁，它是誇大實行構想所能產生的最好及最壞的結果，然後必要時修改構想，以減低其最壞結果而增高其最好結果。例如：在核能方面，低廉的能源政策是導致廣泛使用核能電廠生產電力的結果，而核能發電可能發生的最糟結果就是核子反應爐失去控制。

這種情形的嚴重程度足以使核能電廠採取最可信意外事件的設計。例如：一座靠近海邊的核能電廠，其設計應該能夠阻擋大海潮，一旦最惡劣的結果已經被減小到最低限度，核能電廠的發展就能使人更具信心，而大量提供低廉能源。「活化構想」的步驟，如圖6-30：

圖6-30　活化構想的步驟

精力由活躍而產生，一個人的精力愈運用愈充沛，所以應該多多運用自己的精力，去從事一些有價值的創造性構想。

四、將解決方法力行實現

有句美國海軍陸戰隊的格言說：「採取行動——即使是錯的！」如果你受困於散兵坑，應試著去做做事，攻擊也好，撤退也行，或者把散兵坑挖得更深也罷，千萬別坐在那裡，等候命運的裁決。同樣地，當你有了構想，不管是否錯了，放手去做。很多研究報告亦指出：「**中等智力以上者，成功靠實行勝過於靠思考。**」（引自Olson, 1984）換言之，成功有賴於如何將思考化為行動。

所有具有創造力的人，都遭遇過困難和焦慮。但是他們更能堅持到

完成。對於偶爾的放棄，未能善用時間，對自己的構想沒有把握等，別掛慮，也千萬別放棄。

第七節 綠色帽子思考法

一、涵義

de Bono（1992, 1999）所提出的六頂思考帽的顏色各不相同：黃、綠、藍、紅、白、黑，這些顏色就是思考帽的名字。他設計思考帽的用意就是要思考者看到，而且想像這些思考帽是真實的。不同思考帽的顏色也和它的功能有關，如圖6-31。

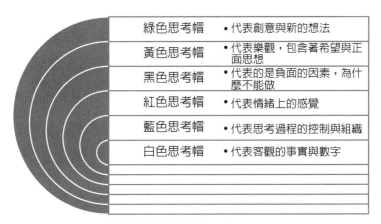

綠色思考帽	• 代表創意與新的想法
黃色思考帽	• 代表樂觀，包含著希望與正面思想
黑色思考帽	• 代表的是負面的因素，為什麼不能做
紅色思考帽	• 代表情緒上的感覺
藍色思考帽	• 代表思考過程的控制與組織
白色思考帽	• 代表客觀的事實與數字

圖6-31　六頂思考帽的顏色及其功能

參考de Bono（1990）的資料繪製

在上述這些思考帽中，綠色思考帽主要是指新的想法與新的看待事物方式，與創意和水平思考有關。「綠色帽子思考法」關心的是使我們脫離舊的理念，以求發現較好的替代品。其用法如下所示：

……帶上你們的「綠色帽子思考法」，讓我們來想些新的點子？

……我們已深陷泥沼中，現在我們迫切需要一些新的方法，該謹慎使用「綠色帽子思考法」的時候了？

……你們所說的都是傳統的處理方式，我們會再加以考慮，但是讓我們先帶上綠色思考帽10分鐘，看看有沒有新的方法？

　　事實上，「綠色思考帽」本身並無法使人們變得具有創造力。然而，它可以使思考者有時集中精神增進創造力。如果我們愈花時間尋找方法，就愈有可能獲得更多變通的方法。有創造力的人經常都是願意花時間訓練自己的創造力。綠色思考帽可以視為一種人為的刺激。雖然我們很難刺激一個人變得更有創意，但是我們可以容易地要求某人戴上「綠色思考帽」，投入「綠色帽子思考法」中。

二、主要特性

　　根據de Bono（1999）在其《六頂思考帽》（*Six Thinking Hats*）一書中所述，我們可歸結出「綠色帽子思考法」的主要特性有下列三項，如圖6-32：

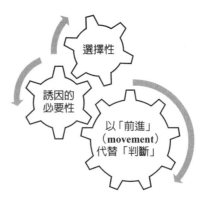

圖6-32　綠色帽子思考法的主要特性

㈠以「前進」代替「判斷」

「前進」是水平思考法的最主要詞語，前進並非判斷的消失；而「綠色帽子思考法」的特性之一，就是以「前進」來取代「判斷」。前進是一種動態的語詞，我們因為一個想法的前進價值而使用它。例如：我們利用一塊踏腳石幫助我們穿越一條河，到達彼岸；同樣地，我們運用誘因為基石，協助我們由一個模式進入另一個模式。有許多細密的方法可以使我們獲得一個構想的前進價值，包括萃取原則、集中於不同點等等。

事實上，第二個特性誘因和前進是一致的，缺一不可。而且除非我們能運用誘因，否則我們就可能會陷於過去的模式中。前進的力量應大於構想的正面評估，它是一種啟動的過程，而非判斷的過程。例如：這個構想有何幫助？這個想法暗示了什麼？等等，這些問題都是前進過程的一部分。

㈡誘因的必要性

「綠色帽子思考法」的第二個主要特性就是強調「誘因的必要性」。「誘因」是直接來自不對稱模式系統中的邏輯（參考「 **po** 」：是非之外），我們可以靜待誘因，也可以設法使它們產生。

de Bono曾經創造了「 **po** 」這個字，它源自於「假設」（hy **po** thesis）、「假想」（sup **po** se）、「可能」（ **po** ssible），甚至「詩」（ **po** etry），以它來表示具有誘因和前進價值的想法，或者說它代表著「誘因的操作」（江麗美譯，1996）。在這裡面，任何主義都是為自己的進步效應而出現的，為某種事物的誘因。

就其定義來看，瘋狂、荒謬或不合乎邏輯的想法往往是不見容於我們的一般經驗中。因此，由於有些想法是存在於現有模式之外，所以才需要誘因來將我們逼出原有的認知習慣性模式。我們由誘因中前進時，可能會發生三種狀況：

■ 可能根本無法前進
■ 可能會回到一般的模式裡
■ 可能轉向一個新的模式裡

至於獲得誘因的方法，de Bono（1990）認為有下列幾種：

- **逆轉或倒轉**。「逆轉或倒轉」（reversal）就是找出事物經常發生的方式，然後加以逆轉或者使它回到原點。例如：通常購物者都會付錢，讓我們逆轉一下，「 **po** 」換商店付錢給顧客？這可能引出發票交易或大量購買的想法。當然，誘因並不一定要很瘋狂、荒謬或不合乎邏輯的，我們也可以將一些相當嚴肅的構想當成誘因。
- **任意使用一個字**。在獲得誘因方面，我們也可以運用「任意使用一個字」的方法，想個數字，然後打開字典的那一頁。另外，再想個號碼，在那一頁找到那個字的位置。所謂「**任意**」是指這個字沒有特殊的關係。不過，在不對稱模式系統的邏輯裡，就會很容易看到一個任意選定的字的用途。它提供一個不同的出發點，來協助我們發現新構想。

如果我們直接考慮主題，就永遠找不到這條新的路（de Bono, 1990）。例如：我們想要找一些與香菸有關的構想，而任意找到「**青蛙**」這個字。然後用「**香菸**」 **po** 「**青蛙**」，「青蛙」意味著「跳躍或突然離去」，而聯想出可以做成或許有助於預防火災的香菸（一下子就熄滅）；或聯想出僅能讓抽菸者抽菸片刻，隨後還可以再抽那根菸的點子。

(三) 選擇性

「綠色帽子思考法」的最主要目標，就是讓思考者願意去尋找選擇性（認知、解釋與行動的選擇性）。「**選擇性**」的概念是指做事情（解決問題）的方式通常並非只有一個，看事情的態度也有很多種。進行創意思考最為基本的一點就是要先認定事情有其選擇性，而且要去尋找它的選擇性。因此，我們可以先承認第一個答案，而且可以隨時回來參考。然後，再去尋找其他的選擇（解決方案），從中根據自己的需要和參考資料，找出最好的方法。

此外，「選擇性」有不同的層次。例如：如果決定去度假後，就進入了下一個層次。要度什麼樣的假期？可以是陽光海岸假期？也可以是郵輪假期？如果選擇前者，則又進入另一個層次：去哪裡？然後就是選擇如何到達。我們在尋找選擇性時，是在一個可以接受的架構之內，它會設定選擇的層次，通常我們會待在這個架構裡。我們偶爾也會超越這種架構，邁向更高的層次。

de Bono（1990）認為要設法經常超越這種架構，改變思考層次。不過，在某一特定的層次裡，也須能激發許多構想。有時，在解決問題上，有創意的人總是連問題本身都改變了。因此，何時停留在架構裡，何時超越這種架構是一種兩難的情況。

三、構想產生的處理方式

在創意思考中，最脆弱的層面就是「構想的收斂」。在此一層面，往往就需要運用前述其他顏色的帽子思考法來配合。我們很容易只看最後一個最聰明的解決方案，其他的就全視若無睹。然而，我們應該留意的是，說不定有個「啟發構想的形態」改變了；或是有些「已知的解決範圍」產生了變化；抑或重新定義一個會造成大改變的新觀念等。

創意思考應該有個過程，就是要修飾一個構想，使其成形，如此才能因應兩種需求：

■ 有關現況本身，必須試著將一個構想修飾得能夠使用才行。

■ 要符合那些執行這項構想的人。

最後一個階段就是攸關情感的部分，因為一個構想到最後如果沒有熱誠去推動，那麼無論這個構想有多好都是無濟於事的。

第八節 心智圖法

一、涵義

「心智圖法」（The Mind Mapping）是一種實用的創意思考工具，這個由Tony Buzan（1974）所提出的思考方法，有多種譯名包括「聯想網」、

「心智繪圖」、「腦力規劃」、「創意總匯」、「創意網」、「創意解析」及「心智地圖」等，相當的分歧。

Tony Buzan曾鑽研大腦的功能與記憶的關係，認為我們的大腦絕對不是直線式的思考方式，而是種整體的意念和文字網路所構成的，彼此相互串聯。例如：當我們接收到談話對方發出的「水晶杯」訊息時，這時腦中的意象絕不只是單純的「水晶杯」而已，而會同時環繞著諸如「裝飾用」、「方形開口」、「顏色艷麗」等概念，構成一個整體的「水晶杯」意象。由於大腦的思考是一個整體的網路思維模式，我們在從事思考時也可利用此法，讓意識和思維能與大腦思維緊密配合，使組織力和創造潛能獲得充分的發揮。

基於上述觀點，**「心智圖法」**乃是「藉由顏色、圖案、代碼將擴散性思考具體化的一種思考方法，它不僅具有個人特色，還能增進創造力、分析、溝通和記憶，並協助回想」（修改自羅玲妃，1997）。換言之，心智圖法是放射性的連結運作過程，其發展方式便是將心像構思的影像與網路具體化，同時將關鍵資訊清晰地儲存起來。

二、特色與功能

Tony Buzan認為「心智圖法」具有四個特色（修改自羅玲妃，1997）：
■ 將主題具體化成一個核心概念
■ 由核心概念中放射出數條分支，同時連結其他概念
■ 從關鍵字為主的分支概念中，再分出次要概念
■ 所有的分支形成一個相互關聯的結構圖

由於「心智圖法」的構思源自於大腦樹狀突的組織，而且每一軸突能在瞬間聯絡一萬個以上的大腦細胞。因此，這種方法具有下面功能，茲分述如下（孫易新，2001）：

㈠ 分析功能

由於應用「心智圖法」可將複雜且繁瑣的事物分解成若干片段，因而有助於分析和了解。

㈡ 記憶功能

由於「心智圖法」會運用到大腦的長期記憶和歸納整理能力，因而就像電腦的超強記憶一樣，可以隨時輕易地喚起。

㈢ 創意功能

應用「心智圖法」來思考問題或事情，由於充分使用大腦的想像力、圖形、色彩、量化及邏輯等能力，可使創意有著無窮的變化。

㈣ 溝通功能

由於「心智圖法」應用全腦的所有技巧，因而左右腦的理性和感性可得到平衡發展，當然有助於人際溝通，而且生活也充滿喜悅。

三、心智圖法的製作方法

基於上述特色，「心智圖法」的製作有「**主題中心**」、「**枝幹延伸**」、「**定關鍵字**」、「**分支分化**」及「**關係連結**」等幾個關鍵要素。若能掌握這些要素，將會有助於「心智圖法」的製作。以下採用「**創造力叢書**」為例來描述其製作流程如下：

1. 選定個人想了解或解決的核心概念。

圖6-33　主題中心

2. 個人腦力激盪、自由聯想，並記錄所有想法（採用圖像或符號代碼皆可）。

3. 畫下心智圖並寫上關鍵字，同時將意見以線條箭頭及符號等相連結，以增進聯想效果。

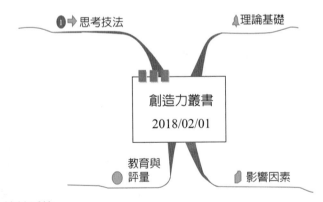

圖6-34　枝幹延伸

4. 由關鍵字中衍生相關分支，並選定一個次要概念的關鍵字。

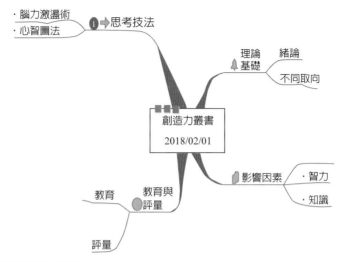

圖6-35 由關鍵字衍生分支

5. 初步完成後，可用顏色、符號或形狀等強調重要處，以利記憶。
6. 瀏覽一遍，若還想要加入想法，可採「直接添加」、「重新繪製」或「將原圖貼在更大的白紙上，再行連結」等方式進行。

四、心智圖法的應用

「心智圖法」的形態簡明，一看即可了解，其應用範圍實在太廣泛了，簡直可以說是無所不包了。它可以應用的領域，包括日常生活的提升記憶、日記、閱讀書籍、企劃案、人際溝通、演講、會議討論、編劇、學生寫作文、寫小說等。茲以電視或舞臺編劇為例，我們可將本戲劇的核心概念寫在中央位置，再將各個角色的特性和即將發生的事件等分支編寫，各分支之間依其發展的關聯，形成互動關係，如此不斷擴大聯想範圍，構築整個戲劇情節大綱。

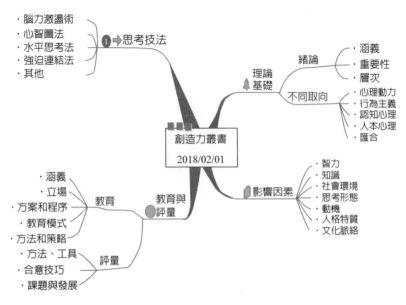

圖6-36　分支分化及關係連結

第九節　突破習慣領域法

　　依據大腦科學的研究，人類的大腦裡有一千億個腦細胞。各位想一想，一千億個腦細胞可創造出多少組合，產生多少千變萬化的想法和做法。不過，大腦科學家也告訴我們，如果我們不使用腦細胞來發揮潛能，腦細胞就有可能白白地萎縮、死亡，而我們的潛能就會消失。

一、何謂「習慣領域」？

　　游伯龍教授（1998）經過多年來的潛心研究發現，雖然我們的記憶、觀念、想法、做法、判斷及反應（統稱為念頭和思路）是動態的，惟經過一段時間後，會漸漸地穩定下來，而停在一個固定的範圍內。這些念頭和思路的綜合範圍，包括它們的動態和組織，就是所謂的「**習慣領域**」（Habitual Domain, HD）。上述念頭和思路等都是由腦海的電網所表示，因此「習慣領域」也可說是我們腦海裡所有電網的綜合體，會隨時存在，對

我們的言行和思想有非常大影響。

「習慣領域」與一般人所講的「習慣」並不同。後者是指那些強有力電網所產生出來的行為，因此「習慣」僅是「習慣領域」的一小部分而已！而前者除了實際領域外，還包含潛在領域、可達領域和可發概率（游伯龍，1998）。潛在領域除了含有強有力的電網（習慣）外，它還含有許多不常用的電網，惟這些不常用的電網可能正是解決我們問題的主要概念。

二、「習慣領域」穩定的原因

「習慣領域」為什麼會產生穩定呢？游伯龍（1998）認為主要的原因有下列幾點：

- 當我們學得愈多時，新的事物對我們來說是新的機會便會愈來愈少，除非有重大事情發生，否則我們的領域就會被侷限在一個範圍之內。
- 儘管訊息是新的，但我們有可能把新訊息曲解，把它看成不是新的。
- 外在環境雖然是動態的、有變化的，但就像一年四季一樣，儘管有變化，惟變化都是在一定範圍內。
- 我們常常運用過去經驗來解釋新的訊息，往往會有曲解訊息的傾向。

就是因為上述四個原因，使得我們除非有重大事情發生，否則就不會刻意去擴展習慣領域，而穩定在某一固定的範圍內。

三、四項重要的概念

「習慣領域」是非常複雜的，因為它是我們大腦內所有念頭和思路的綜合體，也是所有心意運作的基礎。游伯龍（1998）認為只要我們能夠掌握下列習慣領域的重要概念，就能夠有效地掌握並善用習慣領域，如圖6-37：

圖6-37　習慣領域的重要概念

㈠ 潛在領域

「潛在領域」是指在腦海中所有可能產生的念頭和思路，或是腦海中所有電網的總和；類似我們家中所有可能被取出的CD音樂片。

㈡ 實際領域

「實際領域」是指當下占有我們注意力的念頭和思路（電網），對我們的影響最大，相當於此刻被我們取出準備播放的那片CD音樂。

㈢ 可發概率

「可發概率」是指每個念頭和思路（電網）占有我們注意力的概率。就像每片CD音樂一樣，被我們取出播放的概率不同，每個念頭和思路（電網）占有我們注意力的概率並不一樣，有的多，有的少，甚至完全沒有。

㈣ 可達領域

「可達領域」是指由實際領域的運作，我們往往會引發一些想法和看法。這些延伸出來的念頭和思路，就是我們的可達領域。例如：聽完一首CD音樂之後，我們會有一些新的感受或想法等。

四、擴展習慣領域的基本方法

為了激發潛能，我們必須擴展習慣領域，使得工具箱內的工具既多且豐富，而且讓你能把有效的工具靈活檢索，以增進效能和智慧。一旦習慣領域擴大之後，我們就會有更為廣闊的視野，從各種角度去看和了解世界

萬物和問題。

　　游伯龍（1998）繼發展「習慣領域」理論學說後，又花費多年詳讀
國內外古代聖賢的絕妙觀點和格言，提出了8個有效擴展「習慣領域」的
基本方法，如圖6-38，並以一首名爲「**擴展HD**」的詩：「**虛心學習可升
高；事物聯想觀參數；改變環境激腦力；以退爲進靜祈禱**」來協助記憶。
茲分述如下：

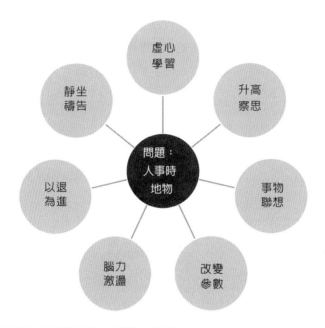

圖6-38　有效擴展「習慣領域」的基本方法

參考游伯龍（1998）的資料繪製

(一) 虛心地積極學習

　　「虛心地積極學習」即要把原有成見暫時拋開，讓新的想法很容易地
占有我們的注意力，這是擴展習慣領域最爲基本的方法。因爲唯有不斷地
積極學習，多看好書、多聽好的演講、積極地做事等，大腦的無限潛能才
能被激發出來。

㈡ 升高察思

「升高察思」是指在面對問題或現象時，不要只停在原來位置觀察我們所看到的問題表象或現象，而要從更高一層的位置來觀察這些問題與現象和尋找解決方案。如此，方能掌握問題或現象的真正原因，找到真正解決問題的方法。

㈢ 事物的聯想

由於任何事情都可相互聯想，找出彼此的異同之處。而經由歸納、比較這些事物異同之處，常常可以使我們對於事物有更多的了解和啓發，進而找到解決問題的答案，甚至是一項新的發明。當然，我們的習慣領域也因而擴展和豐富了。

㈣ 改變有關的參數

任何事物都有它的參數，例如眼睛的大小、視力、膚色等，都是我們身體的參數。如果我們把參數縮小或放大，往往就會有不同的想法和概念。

每個決策也都有它的參數，包括：有什麼可能方案？可能的決策後果是什麼？等等，如果我們能變換一個思考角度、改變一下參數，說不定我們會改變整個決策。

㈤ 改變環境

改變環境也是擴展習慣領域的良方之一，例如旅遊、看書、變換工作等。當我們處於新的環境時，這個新環境多少會提供一些新的訊息，進而使得習慣領域中的「實際領域」、「可達領域」及「潛在領域」也會隨著擴大和轉化。

㈥ 腦力激盪

透過腦力激盪，我們可以了解到許多每個人潛在領域中的念頭和思路。如果我們能夠敞開心胸，鑑賞和珍惜別人的好想法和點子，而將其內化成為自己的習慣領域，就可以不斷地擴展自己的HD。

㈦ 以退為進

有時我們愈想要了解的事情，愈是無法理解；等到不去想時，答案卻意外地出現。原因在於當我們退出原有問題時，便可離開原來的實際領域，而進入另一實際領域和可達領域。因此，當我們面對難題無法解決時，不妨暫時把問題拋開，去散步、聽音樂等等，也許新的實際領域和可達領域就可能找到答案。

㈧ 靜坐禱告

由於靜坐禱告時，我們便會有更多機會注意到潛在領域中許多的念頭和思路，而常會有靈光一閃的頓悟。因此，我們每天應該騰出幾十分鐘的時間，讓自己的心靈安靜下來，好好享受寂靜，以使自己對事情或問題有更多且全面的看法。

五、結語

有了上述這八種擴展習慣領域的有效方法，並不表示我們就能夠隨心所欲，心想事成。不過，如果我們致力於擴展本身的習慣領域，那麼我們的習慣領域就會不斷地擴大，而形成一個良性循環。如此便可從更寬廣的角度來看待或解決問題，並享受擴展習慣領域的過程和樂趣。

第十節 水平思考法

這是一個經常被引用的故事：「以前英國倫敦有位股實商人，向人借錢做失意失敗，陷入嚴重的困境中；由於在當時的英國，欠錢不還是要坐牢的。債主是位惡劣的當地士紳，逼債甚緊，毫不寬容。後來，債主發現商人有位年輕貌美的女兒，於是提出下列兩個辦法，逼迫商人與其女兒立刻作決定，否則絕不留情：第一個辦法是，債主從地上撿黑白兩塊小石子放入口袋中，要求商人的女兒伸手進袋任選一個；如果取出的是白石子，欠錢就一筆勾銷。若取出的是黑石子，錢可以免還，但商人必須同意將女兒嫁給他為妻。第二個辦法是，如果商人不同意這樣做，債主就要將商人送去坐牢。

商人及其女兒在無可奈何的情況下，女兒答應了第一個辦法。條件談好後，債主當場就在滿是小石子的地上撿了兩塊黑石子放進袋裡。商人的女兒看在眼裡，卻用心思考該怎麼辦。

就傳統邏輯分析事情來看，可能只有下列三種對策：

■ 拒絕選石子的承諾

■ 要求債主亮出石子來，揭露他的詐術

■ 忍痛選取一塊石子，犧牲自己的幸福，拯救了父親

像這些傳統的垂直思考方式並沒有突破困境。對商人與其女兒來說，無論怎麼決定都是不利的。

故事的結局是：「商人的女兒伸手從袋中取出石子，卻不小心讓其滑落地上」。然後抱歉地說：「哎呀！我怎麼這樣不小心呢？不過，沒關係，你現在只要看袋裡留下的那塊石子，就可以知道我剛才選的是黑的還是白的石子了。」就這樣，商人的女兒得到了兩全其美的結果，既免了債務和坐牢，也保全了自己。上述就是一個「水平思考法」的典型例子。以下分別就何謂「水平思考法」及其與創意的關係、基本原則與技術做介紹。

一、何謂「水平思考法」？

「水平思考法」（lateral thinking）係由Edward de Bono（1992）所提出，主要是針對傳統邏輯推理的「垂直思考法」而來。牛津大辭典將「水平思考法」解釋為：「**以非傳統或顯然不合邏輯的方法來解決問題。**」其中關鍵字為「**顯然**」。依正常邏輯來看，這種方法或許「顯然」不合邏輯；惟事實上它們是得自模式系統的邏輯，其中「刺激」是一個必須採取的步驟。

Edward de Bono（1992）則認為「水平思考法」有兩種解釋：

■ 狹義言之，是一套用來改變觀念與認知，並產生新觀念的系統性技術。

■ 廣義來講，為探究各種可能與方法，而非追求同一種方式。

此外，可以將其簡單解釋為：「你把一個洞挖得再深，它仍是一個洞。」也就是說，我們應該以不同的方法，來看待事物或問題。

在垂直思考法裡，你會採取一個既定立場，然後以此爲基礎向上發展，以後每一步都必須與你目前所在的位置有邏輯的關聯。這個過程表示你在同一基礎上發展或是將同一個洞穴挖得更深。而採用「水平思考法」，我們是往旁邊去嘗試不同認知、觀念和切入點，讓我們脫離一般的思路。

就技術性解釋來講，「水平思考法」是在自組性資訊系統裡穿越各種模式。圖6-39顯示了這種水平的穿越模式法。我們設法穿越模式，而不跟著它走。

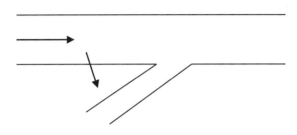

圖6-39　水平思考法的技術性解釋

參考de Bono（1992）的資料繪製

二、「水平思考法」與創意的關係

「水平思考法」與改變觀念和認知有直接關聯。Edward de Bono（1992）指出「創意」一詞涵義廣泛且易混淆，有「新」、「使某事物成眞」及「價值」等意義。不過，「水平思考法」一詞卻相當明確，主要就是關於改變觀念與認知。

「水平思考法」的系統性技術方面，有些是完全合乎正常邏輯，有些甚至具有收斂的性質。因此，「水平思考法」並不只是「擴散思考」的另一個代名詞，而是涵蓋了擴散思考。這兩種思考都一樣注重多重選擇，但這只是「水平思考法」的重點之一。Edward de Bono（1992）認爲「水平思考法」與創意之間的關係，如圖6-40。兩者之間有交集，但範圍多大則見仁見智。

圖6-40 水平思考法與創意的關係

三、「水平思考法」的基本原則

Edward de Bono（引自唐潔之譯，1992）在其書中指出「水平思考法」有四項概括性且不相排斥的基本原則，如圖6-41，並分別說明如下：

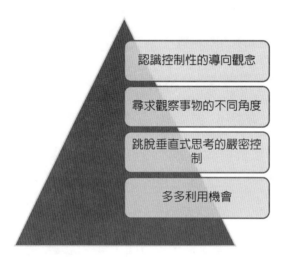

認識控制性的導向觀念

尋求觀察事物的不同角度

跳脫垂直式思考的嚴密控制

多多利用機會

圖6-41 水平思考法的基本原則

㈠認識控制性的導向觀念

「水平思考法」是為彌補垂直思考法的缺陷應運而生的。垂直思考法就像半掘的洞對我們具有自然的引力，使我們不假思索地繼續掘下去。造

成這種情形的因素有二：

■ 這是一種遵循既定方向的本能。

■ 我們不願放棄已經投入的精力和時間。

㈡ 尋求觀察事物的不同角度

前述商人女兒取出石子的故事情節裡，我們看到一個無法解決的困境，變換一個觀點之後，立刻迎刃而解。也就是尋求不同角度的觀察事物，稍作改變可能就會有深遠的效果。

事實上，在面對問題時，尋找多重觀點並非自然的傾向。因此，我們必須刻意小心並運用特定技巧。Edward de Bono曾提出下列幾種方法：

■ 面對問題時，預先決定它有幾種解法，然後依照這個數字，再刻意地找出這麼多的觀點來。

■ 刻意把某些正常關係故意顛倒過來。

■ 試著把眼前既存的關係，轉化為較易處理的情況；把抽象的形勢轉化為具體的譬喻。

■ 刻意轉移一個問題的重點。

㈢ 跳脫垂直是思考的嚴密控制

「水平思考法」第三項基本原則是要了解垂直思考法的本身。就產生新念頭來說，不但效率不高，而且必會造成妨礙，這種特殊的性質會強制性地對腦中的思緒作嚴密的控制，對每一件事都加以邏輯分析和綜合。這種思考方式有幾項明顯的缺失：

■ 一旦找出一條通往正確結論的途徑，便不再費神尋找其他更快更好的方式。

■ 就是要求推論過程中每一事物都接受嚴格的定義。

㈣ 多多利用機會

「水平思考法」第四項基本原則是盡可能地利用機會來產生新念頭。Edward de Bono（引自唐潔之譯，1992）建議在「機會」上下工夫，因為「機會」指的就是不能為人控制、事先無法加以安排的偶發事件，不過這種特性正是它們引發新意念的價值所在。他提出了幾種利用機會的方法：

- 就是在玩耍嬉戲中找機會。
- 使用腦力激盪法，說出腦中一切上天入地，無奇不有的想法。
- 故意在某一琳瑯滿目、貨品繁多的地方隨意漫遊、到處瀏覽。
- 故意讓那些原本在不同時間盤據心頭、千頭萬緒的思緒交互纏結在一起，同時容許念頭隨時轉移路線，接納任何方向的改變，了無拘束。

四、「水平思考法」的工具和技術

Edward de Bono（1992）曾在其《嚴肅創意》（*Serious Creativity*）一書中幾種「水平思考法」的工具和技術，分別列述如下：

㈠六頂思考帽

Edward de Bono曾利用六頂不同顏色（白、黑、黃、紅、綠、藍）的帽子，來代表六種基本的思考模式。運用這種方式，我們可以將思考由甲模式轉換到丙模式。在某一時刻，我們可以要求採用某種思考模式，透過這種限制，可以使思考變得更有效率。

㈡創意暫停

「創意暫停」的主要目的就是將某種事物放在腦海裡，使自己用心去關注它。時間不應太長，不必非想出新構想不可。

㈢創意質疑

「創意質疑」不是攻擊、挑錯或批評，也不是想要顯示某件事不適當。「創意質疑」是假設在任何情況下，一定還有更好的做事方法。它是質疑唯一性：「這是唯一可行的方法嗎？」

「創意質疑」通常以「為什麼」來表達，可直接指向當時的思考（為何我們要用這種方式來看事情？）；也可以指向我們思考的要素，藉著創意質疑檢討這些要素，看看它們是否真的需要。另外，「創意質疑」也可質疑持續性（因為前天這麼做，今天照著做）。這種持續性分析將探討的形態有四種，如圖6-42：

圖6-42　創意質疑持續分析的形態

四 其他方案

Edward de Bono（1992）認為：「所有創意行動最基本的做法，就是找尋其他方案」。例如：其他選擇是什麼？還能怎麼做？這包括在不必要的情況和眼前已有其他方案之下，願意停下來尋找其他方案；在找到滿意方案後，願意再努力尋找更多可能方案；在已有某些方案可供考慮的情況下，能願意去「設計」和「創造」新的選擇（做法包括脫離情況的界限、引進新的因素、改變價值、讓他人參與等）。在尋找其他方案時，可以這樣運作：

「定點」可以是：

- **目的**。（例如：有哪些方法可以達成這個目的？）
- **族群**。（例如：蘋果的另一種選擇是什麼？）
- **類似**。（例如：還有哪些花看起來像這種？）
- **概念**。（例如：定點是「報答」這個概念）等。

五 概念傘

「概念傘」的運作程序，如圖6-43：

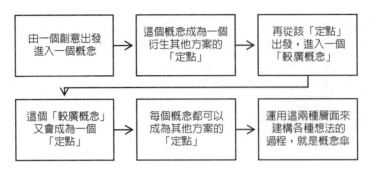

圖6-43　概念傘的運作程序

概念傘可分為三個階段：

■ **方向**。這是指大的概念或想法。

■ **概念**。即最某件事的一般方法。

■ **創意**。為執行某一概念的特定方式，必須能夠直接實施的。

製作概念傘時，必須從思考的目的開始倒推回來（在每一定點都必須自我詢問：「我怎麼到達這點？」），就可以得到讓我們達成目標的「較廣概念和方向」；接著從「方向」倒推「概念」，這些「概念」都是到達某個「方向」的方法；然後，從「概念」倒推到「創意」，就是找出化概念為具體行動的方法，如圖6-44。

最後，可由「**可行性**」、「**利益**」、「**資源**」和「**適合性**」等方面來初步評估所有的方法。

㈥ **概念**

我們隨時都在清晰或隱諱地引用概念。能在概念的層次上運用概念是非常重要的。任何一個由創意思考所產生的創意，都值得我們回頭去尋找潛藏在背後的概念，因為回頭尋找概念的目的是要產生新創意。概念的呈現形態可以從非常明確到非常模糊含混，最好的方法是先找到一個概念，然後讓這個概念變得比較明確或比較廣泛。

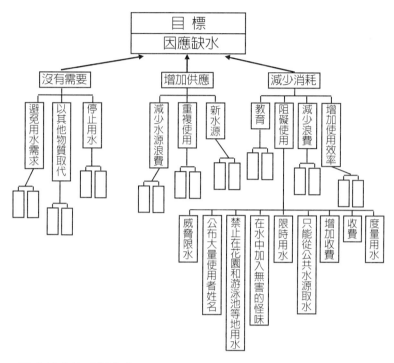

圖6-44　因應缺水的「概念傘」

參考Edward de Bono（1992）的資料繪製

至於最有用的概念種類，認為有下列三種（de Bono, 1992）：

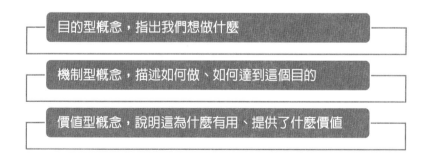

目的型概念，指出我們想做什麼

機制型概念，描述如何做、如何達到這個目的

價值型概念，說明這為什麼有用、提供了什麼價值

在概念運用上，最重要的是努力。當我們開始有感覺或到達有用的功能層次，就會愈來愈容易。一旦我們萃取了有用的概念，就可進一步加

強、改變或找出實際該概念更好的創意。從創意到概念或由概念到創意，應該持續不斷地來回移動，因為那些天生有創意的人都有這樣的特質（de Bono, 1992）。

㈦ 刺激與行動

由於大腦會形成所謂的基本不對稱形態，如圖6-45。當我們脫離主要軌道進入歧路的末端，就會產生幽默。但是我們如何穿越主要軌道進入歧路呢？這就是水平思考法的對稱性刺激技巧發生效果的地方。因此，「刺激」的目的就是要讓我們離開大腦思考的主要軌道。我們由「刺激」可以看出價值的新立足點，才能擁有創造力。

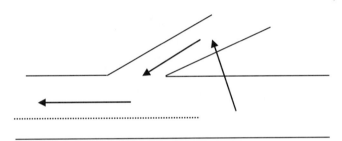

圖6-45　基本不對稱形態

Edward de Bono（1992）指出運用「刺激」技術的順序可分為選擇創意焦點、設定刺激、運用刺激等。而「行動」是一種極度重要的心智活動，它是創意的中心。沒有「行動」，刺激便毫無意義。

使用「行動」時，有兩點特別需要留意：

■ **一般態度**。指的是一種繼續深思一句話或一個刺激的意願，新想法或許就會產生。

■ **系統性技術**。由一句話或一個刺激展開行動的技術有五種，如圖6-46包括：

抽取原則	•看著一個刺激，設法抽取出其中的原則，然後用此原則來找出有用的想法
集中不同點	•拿刺激和既有做法相比較，找出不同點後，設法從不同點中導出有用的新想法
時刻發展	•想像著刺激，設法發現一些有趣的想法
積極層面	•直接看向一個刺激的好處或積極面，然後利用這個價值發展出新的想法
環境	•在什麼樣的環境下，這個刺激會有直接價值；到處尋找可賦予這項刺激一些價值的特殊環境

圖6-46　系統性技術的種類

「行動」技術在某些層面是兼用擴散和聚斂思考，不是只有擴散思考而已。此外，在**「行動」**過程中，我們必須設法使自己的技巧更趨純熟並建立信心，才能隨興所至使用**「行動」**技術。

接著，我們要來描述**「刺激的設定」**，刺激的來源有二，一是來自「靈機一動」；另一則是來自於「刻意的設定」。兩者都可以讓我們在進行「水平思考法」時，有一些系統性的刺激工具，以獲得一些過去必須等待機會或意外錯誤才能得到的效果。此外，設定刺激必須是相當大膽而機械式的，你絕對不應該知道這項次機會帶你到什麼地方。至於刻意設定刺激的方法有下列幾種：

- **脫離法**。這是一種簡單而直接創造刺激的方法。「脫離法」就是找出任何理所當然之事或正常情況（如餐廳當然有食物；po，餐廳裡沒有食物，**這就是刺激**），然後設法採用取消、否定、放棄、去除、否認等方法加以脫離。
- **踏腳石脫離法**。這種方法就是要在某些現存的事物上，進行一些機械式的活動。其方法有四種：（1）**「相反型刺激」**，即找出正常方向，然後反向思考作爲刺激，行動的方向必須相反（如**我早餐吃蔬菜汁，po，蔬菜汁把我當早餐吃了**）；（2）**「誇張型刺激」**，是指超越正常的衡量或度量（數字、大小、重量、溫度、承受度等等），往上或往下延伸，但是往下延伸不能爲零（如

po，每個家庭都有一百臺電腦或電腦上只有一個按鍵）；（3）「**扭曲型刺激**」，就是將有正常關係的事物各部分或正常順序的事件加以任意改變，創造出一種扭曲情況，並將此「情況」視爲一種刺激（po，**學生互相考試**）；（4）「**幻想型刺激**」，幻想「假如……該有多好！」這必須是一個幻想，而不是一個正常的欲望、目標或任務。提出一個心裡知道它是不可能達成的幻想，並以此作爲「刺激」（如po，**簽字筆應該自己會寫字**）。Edward de Bono（1992）認爲愈能運用極端的刺激，在設定刺激時就愈勇敢。薄弱的刺激並不會有很高的刺激價值。

(八) 任意輸入法

任意輸入法是刺激技術的一種，但它的運作方式和其他刺激技術略有不同。在使用其他技術時，會先找出一個刺激，然後用它脫離主要軌道，以增加進入新軌道的機會；不過，使用「任意輸入法」時，我們從一個新的思考點出發，這立刻增加我們進入新軌道的機會，然後將它與焦點連結，開始採取這個新的思考路線。

最方便的「**任意輸入法**」是採用「任意文字」（有很多方式可以找到任意文字），可用來激發和選定焦點有關的新創意（酒po花）。也可以採用圖片、物品或商品。重點在於所輸入的是任意的，而非刻意選擇的。

(九) 敏感性技術

「**敏感性技術**」就是要將一些想法放進大腦裡，讓我們的思考能夠採取新的創意路線。它不像刺激技巧那麼強而有力，包括：

■ **語層**。語層是指將平行的、不相干的敘述或語句放在一起而形成語層（例如：關於汽車保險的語層……保險人和汽車修理廠可能有欺騙行爲；……訴訟與處理成本升高；……中央立法和最高保費等；……不同團體有不同行爲等），促使大腦敏感化，以便產生新的想法（如將重點放在嚴格選定的團體；若無法放在嚴格選定的團體，就離開這個行業；主動表示願意辦理一個中央經營的保險計畫）（de Bono, 1992）。

■ **抽絲技術**。這種技術是在針對一個焦點進行設計時，先寫下其可

能的需求，再分別看待這些需求，而暫時完全忽略該焦點範圍的真正背景，然後有各個需求中抽出「細絲」（滿足該需求的各種方法），接著再檢視各條平行的細絲，從中找出一些項目組織成新的想法（見下例）。

焦點要設法改進「新銀行作業」
人員充足：彈性作業、需要時有後備人員
方便顧客：移動空間、作業空間、標示清楚、進出容易
空間足夠：大、等待空間、須有多餘空間、不擁擠
容易接觸：在街角、在商店中央、在交通要點、在每一個角落

然後設法迫使出現一個想法：在交通要點，須有多餘空間，標示清楚，彈性作業。我們由此找出一個「**旅行車活動銀行**」的想法。

五、結語

「沒有任何事物比想出一個新創意更能令人拍案叫絕；沒有任何事物比看到一個新創意發揮作用更令人感到欣慰；沒有任何事物比符合你要求的一個新創意更能有所作為。」（de Bono, 1992）不過，想要有創意或發揮創造力，就必須解脫束縛、傳統及歷史。而要解脫束縛，最佳的方式就是使用審慎的技巧或技法，不光是坐著等待。Edward de Bono（1992, 1996）所提出的「水平思考法」側重觀念和認知改變，如果能夠正確運用可使人更具有創造力。

第十一節 動詞檢核表 ✎

如果我們仔細地檢視任何一種發明、產品或是任何一項問題解決的方法，事實上都與「動詞」有所關聯，例如會翻滾的玩具猴、會唱歌的魚、會跳舞的機器狗等。這種可以改變現有情況的「動詞法寶」，如果適當地運用在腦力激盪會議或問題解決上，保證使每個人的大腦動了起來。

一、動詞的功用和運用原則

有「動詞」，任何東西或事物就開始動。一個物體要邁向另一個形式的物體，或是轉換到另外一個空間，總是需要「動詞」來推動。以「空罐子」為例，沒有動詞，它就永遠停在那裡。不過，如果加上一些動詞，情況就大為不同了。把「空罐子」壓扁如何？把「空罐子」顛倒擺放會怎樣？把「空罐子」丟上去？運用幾個「動詞」之後，你就可以想像「空罐子」開始產生動的變化了，至少不會靜止不動。

所以Osborn（1953）在其《運用想像力》（*Applied Imagination*）一書中，就使用數個章節描述以「**問題詢問**」的方式來激發新構想，這些問題包括：該如何改造？修改？加大？顛倒？替換？等等，與「動詞」並沒有什麼差別。不過，使用「動詞」來激發創意構想，也有一些要領。以一種活動或一件產品為例，大都可以分為幾個屬性，如功能、運作方法等，將這些因素條列出來，再與各種「動詞」一一配對，或是以該「動詞」的觀點來思維，看看能否創造出新貌。

二、動詞檢核表的種類

Osborn（1953）、Koberg與Bagnall（引自原來，1996）及日本學者多湖輝（1991）等人都曾提出「動詞表或檢核表」來激發創意，茲分述如下：

㈠Osborn的九大動詞檢核表

針對產品的各個屬性，運用動詞來激發創意構想，Osborn（1953）曾提出下列動詞檢核表，供作參考，見表6-10：

表6-10　Osborn的九大動詞檢核表

動詞	內涵
替代	什麼東西可以替代？其他方法？其他過程？……
用做其他用途	若修改一下，是否可以做其他用途？……
改造	有與這個構想相似的想法嗎？這還能提供哪些其他想法？……
加大	增加些什麼？更長？更厚？……

（續表6-10）

動詞	內涵
減縮	減少些什麼？更少？縮小？更輕？……
修改	改變顏色、音效、形狀？全盤的扭轉？……
重新安排	更動順序？更改因果關係？成分互換？……
結合	結合小單元？結合想法、目標？……
顛倒	左右顛倒？對立事物互換立場？……

根據Osborn（1953），pp. 288-300的資料整理

㈡ Koberg和Bagnall的32個動詞表

Koberg和Bagnall也曾在其《宇宙遊子》（*The Universal Traveler*）一書中，提出了以下32個動詞（引自原來，1996），讓學習者能夠運用更多元的動詞來激發創意的構想，如圖6-47：

動詞表	動詞表	動詞表
□ 增加	□ 迴轉	□ 軟化
□ 顛倒	□ 凍結	□ 重複
□ 扭曲	□ 減輕	□ 保護
□ 補充	□ 推出	□ 抽象
□ 抽減	□ 象徵	□ 加上去
□ 延展	□ 使膨脹	□ 縮減
□ 整合	□ 排除	□ 結合
□ 使下沉	□ 互換	□ 擠壓
□ 分割	□ 壓平	□ 迴避
□ 分開	□ 隔離	□ 加厚
□ 解剖	□ 逐出	

圖6-47　Koberg和Bagnall的32個動詞表

㈢ 多湖輝的15個動詞表

日本學者多湖輝（1991）也曾提出15個動詞，來協助激發創造力，如圖6-48。

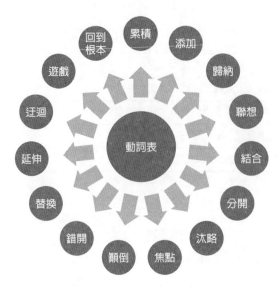

圖6-48　多湖輝的15個動詞

㈣ Eberle的SCAMPER動詞表

SCAMPER動詞表是Eberle（1971）所設計的動詞表格，可供檢核表使用，這種設計主要用幾個字的代號來幫助我們了解並實際運用。SCAMPER這幾個字分別是S：取代（Substitute）；C：結合（Combine）；A：調整（Adapt）；M：修改、擴大、縮小（Modify、Magnify、Minify）；P：使用其他用途（Put to other uses）；E：取消（Eliminate）；R：重新安排、倒轉（Rearrange、Reverse）。茲分別說明如表6-11：

表6-11　Eberle的SCAMPER技術

代號	功用	內涵
S	取代 （Substitute）	指一個人或一件事物為另一個人或另一件事物所替代。何者可被取代？誰可代替？有沒有其他的時間、地點來代替？
C	結合 （Combine）	係指將事物聯合起來。需要混合或加以分類嗎？結合的目的與構想是什麼？有哪些事物可與其他事物組合？
A	調整 （Adapt）	係指為配合情況或目的所做的調整而言。是否能調整？有其他類似的情形嗎？有哪些構想可作為調整？

（續表6-11）

代號	功用	內涵
M	修改 （Modify）	指改變、變化形式或特質。改變意義、顏色、動作、聲音、氣味、味道、形狀等。
	擴大 （Magnify）	指將形式、特質加大或擴大。要增加些什麼？是否要擴大頻率？加大、增強？或增加新的成分？
	縮小 （Minify）	係指將讓一件事物變得更小、更輕、更慢、減少次數等。要減少些什麼？需要減少或縮小嗎？
P	使用其他用途 （Put to other uses）	指一件事物非針對原先目的而被用來作為其他的用途。有沒有新的使用方法？如果經過修改之後，是否有其他的用途？
E	取消 （Eliminate）	指對一件事物整體或部分的移動、省略或去除一些特性。所要刪除的是什麼？
R	重新安排 （Rearrange）	指改變氣味或重新調整不同的計畫、布置、設計等。是否可以重新安排順序？改變速度？
	倒轉 （Reverse）	係指將一件事物擺在相對的、相反的或反轉的位置。它是相對的嗎？將它向後轉轉看如何？向上轉？向內翻？

三、結語

　　由於「動詞」幾乎是問題解決的良方，因而我們應該經常使用它，讓大腦動一動，創造潛能極有可能躍然浮現。

第十二節　參數分析法

　　「參數分析法」又稱為「形態分析法」（morphology），是一種結合參數的方法，由Fritz Zwicky所發展的。參數是指特性、因素、變化或外觀，你可為這個挑戰或問題選擇幾個參數。重要的是，你要先為這個挑戰或問題產生數個參數，並列出每個參數的變化。你可以把這些參數想成是撲克牌（紅心、黑桃、方塊、梅花），每個花色都有不同的數字變化（A、2、3、4、5、6、7、8、9、10、J、Q、K），藉由這些參數所形成的多樣化組合，就可激發創造出新的點子。

　　工程師Arnold曾指出這種思考方法對於發明家有很大的幫助，有位發

明家正著手創造全新運輸模式的可能性（引自Parnes, 1967）。他首先可能考量運輸工具的各種支援方式，再看現在所有運送乘客的方式（如地面軌道、水、空氣、油等），然後他可能想到推動運輸工具的能源，在人力和獸力之外，所列出的項目可能還包括風力、汽油、蒸氣、磁力、原子能等，接著可能考慮的第三個因素是人在旅行中人體的姿勢（包括躺著、站著、坐著或這些姿勢的結合）。

一、參數分析法使用的程序

運用參數分析法時，有幾項步驟，如圖6-49：

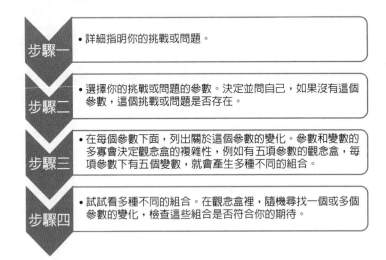

步驟一　• 詳細指明你的挑戰或問題。

步驟二　• 選擇你的挑戰或問題的參數。決定並問自己，如果沒有這個參數，這個挑戰或問題是否存在。

步驟三　• 在每個參數下面，列出關於這個參數的變化。參數和變數的多寡會決定觀念盒的複雜性，例如有五項參數的觀念盒，每項參數下有五個變數，就會產生多種不同的組合。

步驟四　• 試試看多種不同的組合。在觀念盒裡，隨機尋找一個或多個參數的變化，檢查這些組合是否符合你的期待。

圖6-49　運用參數分析法的步驟

二、參數分析法的類型

這種方法有兩種技術存在，分別是「形態分析盒」（morphological box）和「形態分析矩陣」（morphological matrix）。

㈠形態分析盒

「形態分析盒」考量許多的參數。一個完整的解決方案就是一條穿

越表格的線。形成形態分析盒上的困難之一，就在於發現和合理地形成參數。這些參數必須代表問題所有必要的元素，而且彼此之間應該盡可能的獨立。

「形態分析盒」產生許多可能的解決方案（所有可能的組合）。為了發現最佳的解決方案是相當困難的，可以運用幾種方法之一的「發展連續形態分析的解決方案」。這種方案首先依據參數對於完整解決方案的影響來分類（等級或歸類），然後組合成兩種最高等級參數的觀念。針對此種核心組合，就可以得到適配很好的觀念（Geschka, 1993）。接著運用同樣的方式依序進行下一個參數，就可以建立良好且完整的解決方案，如表6-12。

表6-12　形態分析盒實例（設計一棟良好的房屋）

參數	選擇			
形式	平　屋	別　墅	電梯大廈	超高大樓
材料	木　造	磚　造	鋼筋水泥	鋼骨結構
外牆	磁　磚	玻璃帷幕	細碎石	大理石
挑高	1米6	2米	2米3	2米5

(二) 形態分析矩陣

「形態分析矩陣」是減少問題至兩個參數，設計一個矩陣來代替「形態分析盒」。在矩陣上，每個領域是一項潛在性的解決方案，代替「形態分析盒」上的一條線。使用矩陣可以讓我們運作更清晰。

有時，「參數分析法」被認為是種系統分析和組合，而不是提高創造思考的技法。雖然參數分析法提供一種分析性架構。不過，它的挑戰在於確認原創的組合和運用創造性的方法，來解釋這些組合（如何組合元素甲和乙，以形成創新的解決方法？組合元素甲和乙意味著什麼？）。使用者如果運用此一系統作為組合創造歷程的架構時，就可以視為一種創造思考技法。

表6-13　形態分析矩陣實例（在家中冷卻）

乙＼甲	食物		電器設備	人	寵物	植物
	固體	液體				
客廳				丙		
臥室						
浴室	×	×				
廚房	丙	丙				
兒童房間						
儲藏室				×	×	
汽車						
公園						
野餐						

甲：什麼能夠被冷藏？（物體）；乙：何處冷藏？；丙：覆蓋的；×：不可能，未被考慮

第十三節　屬性列舉法

　　想像一下更新一棟有很多房間的別墅，每個房間都有獨特的功能，都是各自分離的實體：「書房」、「浴室」、「客廳」、車庫、「廚房」等等。它們都是這個別墅各自分離的屬性，共同組成這個別墅。為了改變別墅原有的風貌，我們無須將別墅炸燬，重新建造一個新的別墅。從一棟別墅的焦點改變至許多各自分離的房間，以及一次改變一個房間，會更具有生產性。

　　「屬性列舉法」（attribute listing）是由Crawford（1954）所提出的，用來協助思考在物體、歷程或系統上可能的修正或改變。他認為每一事物皆從另一事物中產生，這項技巧常用於對物品的改革創新，要求列出所有重要項目的屬性，然後提出改變各種屬性的方法，以形成改進或創新。

　　為了便利學習者思考，可採下列的方法來提醒他們列出更多且更不尋常的屬性，如圖6-50：

特性列舉法

- 依物品的構造及其性能，按名詞（材料、製造方法……）、形容詞（高低、形狀、輕重、顏色……）、動詞（動作、技能……）列出特性，然後檢討每一特性可改良的地方。

缺點列舉法

- 把物品的缺點指出來，再針對缺點設計改良。

預期列舉法

- 就某項物品積極的想像，預期它還能有什麼優點。

圖6-50 列出重要屬性的方法

一、使用程序

運用屬性列舉法有幾項步驟，如圖6-51：

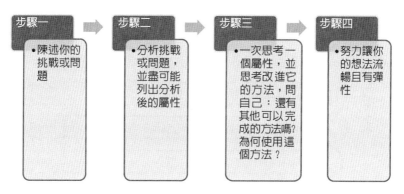

步驟一	步驟二	步驟三	步驟四
• 陳述你的挑戰或問題	• 分析挑戰或問題，並盡可能列出分析後的屬性	• 一次思考一個屬性，並思考改進它的方法，問自己：還有其他可以完成的方法嗎?為何使用這個方法？	• 努力讓你的想法流暢且有彈性

圖6-51 運用屬性列舉法的步驟

二、屬性列舉法的實例

有家汽車製造商根據汽車的下列屬性來進行改進：

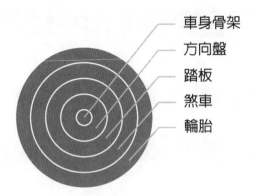

為了發明更好的汽車，焦點著重在特殊屬性並改進它。看看每項分割屬性和構成要素，並問「要如何用其他的方法來完成？」「為什麼要用這種方法？」

我們通常透過列出物品成分來描述這個物品。我們應用的方法或許不是物品上固有的東西，而是經由觀察和經驗得到的。為了發明新的想法和功用，你需要更為彈性的思考。以下是針對各項屬性改進的情形，如圖6-52：

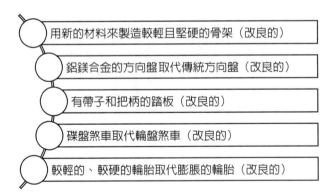

圖6-52　針對各項屬性作改進

有創意的人可以將挑戰或問題切割成各自分離的、簡單的屬性，然後組合它們成為新穎且更為複雜的結構。

第十四節　強迫連結法

「強迫連結法」（forced relationships）又稱為「強制關聯法」（forced connections）與「強迫組合法」（forced combinations）。顧名思義，就是將兩個毫不相干的事物強迫結合在一起，企圖從中尋求新的連結關係及發展出新形式的事物。

這種方法是由Charles S. Whiting首先引薦並界定的（引自Osborn, 1953）。它的應用範圍相當廣泛，在腦力激盪會議中，主持人如果能夠善用強迫連結法，對創意構想的啓發會有不錯的成效；在學校裡、公司的研發中心內、上童詩創作時都可以派上用場。例如：有位業者打破傳統「吃饅頭配豆漿，喝咖啡則吃點心糕點」的搭配方法，把饅頭和咖啡結合在一起，開起「饅頭咖啡」的點來鮮店，新鮮的創意意外受到歡迎，也帶來商機和利潤（聯合報，2003.8.14）；又如有位早餐業者，想要開發新產品，他嘗試將東西方的早點作強迫連結，如表6-14：

表6-14　早餐的強迫結合

西方 東方	義大利麵 （甲）	果汁 （乙）	火腿三明治 （丙）	蔥香肉餅 （丁）
包子（ㄅ）	（甲）＋（ㄅ）	（乙）＋（ㄅ）	（丙）＋（ㄅ）	（丁）＋（ㄅ）
豆漿（ㄆ）	（甲）＋（ㄆ）	（乙）＋（ㄆ）	（丙）＋（ㄆ）	（丁）＋（ㄆ）
蛋餅（ㄇ）	（甲）＋（ㄇ）	（乙）＋（ㄇ）	（丙）＋（ㄇ）	（丁）＋（ㄇ）
蘿蔔糕（ㄈ）	（甲）＋（ㄈ）	（乙）＋（ㄈ）	（丙）＋（ㄈ）	（丁）＋（ㄈ）

一、強迫連結運作的形式

如果要將「強迫連結法」的應用原則說明清楚，以新產品或事物的研發最為恰當。基本上，「強迫連結法」約可分為幾種形式：

㈠ 毫無相關的結合

也就是，將功能與外觀毫無相關的兩種產品或事物強迫結合在一起。

㈡ 附加價值或功能的結合

這種結合是為因應該產品或事物功能不足的缺失，或是想要增加產品或事物的附加價值，而企求結合其他產品或事物的功能。

㈢ 相乘效果的結合

即結合各擁有不同功能的產品或事物，以發揮相乘的效果。

㈣ 尋求新技術的結合

這是將其他專業領域的新技術，結合在一個產品或事物上。

上述歸類僅是要讓學習者在運用這種方法時能夠有所遵循。事實上，只要能夠掌握幾各要領，強迫連結法的應用形式是相當多元的。

二、各種強迫連結的方法

㈠ 運用名言佳句找點子

尋找點子時，可試著想像你正從挑戰中跳躍到一個名言佳句。這個名言佳句將會跟你的挑戰相互碰撞，激發出新點子來。在此主要是談論到「引言」，藉由參閱引言來解決問題，而名言佳句的角色就是幫助我們發現、激勵出新觀點去挑戰、適應我們的問題。

■ **運用程序**。創造屬於自己的名句名言，這些你所選擇的人物可以是虛構的或真實存在世上的人物。只要他們足以吸引你的興趣和注意。這種方法的使用步驟，如圖6-53：

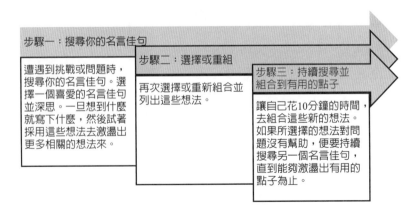

圖6-53　運用名言佳句找點子的步驟

■ 運用名言佳句找點子的實例。假設你現在的挑戰是「**如何使我的特殊教育行政業績增加？**」於是，你開始搜尋名言佳句，以激發思考並想出解決挑戰或問題的點子。同時記下透過這段話所引起的想法和點子，無須考慮這些點子是否錯誤或不適當。只要是任何想法浮現在大腦中，都將它記下來。總和全部的想法如下：

特教教師比較重視什麼？而我能夠提供他們麼服務？

特教教師心裡最深的需求和渴望是什麼？我能找出它嗎？

我應該更努力和工作時間長一點嗎？

我能做些什麼事讓特教教師感受到我的誠意、誠實及努力工作呢？

什麼樣的方法可以和特教教師建立更好的溝通關係？更多的服務嗎？

　　這些想法似乎能夠支持我去營造與特殊教育教師更好的溝通管道，再度記下，應該如何才能提升我和特殊教育教師的關係呢？最後，以下這些想法能夠支持我。

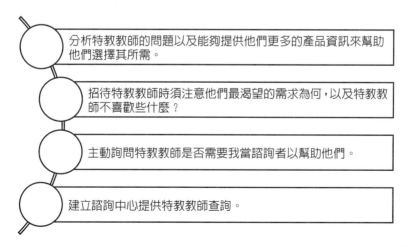

分析特教教師的問題以及能夠提供他們更多的產品資訊來幫助他們選擇其所需。

招待特教教師時須注意他們最渴望的需求為何，以及特教教師不喜歡些什麼？

主動詢問特教教師是否需要我當諮詢者以幫助他們。

建立諮詢中心提供特教教師查詢。

㈡ 隨意模擬找靈感

「隨意模擬」（random stimulation）可以讓你從兩個不相干的東西中學習，並漸漸看出有什麼東西浮現出來，如果要試著解釋此種歷程是有點困難，那就像是要看自己的後腦袋一樣難。強迫連結打開你宛如宇宙一樣的心智。這種方法非常類似於水平思考法之「任意輸入法」。

■ 運用程序

使用隨意模擬有下列幾項步驟：

步驟一：帶來一個任意字詞為挑戰尋找新方法

你帶來的這個字詞最好是真正的隨機，而不是針對挑戰所選擇的任意字，將會在你的心中激發出新的聯想或點子。

步驟二：思考各種與你所選單字有關的事物

假設你任意選擇──鐵罐子。鐵罐子的特徵是什麼？鐵罐子有標籤；鐵罐子是不透明的；鐵罐子是鐵皮製成的；鐵罐子的功用有時也是用來裝飾的。

步驟三：強迫連結

將所選的任意字詞與你的挑戰或問題之間作有利的連結。提出你的挑戰：「你要用什麼方法來增加這個月的銷售額？」你選擇一個任意字詞──鐵罐子。畫一幅鐵罐子的畫，並思考有關鐵罐子和增加銷售額之間的相似性、連結和關係。

步驟四：強迫連結的結果

· 鐵罐子能填滿。我們能服務到多少顧客？我們該設計出一個方案或引導顧客滿足他們真實需求的計畫？
· 鐵罐子有標籤。我該尋找標記我們商品的方法嗎？使我們的商品更容易和對手的商品區別？標記商品的構成成分及使用期限。我們能給我們的商品和服務標價以鼓勵優先購買者嗎？

步驟五：列下點子以利記住

給自己10分鐘做這個練習。10分鐘後，你會發現許多的連結與想法還會一直出現。練習此種技術的良方就是運用一個「任意字詞」，每天在一些問題上練習10分鐘。

■幾個隨意模擬的實例

（1）雜誌

隨意翻開一本雜誌，然後念一段文章，不管這個主題與你的挑戰有多遠。然後沉思默想這篇文章與你的挑戰之間的連結，試著去找到新的創意想法。

（2）形狀

選擇一種形狀，例如正方形。整天將焦點放在這個形狀上。一旦你進入任何地方，注意到的只有接近正方形的物體，並試著找出這些物體與你的挑戰間的關聯性。

（3）動詞與名詞

用名詞與動詞的關係來找到新的及有用創意、商品、服務等。例如：我們將銷售的問題，用隨機選到的字詞「鐵罐子」。這個字詞可以是名詞與動詞：「一種緊密的銷售方式」，「是指銷售或是配銷飲料的方式」。

用一種容器（咖啡罐、鞋盒、抽屜、檔案夾等）裝創意及創意產生器。把有趣的廣告、標語、設計、創意、問題、圖案、文字等任何有趣的項目，都可以產生關聯以激發出更多的創意。

當你想要找一個新的想法時，隨意搖一搖這個鐵罐子，然後看看你可以發現項目和挑戰之間有什麼有趣的連結。說不定可以在荒廢的廣場中找到發光的鑽石。

三 機會圈

「機會圈」（circle of opportunity）這種思考技巧是將你的挑戰或問題，在全盤考慮下，先篩選出一個或兩個特質，至於其他的特質則等待時機的來臨。

運用選擇性專注，可以讓你的大腦將機會圈處理成各種新且不同的形狀，並賦予它們新的意義。集中精神隨機研究一兩個選擇的屬性，可讓你的大腦將現有資訊處理成為新的關係與意義，進而導致原創性的想法。

■運用程序

運用機會圈有下列幾項步驟：

步驟一：陳述挑戰或問題
陳述一個目前你想要解決的挑戰或問題。

步驟二：畫個像時鐘的圓圈
畫個圓圈並標示1～12，就像個時鐘一樣。

步驟三：選擇12項屬性
選擇任何12項常見的屬性，或選擇12項特別針對挑戰的屬性（從各種範圍去思考），然後寫在數字旁邊。

步驟四：選擇要特別專注的屬性
擲一個骰子選擇第一個你要集中注意力的屬性。

步驟五：選擇第二個屬性
再丟兩個骰子選擇第二個屬性。

步驟六：分開及組合想法
自由聯想這兩項單獨的屬性及組合出來的想法。從第一個屬性開始，持續連結直到找到你認為值得的地方才停止。

步驟七：進行與挑戰之間的連接
和挑戰之間尋求連結。問自己，我可以做出怎樣的連結？我想出的這些想法可以提醒我什麼？有任何新的洞見嗎？這些關聯和我的挑戰之間有什麼樣的關係？

■機會圈運用的實例

（1）我希望達成的目標：「我想要學會雙手合奏鋼琴曲〈給愛麗絲〉。」

假設我以第8項「有節奏感，節拍正確」來思考的話（如圖

6-54），我可能要先聽示範〈給愛麗絲〉的CD或錄影帶，以提升我熟悉〈給愛麗絲〉的節奏，甚至我學會唱〈給愛麗絲〉並運用我的記憶力，回想〈給愛麗絲〉的節奏感，很自然增加了我對此曲旋律的敏感度，並訓練我聆聽〈給愛麗絲〉時具備專注力，如果我不專注的話可能會沒有效果。

我提出的方法：看或聽示範的錄影帶及錄音帶，牽涉到了第5項「對旋律的敏感度」、第7項「會唱〈給愛麗絲〉」，以及第8項本身和第9項「專注力」，加上第11項「記憶力」，總共五項。若使用我提出的方法，可能可以增進這五項達成總目標的條件。

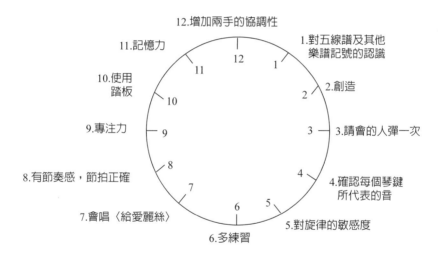

圖6-54 機會圈範例(一)

（2）我希望達到的目標：「招待外國友人品嘗一道自製的中國料理『宮保軟絲』。」我先畫出一個機會圈，思考所有與挑戰有關的概念或特質，如圖6-55所示。

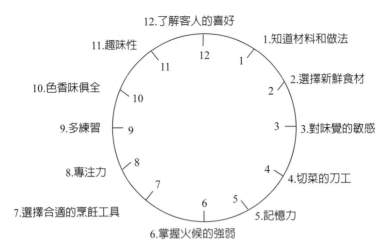

圖6-55　機會圈範例(二)

　　假如我以第1項「知道材料和做法」為思考方向，我可能需要先觀看如何烹飪「宮保軟絲」此道菜的影片，或是請教擅長料理此道佳餚的人。如果可以最好請專家指導，從選購食材、烹飪工具到掌握刀工與火候，現場實際練習能更有助於記憶。

由此我產生的構想是：反覆觀看烹飪此道料理的影片，或請教料理經驗豐富的專家現場指導。其中後者包括機會圈第1、4、5、6、7、9六項特質，對於熟悉做法有顯著的幫助。所以經過評估後，我發現「請教料理經驗豐富的專家現場指導」占機會圈所有特質的二分之一，因此這項方法有實行的必要性。除此之外，向外國朋友介紹本道菜的由來可增加第11項「趣味性」，以及菜前搭配開胃酒或開胃菜，配合適當的情境布置（如餐具的選用），都有助於客人在品嘗佳餚時留下美好難忘的印象。

　　總結：這個像時鐘一樣的圓圈（機會圈）可以引導你去檢視那些聯想，及連結與你的挑戰目標有關且較不尋常的東西。它可以增加你用一個新的方法去觀察所挑戰目標達成的可能性。你會創造出新的點子，而且避免只包含這密閉圈子中一般普通的概念或特質。

第十五節　提升創造力的自我教導法

　　我們都熟悉試著透過對自己談話來修正本身行為的方法：「提醒我們自己應做這或不要做那」（張世彗，2017）。藉由自我指引或運用執行控制，我們控制了立即的環境。不要吃第二個披薩，不要和長官發脾氣。所有這些內在的自我陳述是設計來控制行為，否則可能會給我們帶來麻煩。

　　Meichenbaum（1975）曾經發展了一組自我陳述，用以激發有利創造思考的態度，讓學生了解其負面的自我陳述（有關創造力），並訓練他們作積極的態度陳述。以下顯示了自我提醒者的例子，這是設計來安排創造思考的肥沃環境，針對特定問題提供一種有效的開始。我們可以鼓勵學生製作此類適合他們自己的內言，然後激發他們在面臨腸枯思竭時使用它。

【自我陳述的心理能力】

◆再一次

1. 面對問題，你需要做些什麼呢？
2. 我必須把不同的元素放在一起。
3. 運用不同的類推方法。
4. 進行任務就像是在接受Osborn之腦力激盪或Gordon之分合法的訓練一樣。

◆精緻化觀念

1. 讓陌生變得熟悉與讓熟悉變得陌生。
2. 我正處於習慣中——好，嘗試一些新奇的事物。
3. 如何將挫折轉化為更具有創造性。
4. 現在休息一下；誰知道觀念哪時候會再來叩門。
5. 慢慢來——不要太匆忙——不要感到有壓力。
6. 很好，我正在捕捉到它。
7. 這是充滿趣味的。
8. 那是一個相當美妙的答案；要告訴別人時再把它打開。

◆逆行自我陳述

1. 鬆綁控制；讓我的心靈在漫遊。
2. 自由聯想，讓觀念在流動。
3. 放鬆──讓它發生。
4. 戲弄我的觀念。
5. 參照我的經驗，用不同的角度來觀看它。

◆讓自我退化

1. 像旁觀者一樣的流動觀念。
2. 讓一項答案引發另一項答案。
3. 像作白日夢一樣，觀念有其自己的生命。
4. 態度和人格特性的自我陳述。
5. 變得有創意，變得很獨特。
6. 從平凡中脫離出來。
7. 思考一些沒人想過的事。

◆隨性滑行

1. 如果我推動自己，我就能夠具有創造性。
2. 量愈多愈有助於品質的提升。
3. 排除內在的障礙。

◆延緩判斷

1. 不要在意別人想什麼。
2. 事情沒有對錯。
3. 不要給予第一個想過的答案。
4. 不要作負面的自我陳述。

Meichenbaum（1975），p. 132

第十六節 細分法

「細分法」（fractionation）主要是將挑戰加以劃分，然後重新使用不同的方法來組合，創造出各種想法或點子。有時，問題解決的方法就在問

題的本身。「細分法」這種思考技巧可以讓你分解問題或挑戰，然後再重新整合每一部分來形成為新的想法。

一、運作程序

使用細分法有下列幾項步驟：

步驟一：把問題或挑戰用兩個語詞表達出來

運用細分法這種技巧，首先要把問題或挑戰用兩個語詞表達出來。例如：「我們應該如何改善採摘奇異果的方式呢？」把這段話濃縮成採摘奇異果（兩個語詞），或者是：「我們如何使裕隆汽車的銷售量提升呢？」精簡為賣汽車者，然後把問題或挑戰以兩個單位寫出來，承接上面的例子，就是「奇異果」和「採摘」。

步驟二：把每個語詞再加以細分

緊接著要把每個語詞（元素）再細分成兩個。例如：「奇異果」分成「精巧的」及「分開的」；而「採摘」分成「移動、去掉」及「運輸」。不用擔心分解得是否正確，因為沒有兩個人會分成一模一樣的。

步驟三：持續細分直至夠了為止

繼續細分下去，直到你覺得夠了為止。再承接上面例子，「精巧的」可以往下分「損害」及「瑕疵」；而「分開的」則可再分成「選擇」和「緊密包裝」。另外，「移動、去掉」可以再細分為「觸碰」和「摘」，而「運輸」則細分為「地面」和「裝箱」……。乍看之下好像很難，但詳細了解之後，其實都是從本質上出發而已。

步驟四：檢視語詞並將其轉化成點子

檢視每個語詞或元素，將其轉化成點子。細分法這種思考技巧的目標，就是將大點子凝結到最不重要的細項，好像一個人是由許許多多不同的細胞所構成的一樣，然後試著重新整合它，往往可以歸納出新的構想或點子。

二、細分法的實例

從上述中，我們可以做成下列的分析：

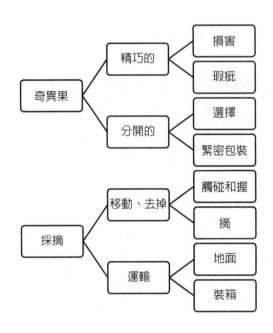

我們可以把焦點放在單一語詞（元素）上。例如：「精巧的」並開始開發一個保護奇異果的新方法，可以比人工處理更好。你也可以重組語詞（元素），例如：挑出「移動」、「選擇」及「摘」這三個語詞（元素），然後尋找一個新方法結合這三個語詞（元素），好比說用手搖樹，並用大的網來盛接奇異果，以減少破壞。或自行整合其他語詞（元素），這是自由連結的，只要對你最終的目標是有利的，都是很好的方法。「細分法」可刺激你尋找方法、添加你的想像及創造力。

第十七節　倒轉或逆轉法

事實上，我們常視許多事情為理所當然，而且沒有人有時間或需要去挑戰每個假定。不過，我們應該了解到任何一件事都是可質疑的。一旦你

眞的了解到這一點，那麼你就打開了各種美好的發現。

現在讓我們想像一下潛水入水庫中，每個人通常都事先會假定潭水是冰凍的，但當你跳下水後發現潭水竟然是溫和的、溫暖的。除非你跳入水庫中親自感受，否則你永遠不會證實它。

一、使用程序

運用倒轉或逆轉法時，有下列幾項步驟：

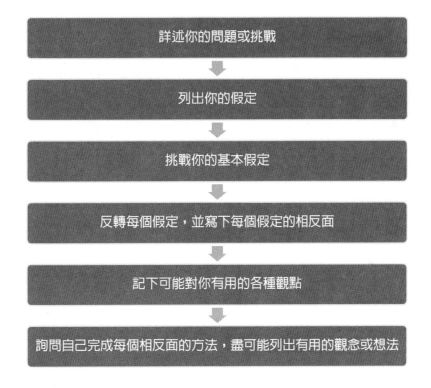

詳述你的問題或挑戰

列出你的假定

挑戰你的基本假定

反轉每個假定，並寫下每個假定的相反面

記下可能對你有用的各種觀點

詢問自己完成每個相反面的方法，盡可能列出有用的觀念或想法

二、倒轉或逆轉法的實例

我們可以透過這種思考技巧，來逆轉或倒轉各種假定以擴大思考。我們可能常會發現自己和別人看同樣的事物，但是觀點卻有所不同。許多有創意的人在挑戰和反轉那些明顯的事物時，獲得具有獨創性的想法或觀念。

現在讓我們思考一下有位商人取代一般的答案：**「我們如何讓製造人員獲得材料」**，而改問**「我們如何讓工作送到製造人員的手上」**。由於逆轉或倒轉此種基本假定，就產生了所謂的一貫作業生產線。

這種只要顛覆一個假定，並產生突破的想法，我們可能會很驚訝這種想法是多麼明顯。這種顛覆只是要從完全不同的角度來看待問題而已。

第十八節 十字座標象限法

「十字座標象限法」是一種能夠歸納大量且複雜訊息的技巧，以四個象限來引發新想法或點子，其四要素分別是：

- **高參與**（High Involvement）。代表著一種對貴重物品的知覺，例如汽車或船。
- **低參與**（Low Involvement）。代表花費較少的產品，例如日常生活用品。
- **思考**（Think）。是指口語的、數字的、分析的或是認知方面的產品，例如汽車、船、電腦或相機等等。
- **感受**（Feel）。是一種能觸動人的情感與慾望的產品或成果，例如旅遊、美感、化妝品等。

```
                 思考              感受

       高參與


       ─────────────────┼─────────────────



       低參與
```

一、運用方式

現在，請你將產品放在十字座標象限內，並研究它及其潛在的市場。一旦產品的位置安置好後，你將擁有一個強而有力的基礎來引發新想法或點子。這種思考技巧可以使你：

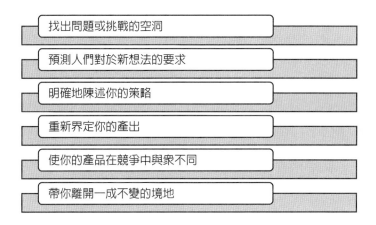

找出問題或挑戰的空洞

預測人們對於新想法的要求

明確地陳述你的策略

重新界定你的產出

使你的產品在競爭中與眾不同

帶你離開一成不變的境地

二、運用十字座標象限法的實例

以下是使用「十字座標象限法」產生新點子的例子，有位出版商即將出版一本關於園藝的叢書，對象為幼兒和兒童，請問他要如何出版這本書才能使其有別於其他的園藝叢書？

首先，他透過調查、問卷、銷售量等方式，分析目前市場上幾家主要的出版社，發現這幾家出版社所出版有關園藝的書，大都是專為兒童學習所設計的，價格便宜，內容平易近人，並且書中充滿豐富的插圖。不過，這些叢書大都以教學取向為主。

接著，他畫出「十字座標象限法」，並安置這幾家出版社所出版園藝叢書的位置，如圖6-56中之圓點。

安置好後，他就開始研究其他三個象限可能的情況：

■ 第一象限：百科全書、參考書。

■ 第二象限：美術叢書、附加價值較高的園藝叢書。

■ 第四象限：彩色圖片的園藝叢書、附加價值較低的園藝叢書。

最後，他決定將焦點鎖定在第四象限，於是就出版了一本有彩色圖片的園藝叢書，書名爲《**成長中的蔬菜湯**》，其內容主要在描述做出一碗美味蔬菜湯的過程，從撒種、澆灌、鋤草到挖出成熟的蔬菜，最後製成美味的湯並享用它，讓兒童在快樂中學習相關的園藝知識。結果，這本書深受大家的好評，爲一本暢銷的園藝叢書。

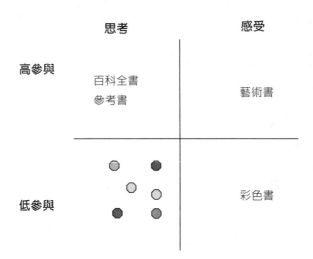

圖6-56　幾家出版園藝叢書在十字座標象限上的位置

第十九節　型式語言

「型式語言」（pattern language）是一種視覺的思考技術。最早是由建築師Alexander、Ishikawa和Silverstein所發明的，用來幫助創造新的建築設計（引自Michalko, 1996）。型式語言具有視覺和彈性的本質，使得它能夠成爲看待新且不同屬性之間關係的一種有用的工具。

這種語言是由許多抽象符號所組成的，用來取代文字，不要停留在畫專家式的符號，這和你的繪畫技巧是無關的。唯一要考量的是圖像表徵對你的意義是什麼。

一、運用程序

「型式語言」是一種允許你熟練運用各種圖像及採用不同方式，來思考你的挑戰或問題的工具。其運用程序有下列幾項步驟：

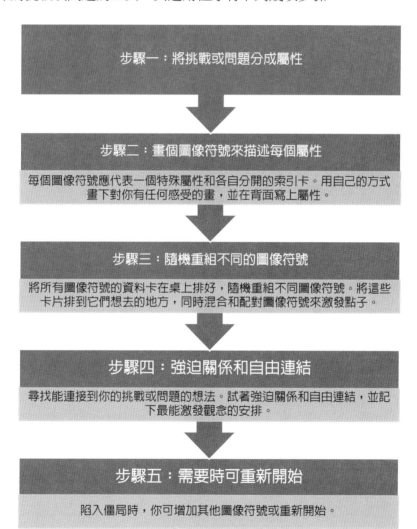

步驟一：將挑戰或問題分成屬性

步驟二：畫個圖像符號來描述每個屬性

每個圖像符號應代表一個特殊屬性和各自分開的索引卡。用自己的方式畫下對你有任何感受的畫，並在背面寫上屬性。

步驟三：隨機重組不同的圖像符號

將所有圖像符號的資料卡在桌上排好，隨機重組不同圖像符號。將這些卡片排到它們想去的地方，同時混合和配對圖像符號來激發點子。

步驟四：強迫關係和自由連結

尋找能連接到你的挑戰或問題的想法。試著強迫關係和自由連結，並記下最能激發觀念的安排。

步驟五：需要時可重新開始

陷入僵局時，你可增加其他圖像符號或重新開始。

二、運用型式語言的實例

讓我們來挑戰這個問題：「**我們可用哪種商業性服務，協助房屋仲介者提供關鍵資訊給買家？**」

首先將整個「銷售房屋的流程」分成幾種屬性，用一種符號來描述每個屬性。組合、打散、重組這些卡片，最後我們連結了：

■ 信箱（放在房屋前的那個）
■ 房屋資料（稅金、售價、地點等等）
■ 投幣（這是從自動販賣機來的靈感）
■ 合約（讓我想起了一捲紙）

這種新的心像組合激起了一個新的觀念或想法：「**房屋資料盒**」，一個外型如同信箱的盒子，可以裝置在房屋仲介商店的前面。這個盒子裡面有一卷可以撕下來的表單，上面列出了有關房屋的資訊，例如：價格、稅金、房屋年齡、所在地及特殊裝置等。

客戶可以開車過來、撕下房屋資訊表單然後開車離開，而有興趣的買家就會打電話過來詢問並要求安排時間會面。如此就可以大量減少錯過潛在客戶的數目，而且可以替房屋仲介者節省大量時間，一再重複解釋相同的事物。

重新安排卡片後，你將會發現新的關係及激起新的創意。試著轉換你的圖像及方向來產生新的型式。變化這些圖像符號並測試你想像力的極限。

第二十節 創意視覺化（彩色浴）

彩色浴可以激發你所渴望的特質及能力。假設你受到挫折而需要能量，接著浸浴在紅色中，你就能夠得到伴隨能量和活力的強大感覺；或是你感受到無比壓力而需要放鬆時，浸浴在藍色中，就可以感覺到放鬆而得到充分的休息。

下雨後，往往在天空中會見到的一道彩虹是由「紅、橙、黃、綠、藍、靛、紫」等七種可見光譜顏色所組成，它們分別具有下列特性，如圖6-57：

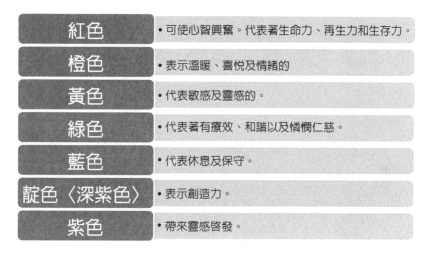

紅色	• 可使心智興奮。代表著生命力、再生力和生存力。
橙色	• 表示溫暖、喜悅及情緒的
黃色	• 代表敏感及靈感的。
綠色	• 代表著有療效、和諧以及憐憫仁慈。
藍色	• 代表休息及保守。
靛色〈深紫色〉	• 表示創造力。
紫色	• 帶來靈感啟發。

圖6-57　七種可見光譜顏色所代表的特性

一、運用程序

運用彩色浴這種創意視覺化的方法，有下列幾項步驟：

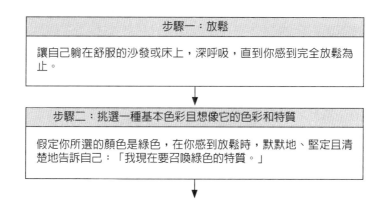

| 步驟一：放鬆 |
| 讓自己躺在舒服的沙發或床上，深呼吸，直到你感到完全放鬆為止。 |

| 步驟二：挑選一種基本色彩且想像它的色彩和特質 |
| 假定你所選的顏色是綠色，在你感到放鬆時，默默地、堅定且清楚地告訴自己：「我現在要召喚綠色的特質。」 |

步驟三：想像這個色彩宛如一個球光在你的頭頂上方

這顆綠色球光緩慢地進入你的頭頂，你可以感受到它正在充滿你的頭顱，感受到它正在按摩你的腦袋，並清理你那失敗主義的想法。現在，綠球緩緩墜入你的喉嚨，接著它開始按摩這個部位，並清理掉負面的想法。接著移動綠球通過你的肩膀來到你的胸腔。注意讓你的心也沐浴在綠色中，沐浴你的胃和腹部，再下降到脊柱和腿。然後將讓你覺得挫敗的想法浮現，開始讓紅球清洗掉它們。現在，只要再讓這顆綠色的球光從你的頭頂經過你的身體，再下降穿過你的腿和腳。想像你是一個容器，而綠色如傾盆大雨般，充滿你的身體，最後再漸漸地流乾。現在就讓這些色彩從頭頂向下經過你的身體、你的腳，一直到你的趾頭。現在檢視你自己，如果你仍然感受到任何負面的思緒纏繞著你，那麼再次集中這個色彩在那個部位。

↓

步驟四：確認你所渴望想要的

一旦完成色彩浴後，確認你所渴望想要的特質。確定方法是可以寫出來、無聲說出來，甚至大聲說出來或寫下來的。再使用5分鐘來確認它的顏色及品質。確定的方法必須是簡短的句子，並且是正面適合你的。相信這個方法並確實去做。暫時停止懷疑，將你全部的精力投入。相信這個色彩浴可以創造出你想要的特質。

二、彩色轉盤

這裡有七種不同的基本色彩，被評定為超過700萬種可以分離的色彩，其中很多都與我們每天的生活息息相關。我們甚至可以創造出色彩的幻影，即使這些色彩是不存在的。其程序如下：

㈠快速旋轉彩色轉盤

旋轉時，注意它所呈現的色彩要素，如果你不確定這些色彩的顏色，就隨便選擇一個。

㈡集中注意你所選擇的色彩

在一天中持續將注意集中在你的色彩上，盡可能地尋找有這種色彩的物體或包含你的色彩的物體。

㈢建立挑戰與色彩物體間的連結

尋找你的挑戰和這個色彩物體之間的聯繫與關係，然後詢問下列問題：

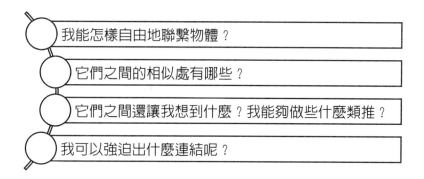

我能怎樣自由地聯繫物體？

它們之間的相似處有哪些？

它們之間還讓我想到什麼？我能夠做些什麼類推？

我可以強迫出什麼連結呢？

㈣ 努力連結直到產生想法

將這些物體和你的挑戰作關聯思考。努力的連結這些思考，直到產生想法或觀念為止。

你自由聯想並尋找所注意的藍色物體和你的挑戰之間的關聯性。例如：藍色的球讓你想起一部舊的東方片子中，一位婦人在滿是水的浴缸中洗衣服，有泡沫還有像球一般的圓石頭。當她在洗衣過程中移動時，石頭將會製造水中小部分的騷動，並提升清潔度。這樣激發了一個點子：「**製造一個小的、可重複使用的塑膠球。**」

這種塑膠球，來增加洗衣機中小區域的水的騷動，並強化洗衣能力。此外，那些球也可以節省清潔劑的使用並防止衣物糾結。將其添加一個響亮且吸引人的名字，那你將會是一個贏家。

第二十一節 瘋狂想像法

許多人都覺得自己沒有想像力（imagery）。其實不然，想像是人類知覺的一大要件，你的時間和空間觀念還有過去和未來的計畫，都是利用你的想像力產生出來的。沒有它，你將會迷失在自己的生活環境中。

「假如……」這是一個很好的方法，可以用來幫助學習運用想像力去完成自己的目標，這個技巧可以讓你自我放鬆，想像出的點子如果能夠像嬉戲一樣，就可以讓你更放鬆愉快。

一、運用程序

最簡單的開始辦法就是告訴自己：「我需要新穎的想法去解決挑戰或問題，先把所有的想法暫緩決定，看我還能想出什麼好點子，就算點子荒誕不經也沒關係，因為沒有人需要去了解它。」允許自己自由的形成觀念，不要侷限自己的想法。以下是運用「瘋狂想像」（fantasy questions）的步驟：

步驟一：確定你的挑戰或問題

在環境已陷入窘境下，要如何處置堆在掩埋場的廢棄垃圾，你的挑戰或問題是：「有什麼其他辦法可處理掉這些垃圾桶？」

步驟二：列出所能想出的假設

有一個辦法是：假如把舊垃圾桶都丟到大海裡會如何？

步驟三：試著回答你想出情形所產生的問題

浴缸會變成魚兒理想的住處，相較於讓垃圾場永久存在那裡占空間，還不如成為很好的暗礁。

步驟四：尋找激進的辦法解決舊有問題

這需要用想像力超越思考，想出一個心像或隱喻，你可掌握其中的想法，再塑造成一個新點子。

二、瘋狂想像問題的實例

讓我們以「**假如狗兒可以被訓練來賣我的商品？**（或如果狗兒可以幫

助教學的話，將會是什麼情況呢？）」來思考。狗兒的特質是什麼？如何與推銷來產生連結呢？狗兒的特質有：利用重複的小獎勵鼓勵訓練狗兒正確的行為、狗兒受威脅時會吠叫、牠們是忠實的、有地盤概念、重感情、渴望被喜歡的、狗兒埋骨頭而且追貓、有些人怕狗。

　　你可以將狗兒與推銷的特質作什麼連結呢？這個假設問題包含了什麼點子呢？要是狗兒可以推銷會是什麼樣子呢？可能情況的推測，如圖6-58（Michalko, 1996）。

　　多年前，國外的一個製藥公司的負責人想了一個問題，「**假如狗兒可以成為我們的客戶，那公司應該會更賺錢？**」數個月後，有些獸醫診所向

狗兒可以推銷推測	狗兒表現良好都會得到小的獎賞。訂定一個誘人的條件，當推銷成功時將會立即得到佣金或是一部分的分紅。
	狗兒重感情且渴望被喜歡。當產品售出後，建立客戶意見調查系統，試著去調查你們的產品情況，還有你能多為顧客做些什麼？可以在顧客生日時送張小生日卡片。
	狗兒埋骨頭。將某些產品的回饋定於幾年之後，這樣推銷員可以在幾年之後與顧客繼續建立關係。
	有些人怕狗。這種恐懼減少了一個人對於狗的友善的認識。提供額外費用給冷淡的顧客作為友善的表示。讓自己經由在買賣前與顧客建立良好的關係而有別於其他的推銷員，變成顧客的疑難解答員。
	狗兒受到威脅時會吠叫。發展一個早期預警系統，提醒推銷員去注意顧客對商品或服務產生的抱怨，並獎賞發現新缺點的推銷員。
	狗兒是忠實的。透過公開的鼓勵，和表現良好的推銷員建立忠誠的關係。提供實質的承認，利用精美的小禮物回饋忠實的顧客。

圖6-58　瘋狂想像的實例

他們訂購抗生素。他實際走訪勘查以後，發現有些人類使用的抗生素對動物一樣有效，但是公司製造的藥品拒絕提供給獸醫師，他們討厭為動物重新包裝改版，有些人更認為給動物使用藥品根本是誤用，覺得為狗製作藥品是很丟臉的。

這家公司的負責人便開始和其他製造商協商，並拿到獸醫合法用藥的許可證，由於人類的藥品受到價格限制和規定，所以獸醫用藥變成製藥公司最賺錢的部分。

第二十二節　冥想

「冥想」（hypnogogic imagery）可使你內心隱含的那份獨特的想像浮現出來，並在你即將進入睡眠狀態的那一剎那間將某個想法抓住。這種催眠狀態的意象似乎都出現在一些不重要的地方，但其實它是有邏輯的。「潛意識」是活著的，它是一個會逐漸浮上意識層的能量，就像水龍頭，而「意識」就如同開關。一旦你知道要如何啟用水龍頭，想像就將源源不絕從開關處流出來。由於冥想需要放鬆，以下是一些放鬆技巧的介紹：

一、促發α波的方法

以下四種簡單的方法可以促發α波，如圖6-59：

安靜的環境：安靜的房間或令人舒服的安靜戶外。

特定的精神技巧：如果你已經擁有一種最喜愛的深層放輕鬆、進入心智層面的技巧，就時常使用它。否則可使用其他的。

消極的態度：清空腦袋，不要再思索一些想法，讓它從你的意識裡消失。

舒適的位置：選擇一個舒適而至少可維持15分鐘清醒，不至於睡著的姿勢。

圖6-59　簡單促發α波的方法

二、肌肉深度放鬆技巧

這個基本技巧為：「**從你的腳趾到頭皮，輪流放鬆你身體的每塊肌肉。**」想像每一塊肌肉都鬆弛了，而緊繃的感覺從你身體溜走，試著連續地鬆弛你的每個肌肉群，注意不要蓄意地放鬆它，就這樣持續一小段時間，不要皺眉，讓你的手臂、手、肩膀和下巴鬆弛下來，有系統地鬆弛你每塊肌肉群，可使你的意識柔和且平靜，以達到深度的緩和，這時，一個細微聲音從你潛意識裡顯露了。

如果你對連續放鬆你的肌肉感到困難的話，想像你的身體是一串膨脹的氣球，而你的腳上有兩個閘門，然後你的腳開始感到虛脫，就像洩了氣一樣，接下來是你胸部的閘門打開，空氣從你身體裡跑掉，而你覺得你的軀幹變得軟綿綿的，用此技巧繼續鬆弛你的手臂、脖子和頭。

當你的身體全都鬆弛後，從你的胃裡來個深且緩慢的深呼吸吧！感覺肺部充滿空氣，並低語：「放—放—放—放」暫停一下，然後低聲呼氣：「鬆—鬆—鬆—鬆—鬆—鬆」，做這個動作直到你覺得沒有約束且鬆懈。

達到肌肉深度放鬆和以上所述只有些微不同的技巧，找個舒適的地方躺下，愈舒服愈好，然後有系統地繃緊每一塊肌肉，再放鬆……，將注意力集中在緊繃的感覺從你身體溜走的那一刻。

你可以看看下面的技巧來做此運動，給自己多一點暗示去集中注意於緊繃到放鬆的感覺，記住，緊繃，暫停，然後放鬆。

閉起你的眼睛，冥想你全部的肌肉深深地放鬆……握緊拳頭……然後放鬆……彎曲你的手到肩膀……再放鬆……把你的手放在肩膀上……拉拉你的筋骨……現在放鬆你兩側的手臂……聳聳你的肩膀……皺眉……放鬆你臉部肌肉……緊緊地閉上你的眼睛……放鬆……用舌頭頂住口腔頂部……放鬆……緊抿你的嘴唇……放鬆……把你的頭往後仰……再往前……使脖子能鬆弛……拱起背……放鬆……把肚子縮起來……繃緊該肌肉……放鬆……繃緊屁股……放鬆……把腳伸一伸……放鬆……纏繞你的手指……放鬆……

現在重複此運動，儘量使緊繃感從你每塊肌肉溜走，當你的肌肉深深地放鬆時，配合深呼吸，從你的鼻腔吸氣；當你吸氣時，低語「放」這

個字，然後暫停，再慢慢呼氣，低語「鬆」這個字，持續此一循環10至20分鐘。

當你完全地放鬆時，你將會感覺自己逐漸陷入更深層的、平靜的程度。不要擔心你是否完全地放鬆了，只要消極被動地讓鬆弛感以緩慢的步調發生，很快地，你會沒有憂慮地躺在那兒就像一杯會搖搖微晃的果凍。

三、運用程序

運用冥想法有下列幾項步驟：

步驟一：想像你所面對的挑戰或問題

例如：你想如何進行？會有什麼樣的阻礙？替代方案是什麼？等等。現在把這些東西擱在一邊，然後休息。

步驟二：放鬆身體

現在完全放鬆你的身體。盡所能地放鬆你最深層的肌肉。你可以使用一些放鬆技巧。

步驟三：讓腦袋安靜下來

不要想白天發生或面臨的挑戰和問題，讓你的心智遠離那些紛擾。

步驟四：進入無意識狀態

讓眼睛休息。你無法尋找這些心像。被動地對於任何自發性的注意都視若無睹，把自己弄得似乎毫無頭緒。如果你怕自己很容易會睡著，那就輕輕握著一個你喜愛的東西，你就可以用這個方式進入無意識狀態。在你即將要睡著時，手中的東西就會掉落，並在瞬間驚醒且抓住一些圖像。

```
┌─────────────────────────────────────┐
│ 步驟五：立即將它們記錄下來              │
├─────────────────────────────────────┤
│ 這些心像是你意想不到的，且會和某些元素混在一 │
│ 起。它們可能是形式、顏色或物體。           │
└─────────────────────────────────────┘
                    │
                    ▼
┌─────────────────────────────────────┐
│ 步驟六：尋找相關的連結                 │
├─────────────────────────────────────┤
│ 寫下經歷中第一個發生的事件，看看這和你所面臨 │
│ 的挑戰或問題間的相關，同時詢問：什麼事困擾著 │
│ 我？有任何與挑戰有關聯的東西嗎？什麼是不適當 │
│ 的？                                │
└─────────────────────────────────────┘
```

四、運用冥想的實例

有家日式料理店餐廳老闆用催眠式想像，來激發更多促銷的想法，他不斷地看見各種大量食物的霓虹燈，馬鈴薯片霓虹燈、咖啡霓虹燈等！他看見各種食物和它的問題之間的連結，就是用某種方式讓食物本身當作一個賣點。其想法或點子為：「在一星期中的某一天、一天中的某一時段或一季節提供各種不同的免費食物」：

┌───┐
│   範例   │
├───┤
│   他也許會在星期一提供免費的點心，在下午2～4點提供免費的冰 │
│ 紅茶，星期三則提供免費的果汁，在春天時提供免費的漢堡等。   │
│   他利用霓紅燈來為那些免費的食物作廣告，除非親自去店裡，否 │
│ 則你不會知道他到底供應哪些免費的食物。由於他激起了顧客有「不 │
│ 知店裡會提供什麼食物」的好奇心，加上不時提供各種免費食物的賣 │
│ 點，使他的餐廳變得很受歡迎。   │
└───┘

使用這個技巧所引起的意象有可能是象徵某種潛在想法或主題。雖然不是直接的，不過你潛意識的心智正試著向你明確傳達某些事物。當你想和某些事物建立關係時，就充分運用這些來自於潛意識狀態中的影像。

第二十三節 圖示排除法

在圖6-60中，有一條斜線被兩個三角形切斷而出現三條不同的線。事實上，只有一條線（放一根尺在上面，這樣一來，這三條短線就會連成一條直線了）。你可以說是那兩個三角形阻擋你看到那條直線。

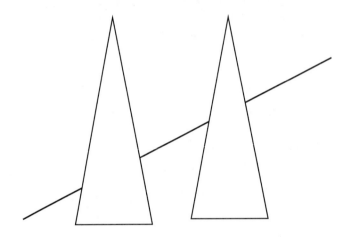

圖6-60　一條斜線切斷兩個三角形

不過，你也可以說那兩個三角形的外型讓你無法看到直線；一旦你知道那裡有兩個障礙物會扭曲你的感覺，知道在看到那條線之前，必須搬開那些障礙物。同樣地，障礙物阻擋了你要達成的目標；一旦有挑戰或困難時，看清楚在你前方的障礙物，並試著拿開它們。這種方法稱為「**圖示排除法**」（diagramming），可幫助你克服類似情形的障礙。

一、運用程序

運用圖示排除法，有下列幾項步驟：

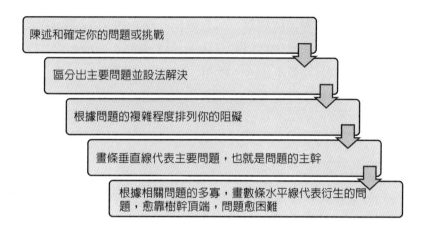

運用此種方法的重點是要將抽象想法或概念，用具體的方式表達出來，讓問題變得容易處理。每個問題阻礙都是像樹的分枝或魚的骨頭一樣，但是為了成功，必須一個個將它們移除。

二、圖示排除法運用的例子

假定由於水費不斷調漲，你現在主要的目標是讓家裡節省30%的水。以下是一些主要的省水障礙：

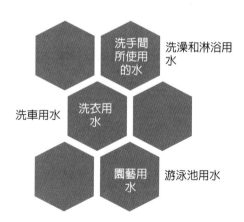

把它們排列在樹上或魚骨上，然後每個分枝就是一個明確的問題或挑戰。第一根分枝或魚骨代表省水的主要障礙之一：「**洗手間中消耗大量的**

水」。把這個問題轉變爲種挑戰：**「我要用什麼方法，來節省洗手間大量使用的水？」**接著把焦點放在樹的分枝上，直接去逐一解決每項特定的問題。而每解決一項就愈朝著減少30%用水量的目標邁進。一個可能解決問題的方法：**「一個多功能的馬桶能減少水資源的浪費」**。

範例

　　在沖水馬桶方面，可設計成兩段式沖水馬桶，在沖水的水槽中設計一個可分別沖小號和大號的裝置。不是讓它自動補充馬桶水，而是透過像你洗手用過的水來循環利用補充。這樣子的馬桶，就可節省相當多的用水量。

　　第二個問題是「如何節省洗澡用水」，必須解決的問題是：「我可用什麼方法，來減少浴室的用水量？」把它轉化爲：「我要如何省下大量淋浴和洗澡的水？」如此一來，這個障礙就不再是個模糊問題，現在明確地顯示在樹上或魚骨上。因爲我們知道，這樣逐一解決問題的方法或許也可以幫助其他人解決問題。其想法或點子爲：「打造一個輕便的塑膠儲水槽，運用幫浦來收集洗澡用水，再循環利用在園藝及洗車的用水上。」

　　透過一次只看一根樹的分枝或魚骨，並轉化障礙爲挑戰或問題，你可以鼓勵自己去找出節省用水的方法。最後，藉著把注意力放在這些障礙上，蒐集問題，就能創造出新點子或想法，來逐一解決困難，直到達成目標。本來是一塊堅硬的花崗石，從悲觀的角度來看，它是絆腳石；但是從樂觀的角度來看，它將變成墊腳石。

第二十四節　象形文字法

　　「象形文字」（hieroglyphics）是一個非常特別的方法，這項方法是根據Michael Ray教授在史丹福大學研究所經濟課創造活動所使用的，這個活動是利用古埃及的象形文字來引發想像作自由聯想（引自Michalko, 1996）。

　　使用象形文字是從埃及的《死亡之書》（*The Book of the Dead*）抄本得

來，這裡面包含了埃及王朝、拼音、咒文、禱文、神祕方案、字的力量和祈禱者的字。

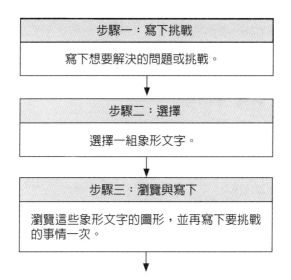

圖6-61　埃及死亡之書上的部分象形文字

摘自Michalko（1996）

一、運用程序

運用象形文字法有下列幾項步驟：

步驟一：寫下挑戰
寫下想要解決的問題或挑戰。

↓

步驟二：選擇
選擇一組象形文字。

↓

步驟三：瀏覽與寫下
瀏覽這些象形文字的圖形，並再寫下要挑戰的事情一次。

↓

```
┌─────────────────────────────────────┐
│          步驟四：專心與沉思          │
├─────────────────────────────────────┤
│ 排除分心的事物，專心想著你所要挑戰的事 │
│ 情。閉上眼睛沉思這個問題幾分鐘。      │
└─────────────────────────────────────┘
                    │
                    ▼
┌─────────────────────────────────────┐
│          步驟五：說明和解釋          │
├─────────────────────────────────────┤
│ 睜開眼睛，試著說明和解釋在象形文字中的 │
│ 任一行的意思，想像《死亡之書》就是寫來 │
│ 幫助你解決要挑戰的事，相信每一行都是特 │
│ 別為你所寫，而這都在闡明你的想像。    │
└─────────────────────────────────────┘
                    │
                    ▼
┌─────────────────────────────────────┐
│          步驟六：儘量產生聯想        │
├─────────────────────────────────────┤
│ 儘量和挑戰的事或問題做聯想。某個圖形可 │
│ 能像是一顆星星，讓你憶起一個朋友，他是 │
│ 電影明星……                        │
└─────────────────────────────────────┘
                    │
                    ▼
┌─────────────────────────────────────┐
│      步驟七：寫下解釋並作線索間的推測  │
├─────────────────────────────────────┤
│ 寫下你的解釋，尋找線索、新想法和新圖形 │
│ 的推測，再進行將多樣的圖形想法結合為一 │
│ 個單一結果的敘述。看看你是否可以將這些 │
│ 多樣性的解釋結合成一個故事，而這個故事 │
│ 中可能含有你想挑戰問題的解答。        │
└─────────────────────────────────────┘
```

二、運用象形文字的例子

　　以下乃是利用象形文字來進行想像的例子：

　　有位商業諮詢者思索在良好買賣要素會議上到底要說些什麼，他將所看到的象形文字視為魚、魚鉤、人的臉和三條線，並聯想和解釋如下：

> ・魚鉤：一個買賣需要某些注意力來抓取人心的。
> ・魚：一個買賣需要抓住很多的買賣人員來參與。
> ・人的臉：所贈予展示的東西必須對買賣人員是切題的。
> ・三條線：有三個要素來讓買賣成功——吸引力、參與、切題。

他給每個經理一個袋子，會議開始時再要求他們打開袋子。這些經理們發現裡面有條塑膠繩綁著的一個魚鉤，於是他解釋這就是要來完成良好買賣要素的目的，然後他開始環繞整個房間，問他們關於魚鉤的想法和象徵，經過幾個答案，他停下來並解釋良好買賣與魚鉤之間首要焦點——注意力的吸引。但是更重要的是，在他還未說話之前，他要求會議成員去思考並參與這項議題，而得到了注意，也讓他的訊息適切地傳達到每一位銷售經理。在幾分鐘內，他為此成功的會議得到好的獎賞。

第二十五節 團體思考法——TKJ

「雖然甲和乙是敵對的兩個人，但當他們同乘一艘船渡河遭遇暴風雨的時候，他們會彼此協助，就像左手幫助右手一般。」

想像你的公司或事業如同一艘由一群人所操控的大型船。沒有指揮、協議、合作及溝通，每個人可能朝不同的方向前進，船就可能摔倒或在原地繞圈圈。如果這個團體有去了解和協議他們的方式，成員就能合作朝向共同的目標。

TKJ是一個由日本人Kobayashi和Kawalcita所發展的技術，這種技術了解到單一團體取向問題界定和解決的需求。此種技術綜合了不同的個人觀點和經驗，進入到個體所接受的問題定義及解決。TKJ有兩種階段：

■ **了解問題**，包括讓小組每位成員掌握問題的本質。

■ **解決問題**，表示鼓勵所有成員提出建議性的解決方案。例如：問題可能是如何處理用過的食用油，了解問題意味著要求答案：

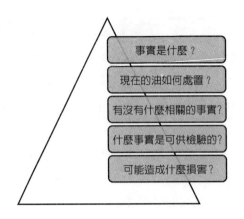

一旦事實皆已蒐集完畢，接著就可提出解決問題的方案。其中一個建議可能是要研發某種比較不貴的有機添加物，能夠和熱油混合在一起。當此混合物冷卻下來之後，就會變成一種固體而可以當作一般垃圾來處理。其他建議可能是要找出一種添加物，能將油轉換成花園理的肥料，此類的建言等等。

一、使用程序

㈠ 問題定義

團體中的領導人舉出一般令人關心的部分（如花費、分布、競爭等）：

■ 每個人把和這些部分相關聯的事實寫在索引卡上，每張卡上有個事實，寫的卡片數要和他們預期的一樣多。

■ 團體領導人收集這些卡片後再重新分配，如此一來沒有人會拿到自己原先的卡片。

■ 領導人大聲地念其中一張卡片的內容。

■ 成員們要在他們的卡片上選出和被念出來的卡片上相關的事實，並把每個事實念給大家聽，建立一個集合。

■ 整個團體賦予這個集合一個大家都同意且能反映其本質的名字，這個名字必須符合下列條件：

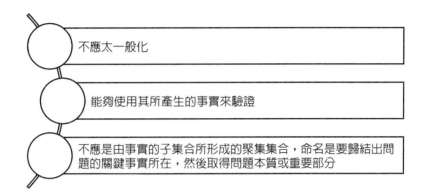

■ 直到所有事實都歸類後，團體工作才算結束，然後將這些已命名的集合結合成一個包含全部的群體，並命名。

最終的集合應當包含所有事實及先前提及的名字本質。此最終包含一切的命名集合，理當是對於問題定義和本質最接近的估算。在出現可被接受的明確定義之前，還需要將關鍵字重新排列數次。一旦整個團體對問題有共識後，就會密切合作，每個人都能認清問題定義，並與團體中的其他成員共享一種相互支持的情感交流。

(二) 問題解決

每個成員將建議的解決問題方式寫在卡片上，一張卡一個建議，要和預期的一樣多。

■ 團體領導人蒐集並重新分配卡片，如此一來沒有人會拿到自己的卡片。

■ 團體領導人把提出的解決方法大聲念出來。

■ 成員從他們卡片上選出與被念出來的卡片有關的解決方法，直到所有相關的解決方法都被念出來為止，如此可以建立一組的解決方案。

■ 將集合命名並把以此集合命名的卡片放置其中，直到把所有解決方法都分類好，而且得到一個包含所有解決方法的集合為止。最終解決方法的集合應該包括所有先前提過的解決方法。

最終的名稱應該要符合所有建議的重要部分，詢問團體中的成員們：「這些重要部分裡不可或缺的性質和特徵有哪些？」這個問題能讓大家腦

力激盪，讓團體領導人可以開始篩選及結合最重要的建議。最後大家為此最終的解決方法集合命名。

在此就看到了TKJ展現的效果，當成員將相關的事實寫在卡片上時，問題定義便隨之浮現擴大；而命名集合後，問題定義也就隨之減小。TKJ團體透過擴大可辯證的事實及縮減本質的方式來改變背景。現在問題愈來愈客觀，而且也能管理及解決了。

二、使用TKJ法的例子

對電腦公司來說，目前家用市場仍然相當廣大，而這個市場總有一天會被征服的，但問題是：「何時呢？」有一群技術高超的電腦專家們在一場TKJ的講習會中發表這項挑戰。每位專家將與此問題相關的辨正事實列表，如圖6-62：

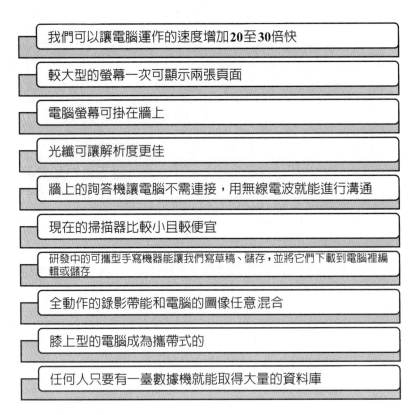

圖6-62　與此問題相關的辨正事實列表

他們將此置入命名集合中，並依據本質來命名每個集合。他們把所有的命名集合結合成一個群體，大家所認可的最終包含一切的命名集合為：**「我們要如何才能研發出一臺以多重螢幕來做各種用途而更快速、多功能、具多媒體、高解析度的家用電腦呢？」**

然後，每個成員都要將建議的問題解決想法寫出來，一個想法寫在一張卡片上，要寫得如他們預期的一樣多。其中一些建議，如圖6-63：

建議	小臺手提式掃描器如何能將在大量記憶體裡的資訊掃描及儲存呢？
	小臺的可攜式電腦能讓你也能提著其他的東西，如日常雜貨。
	如果我們將影像和電腦的功能結合，以高頻寬連結來觀賞影像會如何呢？你可以看到每部拍攝過的電影。在這麼高的解析度下看電影是很棒的！
	電子印刷，這將具有廣大的教育潛能。想像一下，將家用電腦連至關於教育、旅遊消息、機器及運動的資料庫是如何？
	在牆上的插頭裝上多孔的詢答機，可讓我們到處放置螢幕：如放在牆上看電影、嵌入書桌或工作檯等。

圖6-63　問題解決想法寫出的建議

將解決的方法放置在集合裡命名，重新命名，最後整理成一個團體認為最能描述解決方法特性的集合：**「家用多媒體」**。也就是說，他們決定要和現有科技一起工作，並發展一種具有以下特質的多媒體家用電腦系統：

■**娛樂性**。結合電腦、影像和資料庫。這項特質能讓我們看到每部拍攝過的電影，電影將會在牆上的螢幕以高解析度呈現。你也可以將它當成一幅藝術畫，螢幕的解析度非常高，以致讓它看起來

跟眞的油畫很像。

■ **手寫機器**。小型的可攜式手寫機，能將便條、清單及想法轉入電腦裡。

■ **掃描器**。小型的掃描器能將記憶體裡的文件直接轉出。

■ **聰明的軟體仲介**。將數以兆計的有用資訊掃描進來，仲介功能是尋找世界上的資訊功能，並將有用的資訊帶入家用電腦。這套聰明軟體主要的功能是搜尋並擷取教育、醫學、旅遊及運動的資訊。

■ **可放、可掛和可攜性**。一般設計的螢幕能嵌入桌子裡面，掛在牆上或帶著到處走。

你可以調整TKJ的程序來滿足你的需要，校正一開始就要面臨沒有現存事實的挑戰，校正能幫助團體精確地辨認什麼是挑戰而什麼不是。

第二十六節 質問法

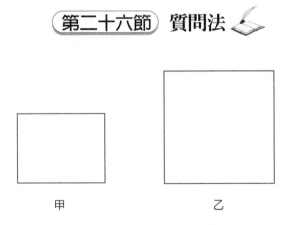

甲　　　　　　　　乙

甲和乙哪一個是完美的正方形？你會選擇哪一個呢？如果你選擇的是甲，這個答案是大部分人都會答的，但是很可惜的是你答錯了。乙才是一個很完美的方形。我們常常會高估自己對於水平線的判斷，就像上面的題目一樣，很多人都會覺得甲的水平線和直線是相等的。如果你有問自己下面的問題，或許你可以更輕鬆的找到正確答案：

■ 什麼叫做正確的方形？

■ 我該如何去了解這個方形？

■ 在視覺的判斷上，我怎麼去決定這是一個完美的方形？

■ 我應該怎麼去修正和測量自己所選擇的答案？

上面這些問題幫助你估計、衡量目前面對的問題。它們幫助你更謹慎地思考所要選擇的答案。假設可以多問自己一個問題，就會多考慮一點問題的癥結點。如果問自己更多問題，就必須有更多的思考來幫助你釐清問題。要了解所面臨的挑戰，你必須對自己提出一系列問題，而不是只有一個或兩個，你可以把這些問題列成一個清單。

一、建立問題清單

除非你的問題非常容易解決，否則你必須知道要問自己什麼來幫助你找到解決的方法。因此，你可以建立一個屬於自己的清單，記下你聽到別人所提出的好問題。之後，你就可以把這些問題放到自己的清單中，整理出屬於你自己的答案。

【問題清單】

・什麼是你最必須要去解決的問題？
・藉由這個問題你可以得到什麼助益？
・什麼是你不清楚的？
・你手上現有哪些資料可以運用？
・有哪些不是問題？
・你手上的有資訊是有效還是無效的？
・這些問題的主要內容是什麼？
・在這問題之前，你有碰過類似的問題嗎？
・你知道這些問題的關聯在哪裡嗎？
・你找到問題的解決方法後，你懂得確實的使用方法嗎？

【問題計畫清單】

・你可以解決全部，還是部分的問題嗎？
　－你喜歡你的解決方法嗎？你願意去練習這個方法嗎？
　－你已經使用所有資訊了嗎？

－你曾經嘗試過多少種方法來解決這些問題？

－什麼是應該做的？什麼是你曾經做過的？

－你確認過你嘗試過後的結果嗎？

－你用過一個問題的解決方法去解決更多不同的問題嗎？

－成功之後，你將會得到什麼？

－你有多少種努力的結果呢

· 你碰過多少的無法解決的問題？

二、使用程序

質問法運用的程序有下列幾項步驟：

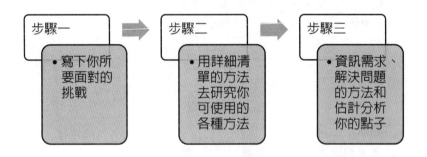

解決問題就像在走繩索一樣。繩索太鬆或太緊，將會使得我們失敗。所以我們應該努力讓這條繩子保持彈性，如此我們才能順利走過繩索。同樣地，在解決問題時，我們也應該掌握問題的彈性，才能夠使得解決問題的腳步愈來愈穩。

參考文獻

一、中文部分

毛連塭、郭有遹、陳龍安、林幸台（2000）：**創造力研究**。臺北市，心理。

毛連塭等譯（1987）：**資優教育教學模式**。臺北市，心理。

王千倖（1998）：以網路上的電子腦力激盪系統培養教師和學生的科學創造力。**遠距教育，5**，47-51。

王文宜（2004）：**教育性體操課程對國小五年級學童動作技能、創造力與兒童社交技巧之影響**。臺北市立體育學院運動科學研究所碩士論文（未出版）。

王亦榮（1988）：意象策略在教學上的應用。**國教之友，40(2)**，3-10。

王姿琴（2013）：**創造思考融入遊戲創作教學方案對國小資優生創造力影響之研究**。臺北市立教育大學特殊教育學系資優組碩士論文（未出版）。

王復蘇（2002）：**天地人曼陀羅**。臺北市，復御管理。

多湖輝（1991）：**腦力激盪**。臺北市，桂冠。

江麗美譯（1996）：**六頂思考帽**。臺北市，桂冠。

朱錦鳳（2005）：**問題解決創造力測驗指導手冊**。臺北市：心理。

吳玉雯（2004）：**幾何圖形教學對學童造形創造力之影響研究**。屏東師範學院藝術教育學系碩士班碩士論文（未出版）。

吳景勳（2011）：**水平思考教學方案對國小資優班學生創造力之研究**。臺北市立教育大學特殊教育學系資優組碩士論文（未出版）。

李乙明（2006）：**陶倫斯創造思考測驗圖形與語文版指導手冊**。臺北市：心理。

李宥樓（2002）：畫山畫水不畫人——劉國松。**壹週刊，77**，48-51。

余欣怡、張世彗（2016）：未來學校教學方案對國小資優班學生創造力及想像力之研究。**特教論壇，20**，1-19。

周文敏（2003）：**創造性圖畫書教學對國小四年級學童創造力和繪畫表現之研究**。國立中山大學教育研究所碩士論文（未出版）。

林幸台、王木榮（1994）：**威廉斯創造力測驗指導手冊**。臺北市，心理。

林幸台（2000）：創造力評量。載於毛連塭、郭有遹、陳龍安、林幸台，**創造力研究**（264-304）。臺北市，心理。

林明皇（2005）：**創作性戲劇教學對國小學童創造力與自尊影響之研究**。大葉大學教育專業發展研究所碩士論文（未出版）。

林靜怡（2003）：**創造力青少年及其家庭教養環境之研究**。國立臺灣師範大學人類發展與家政教育研究所碩士論文（未出版）。

施振榮（2000）：**影響創新的 9 種因素**。臺北市，大塊。

柯承恩（2005）：追求跨領域的交會點創新。**商業周刊**，2005.1.31。

洪蘭譯（1999）：**不同凡想**。臺北市，遠流。

原來（1996）：**腦力激盪數徹底應用**。新北市，林鬱。

唐偉成、江新合（1999）：開發科學創造力之教學策略研究——應用於國小自然科。**科學與教育學報，3**，53-77。

唐潔之譯（1992）：**水平思考法**。臺北市，桂冠。

孫大川譯（1990）：**人的潛能和價值**。臺北市，結構群文化。

孫易新（2001）：**心智圖基礎篇——多元知識管理系統**。臺北縣，耶魯國際事業有限公司。

高健（1998）：**即興創意**。臺北市，時報。

高橋浩（1990）：**突發奇想**。臺北市，卓越。

許士軍（2003）：**許士軍為你讀管理好書**。臺北市，天下文化。

張世彗編譯（1992）：**創造性問題解決——心像訓練之應用**。臺北市立師範學院特殊教育中心印行。

張世彗（2006）：**行動與動作創造思考測驗指導手冊**。臺北市，心理。

張世彗（2011）：創造力教學、學習與評量之探究。**教育資料與研究雙月刊，100**，1-22。

張世彗（2017）：**行為改變技術**（第 7 版）。臺北市，五南。

張玉成（1983）：**教師發問技巧及其對學生創造思考能力影響之研究**。教育部教育計畫小組印行。

張玉佩（2002）：創造力可以教嗎？談影響創造力發展的相關因素。**資優教**

育季刊，**84**，22-30。

張春興（1997）：**心理學**。臺北市，東華。

張春興（2007）：**張氏心理學辭典**。臺北市，東華。

張春興、楊國樞（1996）：**心理學**。臺北市，東華。

教育部（2011）：**創造力中程發展計畫**。取自 http://www.creativity.edu.tw

莊耀嘉譯（1990）：**馬斯洛**。臺北市，桂冠。

許興武（2004）：**創意教學之實驗研究**。大葉大學教育專業發展研究所碩士論文（未出版）。

郭生玉（2007）：**教育心理與測量**。臺北市，東華。

郭有遹（1989）：創造的定義及其所衍生的問題。**創造思考教育，1**，10-12。

郭有遹（1992）：**發明心理學**。臺北市，遠流。

郭有遹（1993）：行為主義的創造觀。**創造思考教育，5**，1-8。

郭靜緻（2005）：**創造性藝術教學對大班幼兒創造力表現之影響**。屏東科技大學幼兒保育系碩士班碩士論文（未出版）。

陳長益（2006）。**陶倫斯創造思考測驗成人版指導手冊**。臺北市，心理。

陳億貞譯（2002）：**普通心理學**。臺北市，雙葉書廊有限公司。

曾志朗（1999）：培養創造力：21 世紀最重要的人力資源。載於洪蘭譯：**不同凡想**。臺北市，遠流。

曾柏維（2012）：**Intelk-12 圖像式思考輔助工具融入教學方案對國小資優生推理能力及創造力之研究**。臺北市立教育大學特殊教育學系資優組碩士論文（未出版）。

游伯龍（1998）：**習慣領域**。臺北市，時報。

游健弘（2003）：**CorT 創造思考方案對國小資優班學生創造力之研究**。國立臺灣師範大學特殊教育研究所碩士論文（未出版）。

黃博聖、陳學志（2013）：**遠距聯想創造測驗指導手冊**。臺北市，中國行為科學社。

黃碧端（2003）：跨領域整合刺激創造力。**經濟日報**，2003.11.12。

路君約、陳李綢（1988）：**修訂庫德普通興趣量表**。臺北市，中國行為科學社。

楊寧雅（2010）：**線性與直覺思考教學方案對國小資優生創造力之研究**。臺北市立教育大學特殊教育學系碩士班資賦優異組（未出版）。

賴富本宏（1996）：**曼荼羅の鑑賞基本知識**。東京，至文堂。

賴聲川（2006）：**創意學**。臺北市，天下。

齊若蘭譯（2012）：**學創意，現在就該懂的事**。臺北市，遠流。

葉玉珠（2000）：創造力發展的生態系統模式及其應用於科技與資訊領域之內涵分析。**教育心理學報，32(1)**，95-122。

葉玉珠（2006）：**創造力教學**。臺北市，心理。

葉玉珠（2009）：**情境式創造力測驗指導手冊**。臺北市，心理。

詹秀美（1990）：創造的產品。**創造思考教育，2**，44-47。

賈馥茗、簡茂發（1982）：我國國中學生科學才能之測量。**國立臺灣師範大學教育研究所集刊，24**，1-91。

潘裕豐、鄭聖敏、桑慧芬、顏靖芳等譯（2014）：**創造力與創新教育**。臺北市，華騰。

鄒小蘭（2002）：心智繪圖的技巧與教學。**創造思考教育，12**，37-44。

劉美娥、許翠華（2000）。國民小學主題統整課程設計初探。載於師大主編：**八十九年度九年一貫課程研討會論文集**，275-286。

劉建增（2004）：**資訊科技融入視覺藝術教學對國小學童創造力的影響**。屏東師範學院藝術教育學系碩士班碩士論文（未出版）。

鄭芝韻（2005）：**動作技能課程介入對學齡前兒童動作技能與創造思考表現之影響**。臺北市立體育學院運動科學研究所碩士論文（未出版）。

聯合報（2011）：**新聞網**。

謝依珊（2016）：創造性問題解決融入科學玩具製作教學對國小資優生創造力及科學創造性問題解決之研究。**特教論壇，20**，20-35。

謝佩妏譯（2007）：**創意的技術：100 位天才的 9 種思考習慣**（原作者：M. Michalko）。臺北市，究竟。

羅玲妃譯（1997）：**心智繪圖——思想整合利器**。臺北市，一智。

羅若蘋、鍾清瑜譯（2008）：**創意思考玩具庫**（原作者：M. Michalko）。臺北市，究竟。

二、英文部分

A

Ahsen, A. (1977). Eidetics: An overview. *Journal of Mental Imagery. Spring. 1* (1), 5-38.

Ai, X. (1999). Creativity and academic achievement: An investigation of gender differences. *Creativity Research Journal, 12*, 329-338.

Albert, R. S. (1990). Identity, experience, and career choice among the exceptionally gifted and eminent. In M. A. Runco & R. S. Albert (Eds.), *Theories of creativity* (pp.13-34). Newbury Park, CA: Sage.

Amabile, T. M. (1983). *The social psychology of creativity*. NY: Springer-Verlag.

Amabile, T. M. (1987). The motivation to be creative. In S. Isaksen (Ed.), *Frontiers of creativity research: Beyond the basics*. Buffalo, NY: Bearly Limited.

Amabile, T. (1989). *Growing up creative: Nurturing a lifetime of creativity*. NY: Crown.

Amabile, T. M., Goldfarb, P., & Brackfield, S. (1990). Social influences on creativity: Evaluation and surveillance. *Creativity Research Journal, 3*, 6-21.

Amabile, T. M. (1993) Motivational Synergy: Toward New Conceptualizations of Intrinsic and Extrinsic Motivation in the Workplace. *Human Resource Management Review, 3*, 185-201.

Amabile, T. M., Phillips, E., & Collins, M. A. (1994). Person and environment in talent development: The case of creativity. Chapter in N. Colangelo, S. G. Assouline, & D. L. Ambroson (Eds.), *Talent development: Proceedings from the 1993 Henry B. and Jocelyn Wallace National Research Symposium on Talent Development*. Unionville, NY: Trillium Press.

Amabile, T. M. (1996). *Creativity in context*. Boulder, CO: Westview.

Amabile, T. M, Conti, R., Coon, H., Lazenby, J., & Herron, M. (1996). Assessing the work environment for creativity. *Academy of Management Journal, 39*, 1154-1184.

Arieti, S. (1976). *Creativity: The magic synthesis*. New York: Basic Books.

B

Baer, J. (1993). *Creativity and divergent thinking*. Hillsdale, NJ: Erlbaum.

Baer, A. (1993). Why you shouldn't trust creativity tests. *Educational Leadership*, 80-83.

Bagley, M. T., & Hess, K. K. (1984). *200 ways of using imagery in the classroom*. New York: Trillium Press.

Bagley, M. T. (1987). *Using imagery in creative problem solving*. NY: Monre.

Bailin, S. (1988). *Achieving extraordinary ends: An essay on creativity*. Dordrecht: Kluwer Academic.

Baltzer, S. (1988). A validation study of a measure of a musical creativity. *Journal of Research in Music Education, 36*, 232-249.

Batey, M., Furnham, A., Safiullina, X. (2010). Intelligence, general knowledge and personality as predictors of creativity. *Learning and individual differences, 20* (5), 532-535.

Beattie, O., & Csikszentmihalyi, M. (1981). On the socialization influence of books. *Child Psychology and Human Development, 11* (1), 3-18.

Bennis, W., & Nanus, B. (1985). *Leaders: The strategies for taking charge*. NY: Harper and Row.

Besemer, S. P., & Treffinger, D. (1981). Analysis of creative products: Review and synthesis. *Journal of Creative Behavior, 15*, 158-178.

Besemer, S. P., & O'Quin, K. (1999). Confirming the three-factor Creative Product Analysis Model in an American sample. *Creativity Research Journal, 12*, 287-296.

Bloom, B. S. (1985). *Developing talent in young people*. NY: Ballantine.

Bronfenbrenner, U. (1979). *The ecology of human development*. Cambridge, Mass.: Harvard University Press.

Busse, T. V., & Mansfield, R. S. (1980). Theories of the creative process: A review and a perspective. *Journal of Creative Behavior, 14* (2), 91-103.

Buzan, T. (1974). *Use both sides of your brain*. NY: E. P. Dutton.

C

Clark, C. (1996). Working with able learners in regular classroom. *Gifted and Talented International, 11*, 34-38.

Crawford, R. P. (1954). *The techniques of creative thinking*. New York: Hawthorn Books.

Cropley, A. J. (1992). *More wnds than one: Fostering creativity in the classroom*. Norwood, NJ: Ablex.

Cropley, A. J. (1994). Creative intelligence: A concept of true giftedness? *European Journal for High Ability, 5*, 6-23.

Cropley, A. J. (1997). Crativity: A bundle of paradoxes. *Gifted and Talented International, 12*, 8-14.

Cropley, A. J. (2001). *Creativity in education and learning*. Sterling, VA: Stylus Publishing.

Crutchfield, R. S. (1962). Conformity and creative thinking. In H. E. Gruber (Ed.), *Contemporary approaches to creative thinking* (pp. 120-140). New York: Atherton.

Csikszentmihalyi, M., & Getzels, J. W. (1973). The personality pattern of young artists. *British Journal of Educational Psychology, 37*, 292-299.

Csikszentmihalyi, M., Getzels, J. W., & Kahn, S. P. (1984). *Talent and achievement: A longitudinal study of artists*. Chicago: University of Chicago.

Csikszentmihalyi, M., & Getzels, J. W. (1988). Creativity and problem finding. In F. G. Farley & N. R. W. (Eds.), *The foundations of aesthetics, art, and art education* (pp. 91-106). NY: Praeger.

Csikszentmihalyi, M. (1988). Society, culture, and person: A system view of creativity. In R. J. Sternberg (Ed.), *The nature of creativity* (pp.325-339). Cambridge University Press.

Csikszentmihalyi, M. (1990a). *Flow: The psychology of optimal experience*. NY: Harper & Row.

Csikszentmihalyi, M. (1990b). The domain of creativity. In M. A. Runco & R. S. Albert (Eds.)., *Theories of creativity* (pp. 190-214). Newbury Park, CA: Sage.

Csikszentmihalyi, M., & Csikszentmihalyi, I. S. (1993). Family influences on the development of giftedness. *In The origins and development of highly ability*. Chichester: Wiley.

Csikszentmihalyi, M. (1996). *Creativity: Flow and the psychology of discovery and invention*. NY: HarperCollins.

Csikszentmihalyi, M. (1999). Implications of a system perspective for the study of creativity. In R. J. Sternberg, *Handbook of creativity* (pp. 313-335). NY: Free Press.

D

Dabrowsk, K. (1972). *Psychoneurosis is not an illness*. London: Gryf.

Dabrowsk, K. (1976). An attempt to determine the survival time for starving fish larvae. *Aquaculture, 8* (2), 189-193.

Dacey, J. S. (1989). *Fundmentals of Creative Thinking*. Lexington, MA: Lexington Press.

Davis, G., & Rimm, S. (1982). GIFFI I&II: Instruments for identifying creative potential in the junior and senior high school. *Journal of Creative Behavior, 16*, 50-57.

Davis, G. A. (2004). *Creativity is forever* (5th ed.). Iowa: Kenall/Hunt Publishing Company.

Dawkins, R. (1976). *The selfish gene*. UK: Oxford University Press.

De Bono, E. (1968). *New think: The use of laternal thinking in the generation of new ideas*. NY: Basic.

De Bono, E. (1990). *Six thinking hats*. UK: Mica Management Resources Inc.

De Bono, E. (1992). *Serious creativity*. London: Harper Collins Publishers.

De Bono, E. (1996). *Serious Creativity. Using the Power of Lateral Thinking to Create New Ideas*. London: HarperCollins.

De Bono, E. (1999). *Teach your child how to think*. UK: McQuaig Group Inc.

Deci, E. L., & Ryan, R. M. (1985). *Intrinsic motivation and self-determination in human behavior*. New York: Plenum.

Dellas, M., & Gaier, E. L. (1970). Identification of creativity: The individual. *Psychological Bulletin, 73,* 55-73.

Dennis, A. R., & Valacich, J. S. (1993). Computer brainstorms: More heads are better thanone. *Journal of Applied Psychology, 78,* 531-537.

Dewey (1926). *How we think*. Boston: D. C. Heath.

Domino, G. (1974). Assessment of cinematograghic creativity. *Journal of Personality and Social Psychology, 30*, 150-154.

E

Eason, R., Giannangelo, D. M., & Franceschini, L. A. (2009). A look at creativity in public and private schools. *Thinking Skills and Creativity, 4*, 130-137.

Eberle, R. F. (1971). *Scamper: Games for imagination development*. NY: D. O. K. Publisher.

Eberle, R. F. (1977) *Scamper: Games for imagination development*. Buffalo, NY: D. O. K. Publisher.

Eberle, B. (1982). *Visual think: A 'SCAMPER' tool for useful imaging*. NY: D. O. K. Publisher, Inc.

Eisenberger, R., & Selbst, M. (1994). Does reward increase or decrease creativity? *Journal of Personality and Social Psychology, 66,* 1116-1127.

Eisenberger, R., & Cameron, J. (1995). *Detrimental effects of reward: Reality or myth?* Paper presented at the meeting of the Society for Experimental Social Psychology, Washington, DC.

Eisenman, R. (1987). Creativity, birth order, and risk taking. *Bulletin of the Psychonomic Society, 25*, 87-88.

Ericsson, K. A., Krampe, R. T., & Tesch-Romer, C. (1993). The role of deliberate practice in the acquisition of expert performance. *Psychological Review, 100*, 363-406.

Eysenck, H. J. (1997). Creativity and personality. In M. A. Runco, *The Creativity Research Handbook* (pp. 41-66). Cresskill, NJ: Hampton Press.

F

Feist, G. J. (1991). Synthetic and analytic thought: Similarities and differences among art and science student. *Creativity Research Journal, 4*, 145-155.

Feist, G. (1994). Personality and working style predictors of integrative complexity: A study of scientist s thinking about research and teaching. *Journal of Personality and Social Psychology, 67*, 474-484.

Feist, G. J. (1999). The influence of personality on artistic and scientific creativity. In R. J. Sternberg, *Handbook of creativity* (pp. 275-295). NY: Free Press.

Feldhusen, J. F., & Treffinger, D. J. (1975). Teachers attitudes and practices in teaching creativity and problem solving to economically disadvantaged and minority children. *Psychological Reports, 37*, 1161-1162.

Fishkin, A. S., & Johnson, A. S. (1998). Who is creative? identifying children s creative abilities. *Roeper Review, 21* (1), 1-10.

Finke, R. A. (1990). *Creative imagery: Discoveries and inventions in visualization*. Hillsdale, NJ: Erlbaum.

Finke, R. A., Ward, T. B., & Smith, S. M. (1992). *Creative cognition: Theory, reaearch, and applications*. Cambridge, MA: MIT Press.

Frensch, P. A., & Sternberg, R. J. (1989). Expertise and intelligent thinking: When is it worse to know better? In R. J. Sternberg, *Advances in the psychology of human intelligence*, 5, pp. 157-188. Hillsdale, NJ: Lawrence Erlbaum Associates.

Freud, S. (1959). The relation of the poet to day-dreaming. In *Collected papers* (Vol.5, pp. 157-158). London: Hogarth. (pp. 157-158). Hillsdale, NJ: Erlbaum.

G

Gallagher, J. J. (1994). *Teaching the gifted child* (4th ed.). Boston: Allyn and Bacon.

Gallupe, R. B., Cooper, W. H., Grise, M., & Bastianutti, L. M. (1994). Blocking electronic brainstorms. *Journal of Applied Psychology*, 79 (1), 77-86.

Gardner, H. (1993). *Creating minds:An anatomy of creativity seen through the lives of Freud, Einstein, Picasso, Stravinsky, Eliot, Graham, and Ghandi*. New York: Basic.

Geschka, H. (1993). The development and assessment of creative thinking techniques: A German perspectives. In S. G. Isaksen, M. C. Murdock, R. L. Firestien, & D. J. Treffinger, *Nurturing and developing creativity: The emergence of discipline* (pp. 215-236). Norwood, NJ: Ablex.

Getzels , J. W., & Csikszentmihalyi, M. (1972). The creative artist as an explorer. In J. McVicker Hunt, *Human intelligence* (pp. 182-192). New Brunswick, NJ: Transaction Books.

Goetz, E. M., & Baer, D. M. (1973). Social control of form diversity and the emergence of new forms in children s block building. *Journal of Applied Behavior Analysis, 6*, 209-217.

Gordon, W. J. J. (1961). *Synectics*. NY: Harper & Row Pubuishers.

Gordon, W. J. J. (1970). *Synectics*. NY: Harper & Row Pubuishers.

Gordon, W. J. J. (1974). *Making it strange*. Books 1-4. New York: Harper & Row.

Gove, P. B. (1973). *Webster's Third New International Dictionary*.（臺北市，新月圖書公司）

Greenberg, E. (1992). Creativity, autonomy, and evaluation of creative work: Artistic workers in organizations. *Journal of Creative Behavior, 26*, 75-80.

Grieve, F. G.., Whelan, J. P., Kottke, R., & Mayers, A. W. (1994). Manipulating adults, achievement goals in a sport task: Effects on cognitive, affective, and behavioral variables. *Journal of Sport Behavior, 17*, 1-17.

Gruber, H. E. (1981). *Darwin on man: A psychological study of scientific creativity*. Chicago: University of Chicago Press.

Gruber, H. E., & Davis., S. N. (1988). Inching our way up Mount Olympus: The evolving systems approach to creative thinking. In R. J. Sternberg (Eds.), *The nature of creativity* (pp. 243-270). NY: Cambridge University Press.

Guilford, J. P. (1950). Creativity. *American Psychologist, 5*, 444-454.

Guilford, J. P. (1967). *The nature of human intelligence*. NY: McGraw-Hill, Inc.

Guilford, J. P. (1968). *Intelligence, creative and their educational implications*. San Diego: Robert R. Knapp.

Guilford, J. P. (1986). *Creative talents: Their nature, uses and development*. Buffalo, NY: Bearly.

Guastello, S., & Shissler, J. (1994). A two-factor taxonomy of creative behavior. *Journal of Creative Behavior, 28*, 211-221.

H

Hayes, J. R. (1989). Cognitive precesses in creativity. In J. A. Glover, R. R. Ronning, & C. R. Reynolds, *Handbook of creativity* (pp. 135-145). NY: Plenum.

Hennessey, B. A., & Zbikowski, S. (1993). immunizing children against the negative effects of reward: A further examination of intrinsic motivation training techniques. *Creativity Research Journal, 6,* 297-308.

Henry, J. (2009). Enhancing Creativity with M.U.S.I.C. *The Alberta Journal of Educational Research, 55* (2), 199-211.

Hocevar, D., & Michael, W. B. (1979). The effects of scoring formulas on the discriminant validity of tests of divergent thinking. *Educational and Psychological Measurement, 39*, 917-921.

Hocevar, D. (1981). Measurement of creativity: Review and critique. *Journal of Personality Assessment, 45*, 450-464.

Hocevar, D., & Bachelor, P. (1989). A taoconomy and critique of measurement used in the study of creativity. In J. A. Glouer, R. R. Ronning, & C. R. Reynolds, *Handbook of creativity*. NY: Plenum Press.

Holyoak, K. J., & Thagard, P. R. (1995). *Mental leaps*. Cambridge, MA: MIT

Press.

Howe, R. (1997). Creative problem solving approaches processes for teaching and doing creative activity. *Handbook of seminar on instruction for creative thinking*? Taipei: National Taiwan Normal University.

Hruby, T. (1999). Assessments of wetland functions: What they are and what they are not. *Environmental Management, 23*, 75-85.

Hunsaker, S. L., & Callahan, C. M. (1995). Creativity and Giftedness: Published Instrument Uses and Abuses. *Gifted Child Quarterly, 39*, 110-114.

I

Isaksen, S. G., & Treffinger, D. J. (1985). *Creative problem solving: The basic course*. Buffalo, NY: Bearly Limited.

J

Jamisons, K. R. (1993). *Touched with fire: Manic-depressive illness and the artistic temperament*. NY: Free Press.

Joyce, B., & Weil, M. (1980). *Models of teaching* (2nd ed.). NJ: Prentice-Hall, Inc.

K

Kaufman, J. C., Cole, J. C., & Baer, J. (2009). The construct of creativity: A structural model for self-reported creativity ratings. *Journal of Creative Behavior, 43*, 119-134.

Koestler, A. (1964). *The act of creation*. NY: Macmillan.

Kris, E. (1952). *Psychoanalytic exploration in art*. NYC: International University Press.

Kubie, L. S. (1958). *Neurotic distortion of the creative process*. Lawrence, KS: University of Kansas.

Kuhn, T. S. (1970). *The structure of scientific revolutions*. Chicago: University of Chicago Press.

L

LeBoeuf, M. (1980). *Creative thinking*. London: Judy Piatkus Ltd.

Luchins, A. S., & Luchins, E. H. (1959). *Rigidity of behavior*. Eugene, OR: University of Oregon Press.

Ludwig, A. M. (1995). Method and madness in the arts and sciences. *Creativity Research Journal, 11,* 93-102.

M

MacKinnon, D. W. (1970). Creativity: A multifaceted phenomenon. In J. D. Roslansky, *Creativity: A discussion at the Nobel Conference*. Amsterdam: North Holland.

Maslow, A. H. (1954). *Motivation and personality*. NY: Harper.

Maslow, A. H. (1959). Creativity in self-actualizing people. In H. A. Anderson (Ed.), *Creativity and its cultivation* (pp.83-95). NY: Harper.

Maslow, A. H. (1967). The good life of the self-actualizing person. *Humanist, 25,* 127-129.

McGartland, G. (1994). *Thunderbolt thinking*. NY: The Creative Education Foundation.

Meichenbaum, D. (1975). Enhancing creativity by modifying what subjects say to themselves. *American Educational Research Journal, 12,* 129-145.

Michalko, M. (1996). *Thinkertoys*. Berkeley, CA: Ten Speed Press.

Michalko (1998). *Cracking creativity*. Berkeley, CA: Ten Speed Press.

Milgram, R. M. (1990). Creativity: An idea whose time has come and gone? In M. A. Runco & R. S. Albert (Eds.), *Theories of creativity* (pp. 215-233). Newbury Park, CA: Sage.

Milgram, R. M., & Hong, E. (1999). Creativity: An idea whose time has come and gone? In M. A. Runco & R. S. Albert *Theories of Creativity* (pp. 215-233). CA: Newbury Park.

Miller, H. B., & Sawyers, J. K. (1989). A comparison of self and teachers ratings of creativity in real-world problems. *Journal of Psychoeducational Assessment, 9*, 45-53.

Mumford, D. et al. (1997). Process-based measures of creative problem-solving skills: IV category combination. *Creativity Reasearch Journal, 11*, 151-163.

Murphy, G. L. (1988). Comprehending complex concepts. *Cognitive Science, 12*, 529-562.

N

Newell, A., Shaw, J. C., & Simon, H. A. (1962). The process of creative thinking. In H. E. Gruber, G. Terrell, & M. Tuijnman, *Contemporary approaches to creating thinking* (pp. 63-119). NY: Atherton.

Nichols, J. G. (1972). Creativity in the person who will never produce anything original and useful: The concept of creativity as a normally distributed trait, *American Psychologist, 27*, pp. 717-727.

Nierenberg, G. I. (1982). *The art of creative thinking*. NY: Simon & Schuster.

Noller, R. B. (1977). *Scratching the surface of creative problem-solving: A bird's eyeview of CPS*. Buffalo: D. O. K. Publishers.

Noller, R., Parnes, S. J., & Biondi, A. (1977). *Creative action book*. NY: Scribner's.

O

Ochse, R. (1990). *Before the gates of excellence: The determinants of creative genius*. Cambridge University Press.

Olson, R. W. (1984). *The Art of Creative Thinking*. NY: Barnes & Noble.

Oldham, G. R., & Cummings, A. (1996). Employee creativity: personal and contextual factors at work. *Academy of Management Journal, 39* (3), 607-634.

Osborn, A. F. (1953). *Applied imagination*. NY: Charles Scribner's Sons.

Osborn, A. F. (1963). *Applied imagination: Principles and procedures of creative thinking* (3rd ed.). New York, NY: Charles Scribner's Sons.

P

Parnes, S. J. (1967). *Creative behavior guidebook*. NY: Charles Scribner's Sons.

Parnes, S. J. (1981). *The magic of your mind*. Buffalo, NY: Bearly Limited.

Perkins, D. N. (1988). Creativity and the quest mechanism. In R. J. Sternberg & E. E. Smith, *The Psychology of human thought* (pp. 309-336). NY: Cambridge University Press.

Piaget, J. (1965). *The moral judgement of the Child*. New York: Free Press.

Plucker, J. A., & Runco, M. A. (1998). The death of creativity measurement has been greatly exaggerated: Current issues, recent advances, and future directions in creativity assessment. *Roeper Review, 21* (1), 5-14.

Plucker, J. A. (1999). Is the proof in the pudding? Reanalysis of Torrance s (1958-present) longitudinal data. *Creativity Research Journal, 12*, 103-114.

R

Reis, S., & Renzulli, J. (1991). The assessment of creative products in programs for the gifted and talented students. *Gifted Child Quarterly, 35*, 128-134.

Renzulli, J. S. (1977). *The enrichment triad model: A guide for developing defensible programs for the gifted and talented*. CT: Creative Learning Press.

Renzulli, J. S., Smith, L. H., White, A. J., Callahan, C. M., Hartman, R. K., & Westberg, K. L. (2002). *Scales for rating the behavioral characteristics of superior students-revised edition*. Mansfield Center, CT: Creative Learning Press.

Richards, R. (1990). Everyday creativity, eminent creativity, and health: After view for CRJ issues on creativity and health. *Creativity Research Journal, 3*, 300-326.

Richards, T. J. (1994). Creativity from a business school perspective: Past, present and future. In S. G. Isaksen, *Nurturing and developing creativity: The emergence of a discipline*. Norwood, NJ: Ablex.

Rogers,. C. (1954). Towards a theory of creativity. *ETC: A Review of General Se-*

mantics, 11, 249-260.

Rogers, C. (1959). A theory of therapy, personality and interpersonal relationships as developed in the client-centered framework. In S. Koch (Ed.), *Psychology: A study of a science. Vol. 3: Formulations of the person and the social context.* New York: McGraw Hill.

Rogers, C. (1961). *On becoming a person.* Boston: Houghton Mifflin.

Rohrbach, B. (1969). Kreativ nach Regeln. *Absatzwirtschaft, 1,* oktoberausgabe, 73-76.

Rothenberg, A. (1979). *The emerging goddess.* Chicago: University of Chicago Press.

Rubenson, D. L., & Runco, M. A. (1992).The psychoeconomic approach to creativity. *New Ideas in Psychology, 10,* 131-147.

Runco, M. A. (1984). Teachers' judgments of creativity and social validation of divergent thinking tests. *Perceptual of Motor Skills, 59* (3), 711-717.

Runco, M. A. (1989). Parents and teachers rating of the creativity of children. *Journal of Social Behavior and Personality, 4,* 73-83.

Runco, M. A., Johnson, D. J., & Bear, P. K. (1992). Parents and teachers implicit theories of children s creativity. *Child Study Journal, 23,* 91-113.

Runco, M. A., & Mraz, W. (1992).Scoring divergent thinking tests using total ideational output and a creativity index. *Educational and Psychological Measurement, 52,* 213-221.

Runco, M. A., & Smith, W. R. (1992). Interpersonal and intrapersonal evaluations of creative ideas. *Personality and Individual Differences, 13,* 295-302.

Runco, M. A. (1993). *Divergent thinking.* Norwood, NJ: Ablex Press.

Runco, M. A., & Chand, I. (1994). Problem finding, evaluative thinking, and creativity.. In M. A. Runco (Ed.), *Problem finding, problem solving, and creativity* (pp. 40-76). Norwood, NJ: Ablex Press.

S

Schaefer, C. (1970). *Manual for the Biographical Inventory: Creativity* (BIC). San Diego, CA: Educational and Industrial Testing Service.

Scott, C. L. (1999). Teachers biases toward creative children. *Creativity Research Journal, 12,* 321-328.

Seelig, T. (2011). *inGenius: A Crash Course on Creativity.* Yuan-Liou Publishing Co.

Shouksmith, G. (1973). *Intelligence, creativity and cognitive style.* London: Angus & Robertson.

Simonton, D. K. (1984). *Genius, creativity, and leadership.* Cambridge, Mass.: Harvard University Press.

Skinner, B. F. (1974). *About behaviorism.* NY: Vintage Books.

Skinner, B. F. (1975). The shaping of phylogenic behavior. *Acta Neurobiologiae Experimentalis, 35,* 409-415.

Sloane, H. N., Endo, G. T., & Della-Piana, G. (1980). Creative behavior. *The Behavior Analyst, 3,* 11-22.

Smith, S. M. (1995). Fixation, incubation, and insight in memory and creative thinking. In S. M. Smith, T. B. Ward, & R. A. Finke (Eds.), *The creative cognition approach* (pp. 135-156). Cambridge, MA: MIT Press.

Stariha, W. E., & Walberg, H. J. (1995). Child hood precursors of women's artistic eminence. *Journal of Creative Behavior, 29* (4), 269-282.

Starko, A. J. (2000). *Creativity in the classroom: School in the curious delight.* New York, NY: LEA.

Sternberg, R. J. (1988). *The nature of creativity:Contemporary psychological perspectives.* Cambridge University Press.

Sternberg, R. J. (1990). Wisdom and its relations to intelligence and creativity. In R. J. Sternberg (Ed.), *Wisdom: Its nature, origins, and development* (pp. 142-159). New York: Cambridge University Press.

Sternberg, R. J. (1991). *Love the way you want it*. NY: Bantam.

Sternberg, R. J., & Lubart, T. I. (1991). An investment theory of creativity and its development. *Human Development, 34*, 1-32.

Sternberg, R. J., & Lubart, T. I. (1992). The concept of creativity: Prospects and paradigms. In R. J. Sternberg, *Handbook of creativity*. Cambridge University Press.

Sternberg, R. J., & Grigorenko, E. L. (1993). Thingking styles and the gifted. *Roeper Review, 16* (2), 122-130.

Sternberg, R. J. (1994). Answering questions and questioning answers: Guiding children to intellectual excellence. *Phi Delta Kappan, 76*, 136-138.

Sternberg, R. J. (1995). *In search of the human mind*. Fort Worth, TX: Harcourt Brace College Publishers.

Sternberg, R. J., & Lubart, T. I. (1995). *Defying the crowd: Cultivating creativity in a culture of conformity*. NY: Free Press.

Sternberg, R. J., & Lubart, T. I. (1996). Investing in creativity. *American Psychologist, 51*, 677-688.

Sternberg, R. J. (1997). *Thinking styles*. NY: Cambridge University Press.

Sternberg, R. J. (1999). *Handbook of creativity*. NY: Cambridge University Press.

Sternberg, R. J., & Lubart, T. I. (1999). The concept of creativity: Prospects and paradigms. *Handbook of creativity, 1*, 3-15.

Sternberg, R. J. (2000). *Pathways to Psychology*. Singapore: Tomson Learning.

Sternberg, R. J.（2003）. The development of creativity as a decision-making process. In R. K. Sawyer, V. John-Steiner, S. Moran, R. J. Sternberg, D. H. Feldman, J. Nakamura, & M. Csikszentmihalyi, *Creativity and development*. NY: Oxford University Press, INC.

Sternberg, R. J. (2006). The nature of creativity. *Creativity Research Journal, 18* (1), 87-98.

Suler, J. R. (1980). Primary process thinking and creativity. *Psychological Bulletin, 88*, 144-165.

Szymanski, K., & Harkins, S. G. (1992). Self-evaluation and creativity. *Personality and Social Psychology Bulletin, 18,* 259-265.

T

Therivel, W. A. (1995). Long-term effect of power on creativity. *Creativity Research Journal, 8*, 173-192.

Torrance, E. P. (1965). *The Minnesota studies of creative thinking: Widening horizons in creativity.* NY: Wiley.

Torrance, E. P. (1966). The Torrance Tests of Creative Thinking-Norms-Technical Manual Research Edition-Verbal Tests, Forms A and B-Figural Tests, Forms A and B. Princeton, NJ: Personnel Press.

Torrance, E. P. (1987). Future career image as a predictor of creative achevemet in the 22-year longitudinal study. *Psychological Reports, 60,* 574.

Torrance, E. P., Weiner, D., Presbury, J. H., & Henderson, M. (1987). *Save tomorrow for the children.* Buffalo, NY: Bearly Limited.

Torrance, E. P., & Goff, K. (1989). A quiet revolution. *Journal of Creative Behavior 23* (2): 136-145.

Torrance, E. P. (1993). The beyonders in a thirty year longitudinal study of creative achievement. *Roeper Review, 15,* 131-135.

Treffinger, D. J. (1980). The progress and peril of identifying creative talent among gifted and talented students. *Journal of Creative Behavior, 14,* 20-34.

Treffinger, D. J. (1988). A model of learning: 1988 update. *Creative Behavior Today, 3* (2), 4-6.

Treffinger, D. J., Sortore, M. R., & Cross, J. A. (1993). Programs and strategies for nurturing creativity. In K. Heller, F. J. Monks, & A. H. Passow, *International handbook for research on giftedness and talent* (pp. 555-567). Oxford: Pergamon.

Treffinger, D. J., Isaksen, S. G., & Dorval, K. B. (2000). *Creative Problem Solving: An introduction* (3rd ed.). Waco, TX: Prufrock Press.

Treffinger, D. J., Schoonover, P. F., & Selby, E. C. (2012). *Educating for creativity and innovation: A comprehensive guide for research-based practice*. Boston: Pearson Education, Inc.

U

Urban, K. K. (1995). Different models in describing, exploring, explaining and nurturing creativity in society. *European Journal for High Ability, 6*, 143-159.

Urban, K. K. (1996). Encouraging and nurturing creativity in school and workplace. In U. Munander & C. Semiawan, *Optimizing excellence in human resource development* (pp. 78-97). Jakarta: University of Indonesia Press.

Urban, K. K. (1997). *Modeling creativity: The convergence of divergence or the act of balancing*. Hong Kong: University of Hong Kong Social Sciences Research Center.

V

Van Gundy, A. B. (1987). Organizational creativity and innovation. In S. G. Isaksen, *Frontiers of creativity research: Beyond the basics* (pp. 358-379). Buffalo, NY: Bearly Limited.

Vernon, P. E. (1970). *Creativity:Selected readings*. Baltimore, MD: Penguin.

W

Wallach, M. A. (1976). Tests tell us little about talent. *American Scientist*, 57-63.

Wallas, G. (1926). *The art of thought*. NY: Harcourt Brace.

Ward, T. B. (1995). What s old about new ideas? In S. M. Smith, T. B. Ward, & R. A. Finke (Eds.), *The creative cognition approach* (pp. 157-178). Cambridge, MA: MIT Press.

Ward, T. B., Finke, R. A., & Smith, S. M. (1995). *Creativity and the mind: Discovering the genius within*. NY: Erlbaum.

Wehner, L., Csikszentmihalyi, M., & Magyari-Beck, I. (1991). Current approaches used in studying creativity: An exploratory investigation. *Creativity Research*

Journal, 4, 261-271.

Weisberg, R. W. (1999). Creativity and knowledge: A challenge to theories. In R. J. Sternberg, *Handbook of creativity* (pp. 227-250). NY: Free Press.

Williams, F. E. (1972). *Encouraging creative potential*. NJ: Educational Technology Publications.

Wilson, G. D., & Jackson C. (1994). The personality of physicists. *Personality and Individual Differences, 16*, 187-189.

Winer (1971). *Statistical principles in experimental design*. NY: McGraw-Hill.

附錄　教育部創造力中程發展計畫

（91～94年度）

一、計畫緣起

1.知識經濟發展方案
2.第六屆全國科學技術發展會議決議
3.教育部「創造力教育白皮書」

二、創造力教育白皮書願景

1.培養終身學習、勇於創造的生活態度。
2.提供尊重差異、活潑快樂的學習環境。
3.累積豐碩厚實、可親可近的知識資本。
4.發展尊重智財、知識密集的產業形貌。
5.形成創新多元、積極分享的文化氛圍。

三、推動原則

　　本計畫各工作事項之規劃設計，係為打造創造力國度（Republic of Creativity）之未來奠基，然創造力培育無法偏離教育改革之基本議題，且百事待興，絕非四年之專案計畫得以一舉企及，是以如何配合教育改革工作，避免疊床架屋，如何掌握關鍵性助力與阻力，於有限資源下採取適當作為，並結合相關部會司處現有計畫推動能量，確實分工合作，是本計畫之主要關注。

1.以大專校院為實驗創新出發點與推手，促進高中小學（含幼稚園）及大專校院師生理論實務之力。
2.掌握創造力培育與創意發衍之賦權（Empower）哲學，以 bottom-up 方

式，鼓勵勇於創新提案。

3. 配合計畫執行項目，以社群共構共善經營理念，推動創意學子、創意教師、創意學養、創意校園、創意智庫、國際創意教育等社群。

4. 加強 E 化交流平臺暢通、資料訊息的可親可近。

5. 積極跨司處或部會分工合作。

四、推動策略及執行項目

按創造力教育白皮書所定方向，預計於四年內積極推動六項方案。

(一)創意學子培育列車

受補助對象：大專校院師生共組之創意學習團隊。

重點：

1. 系統規劃及落實學生創造力與專業學習、生活及生命的體驗。

2. 媒體創新企劃與實作。

3. 社會深度關懷與服務。

4. 生態關懷與實踐。

5. 現有創造力學習或創作成果延續創發。

6. 探索、轉化並創新知識。

(二)創意教師成長工程

受補助對象：公私立大學校院與高中小學（含高職及幼稚園）教師共組之創意行動研究團隊。

重點：

1. 加強理論與實務結合，激發高中小學（含高職及幼稚園）教師之行動研究能量，並以其服務學校為實踐場域。

2. 創造力融入教學科目與學習領域。

3. 創新教學及開發課程。

4. 建構校園創新文化。

5.促成創意教師社群。

（三）創意學養持續扎根

持續推動工程（土木、機械、化工、智財權）與商學（電子商務、組織創新、財會、行銷、生產製造、創新創業）領域之「創造力與創意設計教育師資培訓計畫」之整合型跨校實驗團隊計畫。

原則：

透過先期規劃→示範建構〔橫向擴散：建立虛擬推廣中心→學會合作推廣、產官學研（技師）概念灌輸與實務結合；縱向深入：教材增實與新課開發、跨校合作開課、活動競賽〕→成效評估及推廣機制建構→多元推廣等原則辦理。

（四）創意校園永續經營

對象：分學生、教室、學校空間等三構面思考，獎補助各大公私立大專校院。

重點：

1.學生面

辦理第一屆大專校院學生「校園創意空間甄選大賽」，鼓勵學生揪出校園創意好望角。

2.學校面

推動大專校院創意校園營造計畫，以大專校院學校師生、行政營繕人員等校園使用者，及社區人士或專業人士共組工作團隊，逐步型塑校園創新文化氛圍、建構校園決策參與新模式，並勾勒營造校園新空間。

3.教室面

師資培育課程中創造力培育要素之融入改進，推動教育系所及師資培育教育學程中心「創意學習空間（教室）建置計畫」。

（五）創意智庫線上學習

發展重點：

1.入口網站及平臺。

2.創造力學苑線上學習與課程。

3.創造力典範與論壇。

4.創造力知識庫及實務社群。

5.線上遊戲及教材製作與教學活動設計競賽。

(六) 創意教育國際交流

1.評估合作交流的可行性及優先次序並提策略。

2.實質交流、持續擴展。

3.形成國際創意研究教育聯盟數位中樞。

4.成效評鑑。

(七) 創造力電子報

七月已發行，兩週一次。

(八) 創造力計畫網站

依各類計畫群管理、交流、社群創意課題討論所設之網站。

1.計畫辦公室網站 po.creativity.edu.tw

2.創意學子網站 cpupil.creativitu.edu.tw

3.創意教師網站 cteacher.creativity.edu.tw

4.創意學養網站 comn.creativity.edu.tw

5.技術網站 Xoops.creativity.edu.tw

6.入口網 creativity.edu.tw

五、計畫審議執行程序及預期成效評估指標

(一) 審議執行程序

創造力教育諮詢委員會議→確定年度工作方向與重點→行文邀請（上網宣傳、電子報報導、新聞稿、記者會）→收件→審查（共同審查推薦）→簽辦核定→各類計畫：(1)行前工作坊→(2)期間研討（網站技術、創新課題專業、營隊分享檢討）→(3)定期工作會議→(4)期末成果發表、跨計畫成果博覽會→年度工作檢討大會→諮詢委員會議檢討。

(二) 預期成效與指標

　　創造力融入課程、教學，所造成的是學習過程與形態、知識社群結構及知識產出等「共善」與「共構」的改變，本計畫以學校為計畫動力核心，預期成效如下：

1.「動機」強化

　　提供並強化教師自發性及被動性思變動機。

2.「資源」整合

　　結合媒體專業，加強跨部會及跨司處行政、經費分工，釋放並累積教師能力，以提升社會知識存量，共展群效。

3.「網路」建構

　　見樹需見林，從學校出發，小至教職員工、學生，大至家庭、社會、產業、研究機構，在跨部會司處相關計畫合作下，層次性逐步建構並強化創意網路。

4.「文化」型塑

　　藉由本計畫所得「創意示範」、「創意帶動」、「創意互動」等成果，建立一個樂在創新、樂於學習之文化環境與生態。

　　配合上開預期成效擬具之評估指標如下：

1.計畫申請踴躍性及成員分布概況。
2.各計畫內團隊活動（工作坊、短期訓練、課程、演講、比賽、學術會議）的頻密度。
3.網站或資料庫內容及計畫成果或出版品（包括教材、教學物件、文宣等）的詳備性、可參考性及可親近性。
4.教學實踐（如校園、教學、教材創新等）之確實性。
5.課程開設普遍性。

您，了没？

趕緊加入我們的粉絲專頁喲！

教育人文 & 影視新聞傳播～五南書香

五南圖書　教育／傳播網
https://www.facebook.com/wunan.t8

等你來挖寶

粉絲專頁提供──

· 書籍出版資訊（包括五南教科書、知識用書、書泉生活用書等）

· 不定時小驚喜(如贈書活動或書籍折扣等)

· 粉絲可詢問書籍事項（訂購書籍或出版寫作均可）、留言分享心情或資訊交流

請此處加入按讚

封面圖不定期會更換

facebook

五南圖書 教育/傳播網在 Facebook 上。如要連結五南圖書 教育/傳播網，現在就加入 Facebook。

加入　　登入

五南圖書 教育/傳播網

教育服務·出版商

讚　　發訊息　　打卡　　更多

國家圖書館出版品預行編目資料

創造力：理論、教育與技法／張世彗作.
－－三版.－－臺北市：五南，2018.02
　面；　公分
參考書目：面
ISBN 978-957-11-9581-0（平裝）

1.創造力　2.創造性思考

176.4　　　　　　　　107000795

1ZAD

創造力：理論、教育與技法

作　　者 ― 張世彗（201.1）

發 行 人 ― 楊榮川

總 經 理 ― 楊士清

副總編輯 ― 陳念祖

責任編輯 ― 郭雲周　李敏華

封面設計 ― 姚孝慈

出 版 者 ― 五南圖書出版股份有限公司

地　　址：106台北市大安區和平東路二段339號4樓

電　　話：(02)2705-5066　傳　　真：(02)2706-6100

網　　址：http://www.wunan.com.tw

電子郵件：wunan@wunan.com.tw

劃撥帳號：01068953

戶　　名：五南圖書出版股份有限公司

法律顧問　林勝安律師事務所　林勝安律師

出版日期　2007年9月初版一刷（共二刷）
　　　　　2013年9月二版一刷
　　　　　2018年2月三版一刷

定　　價　新臺幣540元